Clodovis Boff
Mit den Füßen am Boden

Für die Seminaristen und Priester,
für die männlichen und weiblichen Laien und
für die Ordensfrauen,
die während all der Zeit,
die ich an der Päpstlichen Katholischen Universität
in Rio de Janeiro Theologie lesen konnte,
bei mir studierten,
weil sie begriffen haben, daß das Licht der Theologie
befreit werden muß – auch wenn es Opfer kostet –
aus dem Versteck und der Gefangenschaft
unter allen Scheffeln,
unter die es geistige Enge und Entfremdung
immer wieder schieben wollen,
daß es vielmehr hoch
auf den Leuchter gesetzt werden muß,
damit es die Größe des Glaubens zeigen,
die Geschichte erleuchten
und Leben und Freude
für alle bringen kann.

Clodovis Boff

Mit den Füßen am Boden

Theologie aus dem
Leben des Volkes

Patmos Verlag
Düsseldorf

Die Originalausgabe dieses Bandes erschien 1984
unter dem Titel »Teologia pé-no-chão« im Verlag Vozes, Petrópolis.
Aus dem Portugiesischen übersetzt von Horst Goldstein.

CIP-Kurztitelaufnahme der Deutschen Bibliothek

Boff, Clodovis: Mit den Füßen am Boden:
Theologie aus d. Leben d. Volkes / Clodovis Boff.
[Aus d. Portug. übers. von Horst Goldstein].
– 1. Aufl. – Düsseldorf: Patmos Verlag, 1986.
Einheitssacht.: Teologia pé-no-chão ⟨dt.⟩
ISBN 3-491-77642-2

1. Auflage 1986
Umschlaggestaltung: Peter J. Kahrl, (Foto: Heinemann / foto present)
Gesamtherstellung: Clausen & Bosse, Leck
ISBN 3-491-77642-2

Inhalt

Zum Geleit

Viele Anstrengungen werden heute unternommen, uns eine Theologie aus der Praxis des Lebens zu bieten. Zu diesen Bemühungen gehört auch das vorliegende Buch unseres guten Freundes Pater Clodovis Boff OSM. Der Band entstand aus dem Leben einer Ortskirche voller Vitalität. Seit Jahren kenne und begleite ich voller Freude das Leben der Kirche in Acre und Purus, an deren Spitze gegenwärtig der rührige Bischof Dom Moacyr Grechi steht. Acre und Purus ist eine Kirche, in der man den guten Geist Christi wehen spürt und in der die Vokabel »Brüderlichkeit« nicht nur ein leeres und hohles Wort ist. Bereits seit mehreren Jahren ist sie Partnerkirche der Kirche von Fortaleza im Staat Ceará. So sind tiefe kirchliche Bande zwischen uns gewachsen, und die Kirche von Fortaleza ist durch die Werte, die sie nach und nach in der Kirche von Acre und Purus entdeckt hat, bereichert worden.

Pater Clodovis ist nicht nur Theologe, sondern auch Missionar. Sein missionarischer Geist ist auf jeder Seite seines Buches zu spüren. Den ganzen heldenhaften Alltag einer Kirche läßt er uns miterleben. Und das Interessanteste an dem Buch ist, daß sich der Verfasser um eine theologische Reflexion auf der Höhe der Probleme bemüht, um eine Theologie, die mit beiden Beinen auf dem Boden steht und Blasen an den Füßen hat, der es aber immer darum geht, das Reich Gottes in einer ungastlichen Region voller Überraschungen Wirklichkeit werden zu lassen. Unerschütterlicher Opfergeist ist eine Eigenheit aller, die in jenen fernen und verlassenen Ecken unseres Vaterlandes arbeiten wollen. Freilich bringt das Opfer auch immer wieder angenehme Überraschungen, die einen vor dem Wohlwollen unseres Schöpfergottes in Verzückung geraten lassen.

So wie ich die Dinge sehe, eröffnet der Autor mit seinem Buch eine neue Phase in der theologischen Literatur. Es geht um eine neue Art, Theologie zu treiben und die Probleme des täglichen, nicht immer leichten Lebens anzugehen. Aber es geht auch um eine neue Art und Weise, christlich zu leben, indem man alles im Lichte des erhellenden und richtungweisenden Wortes Gottes sieht. Es geht um die Betrachtung des Geheimnisses des Glaubens im Alltag des Lebens.

Herzlichen Glückwunsch, Pater Clodovis – und viel Freude im Herrn allen, die dieses Werk lesen und meditieren.

† Aloísio Kardinal Lorscheider
Erzbischof von Fortaleza – Ceará
19. Juni 1984

Vorwort

Lieber Leser, liebe Leserin!

Mit diesem Buch wende ich mich an dich, der/die du Pastoralträger oder auch sonst in der Volksarbeit tätig bist. Für dich sind die Reflexionen dieses Buches geschrieben worden.

Auch an das Volk an der Basis habe ich gedacht, allerdings nicht unmittelbar. Schließlich habe ich auch die Priester und Bischöfe und die Theologen nicht vergessen.

Du wirst hier Übungen finden, wie man über den pulsierenden Prozeß des Lebens reflektieren kann. Vor allem des Glaubenslebens.

Das Buch ist kein reiner Bericht über eine Feldarbeit. Aber ebensowenig bietet es systematische Theologien.

Vielmehr handelt es sich um eine Art theologischen Tagebuchs, das ich im Laufe der Monate, die ich mit dem Volk zusammenleben durfte, geschrieben habe.

Du findest hier eine Theologie, die in einem genau definierten Rahmen entstanden ist. In ganz konkreten und sehr unterschiedlichen Situationen.

Ich treibe hier eine handwerkliche Theologie. Eine direkte und unmittelbare Theologie. Ich denke aus der Situation heraus.

Denk aber bitte nicht, ich böte dir eine Theologie, die man »abheben und weglegen« könnte wie Spielkarten. Nein. Die Theologie, die du hier antreffen wirst, ist tief verwurzelt in dem Leben, aus dem sie erwächst.

Deshalb ist sie dicht mit den Dingen verwoben. Ich beschreibe den Gang der Dinge zusammen mit ihrer religiösen Interpretation.

Die Überlegungen, die du hier zu lesen bekommst, habe ich im jeweiligen Augenblick geschrieben. So wie die Dinge dem Volk und mir begegnet sind.

Ich habe mir fortlaufend Notizen gemacht, oft genug buchstäblich »im Galopp«. Nachher habe ich nur da und dort etwas hinzugefügt, um die eine oder andere Lücke zu schließen, den Gedanken zu vervollständigen, eine Idee zu verdeutlichen oder einen Absatz zu Ende zu führen.

Daher der Titel des Buches: »Mit den Füßen am Boden«.

»Mit den Füßen am Boden«: an erster Stelle, weil es sich um eine Theologie handelt, die mit beiden Beinen und nicht mit dem Kopf auf dem Weg ist, um eine bodenständige, erdhafte Theologie, die jedoch unentwegt schwanger geht mit Samenkörnern, wie jeder fruchtbare Boden sie in sich birgt.

»Mit den Füßen am Boden«: sodann, weil diese Theologie zunächst mit den Füßen zustande kommt. Unsere Theologie fängt mit den Füßen an, durchdringt den ganzen Körper und bewegt sich schließlich bis zum Kopf empor. Es gibt nämlich Dinge, deren man nur gewahr wird, wenn man hingeht und sie in Augenschein nimmt. Unsere Theologie will sagen, was sie auf ihrem Weg unter dem Volk gesehen und gehört hat.

»Mit den Füßen am Boden« bedeutet schließlich, daß wir hier von dem Leben derer ausgehen, die sich zu Fuß auf dem Erdboden bewegen, die auf dem Boden der Geschichte leben. Der Armen und Unterdrückten. Die zu Boden niedergeschlagen sind. Die aber nicht aufhören, sich immer wieder vom Boden zu erheben. Eine Theologie der Armen; eine Theologie, die zusammen mit ihnen und von ihnen gemacht wird.

Liebe Leserin, lieber Leser,

allenthalben ist die Forderung nach einer Theologie zu hören, »in der das Leben vorkommt«; nach einer Erziehung, »die es mit der Praxis zu tun hat«; nach einer befreienden Kultur.

Übrigens: Die »Theologie der Befreiung« will eine »kritische Reflexion über die Glaubenspraxis« sein. Was wir hier vortragen, will ein Beleg für dieses Vorhaben und dieses Anliegen sein.

Du wirst sehen, daß Theologie nicht zwangsläufig eine im akademischen Sinn verstandene Kompetenz einschließt. Zugegeben: Theologie setzt Übung und Geschick voraus. Aber auch du kannst gegenüber der Wirklichkeit ein theologisches Verhalten an den Tag legen, über die Dinge nachdenken und deine Erkenntnisse weitergeben. In diesem Sinn könnte das vorliegende Buch eine Einführung und Ermutigung dazu sein.

Liebe(r) Leser(in), du solltest beachten, daß die hier vorgetragenen theologischen Aussagen immer als offene Positionen verstanden werden wollen. Sie können einen großen Spielraum an Wahrscheinlichkeit einschließen. Deshalb dürfen sie weder dogmatisiert werden – das wäre unpassend – noch als das letzte Wort interpretiert werden, was ebenso klar ist.

Was hier gesagt wird, läßt sich vielleicht mit den Scheinwerfern eines Autos vergleichen. Die Scheinwerfer werden durch die Fahrt des Wagens gespeist und ermöglichen es ihm, auch im Dunkeln seinen Weg zu finden. Aber nicht den ganzen Weg, sondern nur das nächste Stück.

So ähnlich stützt sich auch diese Theologie auf den Weg des Volkes und will seinerseits dem Volk eine Hilfe sein. Aber sie kann ihm nicht den ganzen Weg erleuchten, sondern nur die nächsten Schritte.

Du wirst sehen, daß wir uns hier bemühen, immer mit dem Leben einzusetzen. Aber nicht mit einem äußeren, objektiven und neutralen Leben, sondern mit dem Leben, so wie die Menschen es leben, getränkt mit all seinen Bedeutungen, insbesondere den religiösen.

Auf den Schienen dieser ins Leben eingelassenen Bedeutungen entwickelt sich unsere »Fußgänger«-Theologie. So will sie eigentlich nichts anderes, als diese dem Glaubensleben innewohnenden Bedeutungen entfalten, erhellen und klären.

Erwarte bitte keine »wissenschaftliche« Theologie. Eine Theologie auf der Grundlage des »epistemologischen Bruchs« und in kritischer, systematischer und dynamischer Sprache.

Gewiß, dann und wann wirst du Bruchstücke davon finden. Insgesamt aber handelt es sich um eine Reflexion, die dicht am unmittelbaren Ausdruck des Glaubens bleibt, sowohl im Inhalt als auch in der Form. Unsere Überlegungen stehen in Kontinuität mit dem »religiösen Diskurs«, einschließlich seiner sprachlichen Form.

Damit greift die Theologie auf ihr Ursprungsprinzip zurück, das darin besteht, vom Glauben der Kirche auszugehen: vom Glauben, wie ihn die Christen gestern gelebt haben, wie sie ihn aber auch heute leben.

So wird die Theologie zu einer existentiellen, gesellschaftlichen, politischen, kurz: menschlichen und göttlichen Hermeneutik. Sie entziffert die Anwesenheit des Geheimnisses in der Realität der Geschichte.

Lieber Leser, liebe Leserin!

Ich möchte hier versuchen, die Wirklichkeit zu Wort kommen zu lassen. Du weißt, daß die Wirklichkeit, so wie sie ist und wie sie sich ständig ändert, eine Sache ist und daß die Wirklichkeit, wenn sie beim Namen genannt, vergegenwärtigt wird und auf das Bewußtsein wirkt, eine andere Sache ist.

Doch warum soll man das Leben des Volkes überhaupt theologisieren? Einfach deshalb, weil es in seiner menschlichen Dichte nach Reflexion ruft.

Ein lebendiger Glaube verlangt und fordert geradezu zwangsläufig eine Theologie. Theologisieren ist nachgerade ein Imperativ der christlichen, ja, ich würde sagen: der menschlichen Existenz.

Das Leben macht die Aufgabe, Theologie zu treiben, nicht überflüssig, und es erfüllt sie auch nicht gänzlich. Vielmehr fordert es sie aus seinem Innersten heraus. Erst in der Theologie kann sich der Glaube mit seinem Leben entfalten, sich realisieren und zu sich selbst kommen.

Du solltest wissen, daß ich mich nie mehr zur Theologie provoziert gefühlt habe als mitten unter dem Volk. Viel intensiver als in Hörsälen und auf theologischen Kongressen.

Lieber Freund, liebe Freundin!

Du wirst hier weder eine Applaus- noch eine Verdammungstheologie finden. Wohl aber eine kritische Theologie. Und als kritische Theologie ist sie ein Diskurs, der unterscheidet, differenziert, abwägt, einschätzt und urteilt.

Aber alles das geschieht im Rahmen und aufgrund eines initialen Glaubensaktes, eines Glaubens, der den theologalen Glauben übersetzt und auslegt, eben des Glaubens an das Volk Gottes.

Ohne einen Akt des Glaubens an das religiöse und unterdrückte Volk werden wir nie etwas von ihm begreifen. Nur die Liebe sieht richtig.

Deshalb sei nicht überrascht, wenn ich hier eine grundsätzliche Sympathie für alles zeige, was mit dem Volk zu tun hat. Von dieser Sympathie her sage und denke ich alles.

Leser/in, vielleicht meinst du, das Leben des Volkes sei nicht so poetisch, wie ich es hier beschreibe, es sei durchaus prosaischer, als es in diesem Buch scheint.

Ja, das Leben hat seine banale und nichtssagende Seite. Das ist der unmittelbare und oberflächliche Aspekt.

Aber daneben, besser: darüber hinaus hat das Leben auch seine Schönheit und seinen Reiz. Im Stroh verbirgt sich das Korn. In der kalten und nackten Erde ruht ein Schatz.

Deshalb muß man stets ein Auge dafür haben, was das Leben in sich birgt. Der Theologe ist eine Art Wünschelrutengänger, der den Untergrund der Existenz befragt, um dort die Zeichen des Göttlichen ausfindig zu machen.

Theologen sind Detektive des Geheimnisses. Kundschafter des Reiches Gottes inmitten der Welt.

In diesem Buch möchte ich die Ergebnisse meines Suchens, Forschens und Kundschaftens in einer übrigens sehr lebendigen Kirche vortragen. Natürlich biete ich hier nur das Korn ohne das Stroh. Das heißt, ich zeige nur den Sinn und nicht das Undurchsichtige und Absurde.

Es ist klar, daß auch im Leben des Volkes nicht alles interessant und bedeutungsvoll ist. Klar ist aber auch, daß für ein aufmerksames Herz und einen wachen Geist alles hell und sinnvoll sein kann. Selbst Tod und Schmerz, Armut und Niederlage.

Denn in allem waltet das Geheimnis, und alles wird vom Geheimnis gerettet.

Doch wenn die Batterie des Glaubens schwach wird, lassen auch die Scheinwerfer der Theologie nach.

Liebe Leserin, lieber Leser!

Möglicherweise fragst du, wie so viele Dinge in ein paar Monaten geschehen konnten. Dinge, die mehr als 200 Seiten füllen.

Alles hängt davon ab, wie sensibel und einfühlsam man für das ist, was im Leben passiert und was größer ist als das Leben selbst.

Auf den folgenden Seiten werden dir unendlich viele Dinge begegnen. Dinge, die mit der Religion zu tun haben, bis hin zu den Sitten und Gebräuchen des Volkes, ja bis zu biographischen und autobiographischen Anmerkungen.

Sei nicht erschrocken darüber. Das Leben ist ein totales Experiment. Auch der Glaube, der die Dinge erleuchtet und durchdringt, ist total. Und total ist schließlich auch die Theologie, die wir hier treiben. Sie umfaßt den ganzen Menschen, vom Scheitel bis zur Sohle sozusagen.

Dennoch bleibt der Glaube immer der Regenbogen am Himmel, unter dem alles seinen Lauf nimmt: Gebet, Familie, Sexualität und Geschichte.

Was die Theologie anbelangt, so ist sie nach wie vor der feste Horizont, der alles umgreift und allem seinen Ort anweist. Weil die Theologie die Dinge vom Ende bzw. vom absoluten Sinn her beurteilt, ist sie der verständigste Diskurs, den es überhaupt geben kann.

Lieber Mitarbeiter in der Pastoral und in der Volksarbeit!

Ich sage »Theologie«, meine aber damit Pastoral, Methodologie, kirchliches Leben und politischen Kampf. All das wirst du hier finden. Weil sich die Theologie ja in all diesen Dingen realisiert, das heißt: real, Wirklichkeit wird.

Allerdings möchte ich darauf aufmerksam machen, daß die folgenden Seiten vor allem von dem handeln, was Kirchliche Basisgemeinden sind und was eine Kirche an der Basis ist. Und zwar nicht mit Theorien, sondern durch die lebendige Schilderung ihres lebendigen Entwicklungsprozesses.

Von dorther wirst du vielleicht erkennen, daß diese »neue« Kirche oder die »Kirche aus dem Volk«, wie man sie auch nennt, viel traditioneller ist, als manch einer denkt. Traditioneller in dem Sinn, daß sie viel tiefer reichende Wurzeln hat – Wurzeln, die bis ins Neue Testament gehen und sich durchaus auch vom Boden des Alten Testamentes nähren.

Aus diesem Grund braucht niemand Angst vor einer »Kirche aus dem Volk« zu haben. Angst können nur die haben, die Tradition mit jüngerer oder herrschender Ordnung verwechseln.

Im übrigen, lieber Leser und liebe Leserin, benutze dieses Buch, wie man das Leben lebt und den Glauben glaubt: in Freiheit.

I
Tief im endlosen Urwald

1. Die Welt des Glaubens und die Welt der Buschbewohner

In diesem längsten Teil des Buches möchte ich von einer Missionsreise in den brasilianischen Urwald berichten, auf der wir Gummiarbeiter und erst vor kurzem gegründete Gemeinden besuchten. Das Ganze war eine theologische, geistige und nicht zuletzt menschliche Odyssee.

1. August 1983, Montag: Manoel Urbano
Vom Zentrum an den Rand der Welt

Mit der Geschwindigkeit des Windes bin ich vom Süden Brasiliens in diese Ecke des Landes gekommen. Wie immer hatte ich das erste Semester[1] an der Päpstlichen Katholischen Universität Rio de Janeiro Theologie gelesen, dabei in der Pastoral der Favelas geholfen und war das eine oder andere Mal zu Beratungen dahin und dorthin gefahren. Dann kam noch das große Treffen der brasilianischen Ordensleute, an dem ich teilgenommen hatte. Am gestrigen Sonntag setzte ich mich schließlich ins Flugzeug nach Rio Branco. Und gleich heute, Montag, kam ich mit einigen Ordensfrauen und Laienhelferinnen in einem offenen Kombi hierher nach Manoel Urbano, an die Grenze zwischen den Staaten Acre und Amazonas, ans Ufer des Purus.

Die ganze Zeit hatte ich mit Schwester Otacília hinten auf der Ladefläche gesessen. Ich wollte die allgemeine Situation der Kirche hier wahrnehmen, wenigstens mit den Augen in die weite Landschaft, die sich vor uns auftat, eintauchen und – mit einem Wort – mich in dieser neuen Welt einfinden.

Jedesmal, wenn ich aus einem städtischen Zentrum wie Rio de Janeiro wieder an die Ränder der Welt komme, packt mich ein psychischer, geistiger und menschlicher Schock, der mich anfangs benommen macht, aber mit der Zeit Geist und Körper Kraft gibt.

Manoel Urbano ist eine kleine Stadt mit etwas mehr als hundert Familien. Von hier aus will ich am Freitag mit Schwester Nieta zu einer »Entpflichtungs-Reise«[2] aufbrechen. Bis zum Ende des Monats wollen wir im Busch bleiben.

Da ich von der ganzen Arbeit, die ich am Schluß meiner Zeit im Süden noch zu tun hatte, völlig fertig bin, will ich sehen, ob ich mich vor diesem neuen, dem pastoralen Unternehmen noch ein wenig körperlich und geistig ausruhe.

2. August, Dienstag: Manoel Urbano
Der Glaube und die Verklärung der Welt

Während dieser Tage möchte ich soweit wie möglich am Leben und an der Arbeit der Gemeinschaft der Josefinenschwestern teilnehmen, die für dieses Gebiet hier verantwortlich sind: Schwester Otacília, Schwester Nieta und Schwester Teresinha.

Beim Morgengebet haben wir gemeinsam über das Evangelium des Tages nachgedacht: Petrus geht über das Wasser (Mt 14,22–36). Ganz deutlich gesagt: Der Glaube ist eigentlich keine *Kraft* zu *Veränderungen* der Strukturen der Welt, sondern ein *Licht*, das die Bedeutung der Welt *verklärt*. Gewiß, dieses Licht ist auch eine Energie, die sich auf die Strukturen der Welt auswirkt und sie verändern kann. Direkt aber verändert der Glaube nicht die *Form* der Dinge und Fakten. Was der Glaube verändert, ist ihre *Gestalt*. Es geht nicht um Trans-form-ation, sondern um Trans-figur-ation. Glauben ist *metanoia*, ist eine subjektive Revolution, eine Um-gestalt-ung des Geistes, der in der Welt wirkt.

Die Welt des Menschen, der glaubt, ist nicht dieselbe Welt wie die des Menschen, der nicht glaubt (so könnte man Wittgenstein mit seiner »Welt des glücklichen Menschen« paraphrasieren). So war die Welt des Franziskus anders, unendlich anders als die seines Vaters Bernardone. Was daran anders ist, ist die Perspektive, die Sicht oder das Verständnis von ihr, aber nicht ihre äußere, objektive oder physische Konstitution.

Die umfassende Revolution betrifft zweierlei: Struktur und Sinn, Welt und Geist, Existenz und Bewußtsein, *physis* und *pistis*.

Die große Frage ist also: Wie lassen sich Wahrheit und Wirklichkeit, Ideal und Realität, Bedeutung und System, Reich Gottes und Gesellschaft in Einklang bringen? Das aber hat Gott den Menschen aufgetragen. Und das hat er ihnen zugesagt.

3. August, Mittwoch: Manoel Urbano

Christus ist noch immer bis an die Grenzen der Erde unterwegs

Bei der Abendmesse haben wir gemeinsam mit der ganzen Gemeinde des Dorfes über das Tagesevangelium nachgedacht: die Bitte der kananäischen Frau (Mt 15,21–28). Jemand sagte: Christus ist auch heute noch immer bis an die letzten Grenzen der Erde unterwegs, um die Verlassenen und an den Rand Gedrängten aufzusuchen. Das sind alle, so wie sie hier zusammengekommen sind, aber auch die, die irgendwo im Urwald wohnen, die längs der Flüsse oder in den »Zentren« leben (»Zentrum« ist hier das Innere des Busches – im Gegensatz zu »Rand« und »Straße«). Auch zu ihnen kommt der Messias, um sie zu retten und ihnen das Reich zu bringen, das Leben, Freude, Hoffnung, Gerechtigkeit und Frieden ist.

Alles dies beziehe ich auch auf mich selbst – zu meinem Trost. Denn jedesmal, wenn ich aus dem »herrlichen Süden« in diese verlassenen Ecken komme, überfällt mich dieses merkwürdige und trügerische Gefühl, alles sei unnütz, ja absurd.

In diesem Sinn fällt mir eine Passage aus dem Evangelium ein: »Viele werden an jenem Tage zu mir sagen: Herr, Herr, sind wir nicht in deinem Namen als Propheten aufgetreten, und haben wir nicht in deinem Namen Dämonen ausgetrieben und mit deinem Namen viele Wunder vollbracht? Dann werde ich ihnen antworten: Ich kenne euch nicht. Weg von mir, ihr Übertreter des Gesetzes!« (Mt 7,22–23).

Darauf also kommt es an! Nicht um die großen, vor aller Augen sichtbaren Gesten geht es, sondern um die täglich neu praktizierte Demut und Treue zum Herrn des Reiches. Auch Politik und Revolution müssen in jedem Fall mit derselben Natürlichkeit und Anspruchslosigkeit getan werden, wie man den Tisch deckt oder den Garten sauber hält.

Keine Szene hat mich in dem Ghandi-Film so beeindruckt wie die, als Ghandi mit den Führern Indiens die große Frage der Befreiung seines Volkes diskutiert und plötzlich ein Kind mit einem Zicklein hereinkommt, das sich ein Bein verstaucht hat. Ghandi steht auf, unterbricht das Gespräch und geht an einen nahen See, wo er das Tier mit Schlamm behandelt.

Wenn in der Politik nicht mehr als oberster Wert die Schaffung, Erhaltung und Förderung des Lebens – bis hin zum vollen Leben – gilt, dann verliert sie allen Sinn.

Das Reich Gottes gehört den Armen und Verfolgten, aber auch den Kindern

Heute nachmittag habe ich Kinder von Manoel Urbano auf dem Gepäckträger eines Fahrrades durch die stillen Straßen des Ortes gefahren. Hin und her. Mehr als zwanzig Jungen und Mädchen warteten darauf, bis sie an der Reihe waren, rannten neben dem Fahrrad her und liefen laut und lachend durch die staubigen Straßen. Kinder – schön wie der Traum, dunkelhäutig und mit indianischen Zügen.

Was bedeutet so etwas im Sinn von Befreiung? Anscheinend nichts. Daß es menschlich etwas bedeutet, genügt. Reicht es nicht, daß man sich ganz an etwas hingibt?

Kinder sind ungeschuldete Verdanktheit und der lebendige Ausdruck dafür, daß man das Reich Gottes nur entgegennehmen und annehmen kann, weil es immer Geschenk ist. In diesem Sinn sind Kinder das Symbol für die höchste und edelste Tätigkeit, deren der Geist fähig ist.

Das Reich Gottes liegt in dieser Dimension, in der Dimension des Kindes. Weshalb sollte es also ein größerer Beitrag zum Reich Gottes sein, wenn ich vor Hunderten von wichtigen Persönlichkeiten einen Vortrag halte, als wenn ich ein halbes Dutzend Kinder unterhalte, indem ich sie auf einem Fahrrad spazierenfahre?

Gewiß: Das eine braucht kein Widerspruch zum anderen zu sein. Am schönsten wäre es, wenn man einen Vortrag halten könnte, wie man Kinder auf einem Gepäckträger durch die Gegend fährt. Mit derselben Freiheit und Einfachheit – dessen, der ein »unnützer Knecht« ist, was er auch tun mag. Nur so läßt sich vielleicht verhindern, daß der politische Einsatz zu einer neuen Form der »Rechtfertigung durch Werke« wird, die Paulus und, vor ihm, Jesus von Nazaret ein für allemal verurteilt haben.

4. August, Donnerstag: Manoel Urbano

Messianität Jesu – Messianität der Armen

Das Evangelium von heute, das wir heute morgen gemeinsam betrachtet und abends mit dem Volk besprochen haben, handelt von dem Messias, der leiden und abgelehnt werden muß, um so in die Herrlichkeit einzugehen (Mt 16,13–23). Diese Botschaft macht auch den geschichtlichen Weg der Befreiung in der Welt verständlich. Wenn das »messianische Volk« (*Lumen gentium* 9) befreit, dann befreit es unter den Bedingungen seiner Armut. Befreier, auch geschichtlicher Befreier, ist nicht Napoleon, sondern der Arme. Der leidende Gottesknecht – als korporative Gestalt des erwählten Volkes – befreit die Welt vom Leiden. Daniel sah den Gottesknecht im »Menschensohn« (Kap 7), der für das Volk der Besiegten (7,21) steht, und Deuterojesaja erblickte in ihm den »Knecht Jahwes«, der ein Symbol ist für das tief verachtete Volk, das der Abscheu der Leute und der Knecht der Tyrannen ist (vgl. 49,7).

Der historische Weg des eschatologischen oder endgültigen Messias weist auch auf den historischen Weg des zeitlichen Messias, des Volkes der Unterdrückten, hin.

Die Schwierigkeit, die Petrus (»Satan« und »Stein des Anstoßes«, der »Gedanken der Menschen« denkt, die den Gedanken Gottes widersprechen) hatte, ist auch heute noch die Schwierigkeit des Menschen, der in den üblichen Schemata denkt, des »fleischlichen Menschen«, des entfremdeten Menschen. Aber mehr noch.

Wenn man die Bevölkerung dieses Städtchens und ihre konkreten Möglichkeiten zu geschichtlichem Handeln betrachtet, beschleicht einen derselbe Zweifel, den schon Petrus hatte. Es ist in der Tat zum Lachen, und man fragt sich: Was kann hier schon herauskommen? Oder: Kann aus so einem Nazaret etwas Gutes entstehen (vgl. Joh 1,46)?

Und doch: Auch wenn es – historisch gesehen – offenbar kaum Perspektiven gibt, stellt sich die Lage auf der Ebene der »Gedanken Gottes« anders dar. Das historisch-politische Vermögen ist nicht das einzige, was zählt, und nicht einmal das wichtigste. Auf keinen Fall darf es in irgendeiner Weise absolut gesehen werden. Vielmehr ist es immer relativ zum Menschen und zu seiner konkreten Geschichte.

Nichts anderes sagt auch der heutige Tagesheilige, der Pfarrer von Ars, mit seinem bekannten Satz: »Eine einzige Seele reicht schon aus, damit ein Priester seine Pfarrei hat.« Die Dimensionen der Befreiung ...

6. August, Samstag: Stellung Roçado
Gewaltmarsch

Meine Beine sind nur noch Fetzen. Von Manoel Urbano bis zur Stellung Depósito waren wir sieben Stunden unterwegs, immer zu Fuß. Vierzig Kilometer vielleicht. Das war vorgestern, am ersten Tag unserer Reise.

Von Depósito bis hierher noch einmal sieben Stunden. Um halb acht Uhr sind wir aufgebrochen und kamen hier nach zwei Uhr an. In

Paranã, einer Stellung dazwischen, haben wir nur etwas mehr als eine halbe Stunde Pause gemacht für das Mittagessen.

Für die ersten Tage ist das zuviel. Besonders für jemanden wie mich, der zum erstenmal so eine Reise macht. Als wir gestern am Ziel ankamen und die – wie üblich schüchternen – Hausherren begrüßt hatten, konnte ich einfach nicht mehr: Ich warf mich buchstäblich auf den Boden, wo ich wie ein Toter liegen blieb, mit einem schrecklichen Schmerz in den Beinen. Ich hatte mir eine Lymphdrüsenschwellung am linken Bein zugezogen und mußte es den ganzen Weg nachschleppen. Ich schnitt mir einen Stock am Wegrand ab und stützte mich auf ihn, um das linke Bein zu entlasten.

Dona Joana, die Gemeindeleiterin, sagte mir: »Herr Pfarrer, gehen Sie doch im Fluß baden, das bringt Erleichterung.« Als ob ich einen Jux machen wollte, antwortete ich: »Sie können mich hier begraben, aber von hier stehe ich nicht mehr auf ...« Aber schließlich bin ich doch noch gegangen.

Als ich mich abends in die Hängematte gelegt hatte, konnte ich vor Müdigkeit und vor Schmerz in den Beinen nicht schlafen. Mal streckte ich sie aus, mal zog ich sie an, aber ich kam nicht zur Ruhe und fand keinen Schlaf. Zu Schwester Nieta, mit der ich gemeinsam unterwegs war, sagte ich: »Schwester, wenn's morgen früh nicht besser ist, weiß ich nicht, wie's weiter gehen soll.« »Aber Pater«, gab sie zur Antwort, »die Leute sind schon alle auf uns eingestellt und warten auf uns ... das dürfen Sie nicht machen!« Also mußten wir weiter; eventuell müßte ich reiten, auf irgendeinem Tier, auf einem Ochsen oder auf einem Maultier. Also massierte ich mir die Beine, damit sich die Muskeln entspannten. Schließlich schlief ich ein.

Als der Morgen graute, wurde es schrecklich kalt, wie übrigens immer zu dieser Zeit. Nicht einmal mit zwei Decken, die ich mitgebracht hatte, wurde ich warm. Im übrigen hörten wir ein Kind, das Keuchhusten hatte und hustete und hustete. Es fehlte nur, daß ihm der Atem ausblieb und es starb. Eine Angst, die einem das Herz zerreißen und den Schlaf rauben kann. Was blieb uns anderes, als auf den Morgen zu warten und am Ende aufzustehen.

Nachts im Urwald verloren

Nieta erzählte mir, im vorigen Jahr seien die Schwestern, die die Gemeinden dieser Gegend aufgesucht hätten, nicht mehr rechtzeitig bei Tage in Roçado angekommen. Die Nacht habe sie im Busch überrascht, wo es natürlich immer früher dunkel wird. Als vom

Weg nichts mehr zu sehen war und weil sie nicht das geringste Licht dabei hatten, hätten sie beschlossen, das Gepäck abzulegen, sich's auf dem Boden bequem zu machen und den Tag abzuwarten. Aber von Schlaf keine Rede. Die Schwestern hörten ein ihnen fremdes, laut knurrendes Tier sie in der Nähe umschleichen, mal näher, mal wieder etwas weiter. Keine wußte, was es war. Ein Jaguar? Voller Schrecken wiesen sie diesen Verdacht von sich; er wäre zu gräßlich gewesen, als daß sie ihn hätten zulassen können. Die drei Frauen umarmten sich, ohne ein Wort zu sagen, nur leise Gebete dann und wann. So brachten sie die ganze Nacht zu, in endloser Todesangst. Und immer wieder das ungeduldige Tappen und beunruhigende Knurren, das nicht enden wollte ... Als es aber dann doch endlich Morgen wurde, sahen sie, was wirklich vor sich gegangen war: Tatsächlich hatte ein bunter Jaguar die Armen bis zum Morgengrauen umschlichen. Die Schwestern hatten sich nämlich in der Nähe des Platzes niedergelassen, an dem das Tier sich gewöhnlich mit Blättern sein »Bett« baute. Sie sagten Gott unendlichen Dank dafür, daß nichts passiert war. Aber warum hatte der Jaguar sich nicht an sie herangemacht und sie angegriffen? Vielleicht, weil er mehrere Personen gesehen und davor Angst bekommen hatte (es ist bekannt, daß die Bestie Menschen, wenn sie in einer Gruppe sind, nicht anfällt). Oder: Weil Gott selbst einen Engel mit einem Schwert in der Hand zwischen die Bestie und seine Dienerinnen gestellt und diese damit vor jeder Gefahr bewahrt hatte – hätte ein biblischer Autor geschrieben. Läßt das Buch Daniel nicht auch Nebukadnezzar sich so ausdrücken, als dieser die drei jungen Männer unverletzt aus den Flammen hervorgehen sieht: »Gepriesen sei Gott ... Denn er hat seinen Engel gesandt und seine Diener gerettet« (3,95)? Auch Petrus sagt, als er sich auf wunderbare Weise aus dem Kerker befreit sieht: »Nun weiß ich wahrhaftig, daß der Herr seinen Engel gesandt und mich der Hand des Herodes entrissen hat ...« (Apg 12,11)

Wie dem auch sei, auf diesem mit unheimlicher Erinnerung behafteten Stück Weges wollte ich einen Schritt schneller gehen. Als wir mittags in der Stellung Paranã zum Essen haltmachten, bot uns die Hausfrau nicht nur ein – erstklassiges – Stück Wild an, sondern wollte auch, daß wir länger blieben. Aber die Angst vor dem bunten Jaguar war größer als unsere Geneigtheit, der Frau entgegenzukommen, so daß wir gleich nach dem Essen wieder aufbrachen, um noch im Hellen hier anzukommen. Wieder ein Gewaltmarsch, der mich, hier angelangt, wieder in die gleiche Situation brachte wie in Depósito: Völlig erschöpft brach ich auf dem aus Palmbrettern gezimmerten Fußboden zusammen und wollte nur noch Wasser haben. So merkwürdig den Leuten das Ganze schon vorkam, tat ich noch etwas, was die Frau noch sprachloser machte: Auf dem Rücken liegend streckte ich die Beine, an die Wand gelehnt, senkrecht in die Höhe. Man hatte mir nämlich gesagt, in solcher Haltung fließe das Blut leichter in den Körper und vor allem in den Kopf zurück, und damit werde die Ermüdung in den Beinen geringer. Und tatsächlich. Das Bad in einem eiskalten Wasserlauf tat dann das Übrige ...

Die Gemeindeleiter sind aus demselben Holz wie das Volk

Der Gemeindeleiter von Roçado ist Seu Maia. Wie alle Mitglieder der Gemeinde ist auch er Analphabet. Bisher gab es in Roçado ein junges Mädchen, das das Evangelium vorlas. Aber die junge Frau ist weggezogen.

Im Augenblick ist Seu Maia nicht da. Er hat sich am Bein eine eiternde Wunde zugezogen, und jetzt ist er in der Stadt, um sich behandeln zu lassen. Wirtschaftlich geht es ihm nicht schlecht, er hat ein verhältnismäßig großes Haus und ein paar Stück Vieh.

Anders sieht es schon bei Dona Joana, der Gemeindeleiterin in Depósito, aus. Dona Joana ist eine sehr aktive Frau, die gut liest und ihre Gemeinde gut in Schuß hat. Am Gründonnerstag – erzählte sie mir – hat sie ein brüderliches Mahl mit Açaí-Wein hergerichtet, zur Erinnerung an das Mahl des Herrn.

Nieta und ich haben große Sympathie für Dona Joana und ihre diskrete und zugleich ernsthafte Art, die Dinge zu tun.

Schwester Otacília hatte mir gesagt, Dona Joana habe zwei schon nicht mehr ganz so kleine Kinder verloren, kurz hintereinander. Die Sache war zum Verrücktwerden. Und ihr Mann drehte auch tatsächlich durch: Er verlor den Verstand, ging in die Stadt und kam an den Suff. Ohne Halt lief er durch die Straßen und wußte nicht mehr, was er tat. Aber mit Unterstützung von Freunden und der Gemeinde kam er aus der Tragödie wieder heraus.

In der Tat waren in dem tiefen Blick und dem ernsten Lächeln des Paares die Spuren dieser furchtbaren Schmerzen zu sehen. Gott allein kann das Leiden dieses unterdrückten Volkes ermessen. Selbst sagen diese Menschen nichts. Sie schlagen keinen Lärm, wenn sie etwas zu erleiden haben. Angesichts einer wilden Natur und einer noch wilderen Gesellschaft weinen sie allein und tragen allein ihren Schmerz. Wer interessiert sich auch schon für das, was sie zu erleiden haben?

Vielleicht nur das »Geheimnis unseres Glaubens« (1 Tim 3,16), jener, der »alle Tränen von ihren Augen abwischen wird« (Offb 7,17).

7. August, Sonntag: Sitz der Gummipflanzung São Romão
Unterdrückung grassiert im Busch: eine einzige Klage

Hier in São Romão wohnen sieben Familien. Die kleine Ansammlung von Häusern bildete sich um die Baracke (Waren- und Gummilager) und um das Wohnhaus des Leiters. Der Besitzer der Gummipflanzung hier ist der Bürgermeister von Manoel Urbano und ihr Leiter sein Bruder Raimundinho.

Mehr als zwanzig Arbeiter schneiden das Gummi in der Pflanzung des Bürgermeisters und sind gezwungen, es ihm im Tausch gegen Waren zu verkaufen. Bis vor kurzem erhielten sie sogar etwas Geld für das Gummi; jetzt aber bekommen sie nur noch Ware, und zwar zu einem Preis, den er selbst festsetzt. »Das ist das Gesetz des Bürgermeisters«, sagt mir ein Gummischneider.

Und das schlimmste ist, daß es in der Baracke immer wieder an den notwendigsten Dingen fehlt. Dann gibt es kein Salz, keinen Zukker, keine Milch, kein Petroleum usw. Ein ganzes Jahr vergeht, ohne daß neue Ware geliefert wird. So leiden die Gummischneider Not: Hunger und alles, was daraus folgt.

Die Ungerechtigkeit grassiert im Busch und verschlingt alles. Das Gesetz des Urwaldes gilt für Tiere und Menschen. Die Leiter und fliegenden Händler bestimmen den Preis für alles: sowohl für das Produkt, das heißt für das Gummi, als auch für die Ware, die sie liefern. So verdienen sie am An- wie am Verkauf, will sagen: an beiden Enden des Prozesses.

Am meisten beklagen sich die Gummiarbeiter aber nicht über die Ausbeutung, sondern über das Ausbleiben von Waren, vor allem lebensnotwendiger Dinge wie Milch für die Kinder, Öl usf. Seu Raimundinho ist als Leiter und Bruder des Bürgermeisters beim Volk hier durchaus beliebt. Die Schuld liege beim Bürgermeister, seinem Boss, weil »er sich nicht um das Volk kümmere«. Wenn man so etwas hört, kann man nur zornig werden. Ein grenzenloser Zynismus ist das.

Anderenorts haben sich die Gummiarbeiter aus den Klauen der Barackenbesitzer und der Eigentümer der schwimmenden Läden befreit, indem sie sich eine An- und Verkaufsgenossenschaft schufen. So in Icuriã.

Natur und Gesellschaft gegen den Menschen

Beeindruckend, unter welch schwierigen Verhältnissen der Natur das Volk im Busch lebt: Häuser, Wege, Ernährung, Transportwesen usf. Man sitzt auf dem Boden zusammen mit den Tieren, mit Hunden, Katzen, Wellensittichen, Kakerlaken, Spinnen, Moskitos usf. Oft genug haben die Leute weder Tisch noch Stuhl. Vielleicht indianisches Erbe? Mindestens ihre Physiognomie zeigt deutlich Züge dieser Rasse.

Piums, ganz kleine, schwarze, lautlose Moskitos, stechen einen in Arme, Beine, Nacken und Gesicht. Der Stich, mit einem knallroten Punkt in der Mitte, wird zu einer rötlichen Schwellung. Die Menschen hier haben Arme und Beine voll schwarzer Punkte, zu denen sich die Pium-Stiche entwickeln, wenn sie »trocken« sind.

Als ob diese Unbilden der Natur nicht genügten, beutet dazu noch der Mensch den Menschen aus ...

Die Kleinen sind jeder Mühe wert

»Was kann ich eigentlich auf dieser Galeere tun?« – das ist das Gefühl, das mich wie besessen verfolgt und den *carnalis homo*, den »fleischlichen Menschen«, der in jedem von uns steckt, quält.

Es ist wahr, daß Christus für die »Schwachen«, für die Letzten dieser Welt, ja für alle gestorben ist (vgl. Röm 14,5). Wenn dem aber so ist, dann sind sie aller Mühe wert. Wenn die Kleinsten des Blutes des Messias, des Sohnes Gottes, wert waren, warum sollten sie dann nicht auch unseres Blutes wert sein?

Allmählich fange ich an, das aufopferungsvolle Leben der Pastoralträger schätzen zu lernen, der Priester, Ordensfrauen und Laien, die in so schwierigen Regionen wie dieser arbeiten. Wie oft reden wir von diesen Missionaren voller Dünkel, gelegentlich mit Überheblichkeit und fast immer ohne Ahnung von ihrem Leben.

Aus Abenteuerlust oder aus sonst einem Interesse läßt sich wohl niemand auf so ein Leben ein. Da muß schon ein Beweggrund am Werk sein, der jenseits jeder Überlegung und Kritik liegt, der in den Bereich des Geheimnisses gehört.

Ja, das Geheimnis, das den Mönch fasziniert, ist auch das Geheimnis, das den Missionar auf den Weg schickt. Nur daß es sich hier in ein anderes Gewand kleidet. Hier geht es um Dringlichkeit und nicht um Faszination, um Arbeit und nicht um Verkosten, um *liberatio*, Befreiung, und nicht um *vacatio*, Freisein.

Dennoch handelt es sich um ein und dasselbe Geheimnis. Immer ist es dornig und bringt einen ans Kreuz, immer bringt es aber auch Befreiung. Gott ist schwierig und abgrundtief. »Seine Gedanken sind nicht unsere Gedanken«, sagt Jesaja. Wenn dem nicht so wäre, wie ließen sich dann die himmelschreienden Widersprüche erklären, denen wir im Leben begegnen. Warum muß der Jaguar unschuldige Rehe jagen und schlagen, um sich zu ernähren und so leben zu können? Und warum muß der Leiter dadurch, daß er keine Waren kommen und die Gummiarbeiter hungern läßt, diese unter Druck setzen, damit sie genug produzieren? Mit einem Wort: Warum dieser gewaltige Widerspruch zwischen Gott, dem Geheimnis alles Guten und grenzenloser Liebe, einerseits und der Wirklichkeit sowohl in der Natur als auch in der Geschichte der Menschen andererseits? Schon Hiob scheint gerade diesen Widerspruch klar gespürt zu haben (12,6 bis 10).

Zwischen diesen beiden Polen des Widerspruchs muß man die Freiheit und die Verantwortung der Menschen und darin noch einmal die Möglichkeit der Sünde (wie des Glaubens und der Gnade andererseits) ansiedeln. Ohne die Kategorie der Sünde, einschließlich und insbesondere der »Erbsünde«, wäre der genannte Widerspruch zwischen diesem Gott und dieser Welt nicht zu verstehen. Auf dem Gedanken der Sünde gründet theoretisch das Geheimnis der Erlösung *durch das Kreuz*. In der Tat: Ohne die Sünde wäre die Erlösung als *pleroma*, als Erfüllung des Menschen und der Welt, keine Auferwekkung von den Toten, sondern spontanes Aufblühen kraft der Bewegung der Geschichte und der Welt.

Mehr noch: Die Idee der Sünde begründet auch den Imperativ zur Befreiung: »alle Verhältnisse umzuwerfen, in denen der Mensch ein erniedrigtes, ein geknechtetes, ein verlassenes, ein verächtliches Wesen ist«, wie ein berühmter Jude im vorigen Jahrhundert gesagt hat. Damit gibt er mit seinen Worten aber nur die Bibel wieder: »Die Ägypter behandelten uns schlecht, machten uns rechtlos und legten uns harte Fronarbeit auf ... Der Herr hörte unser Schreien und sah unsere Rechtlosigkeit, unsere Arbeitslast und unsere Bedrängnis« (Dtn 26,6–7). Oder wie Maria von Nazaret sagt: »Er stürzt die Mächtigen vom Thron und erhöht die Niedrigen« (Lk 1,52).

Der österliche Blick

Das Volk im Urwald und seine Lebensbedingungen zu betrachten ist an sich kein Anlaß zu großer Begeisterung und Verzückung. Von Poesie kann nicht die Rede sein, eher schon von Empörung und Zorn.

Daher bedarf es, um Menschen richtig und gerecht zu sehen, der Umkehr und des Glaubens. Der evangeliumsgemäße Blick durchschreitet den Tod des menschlichen und gar zu menschlichen Blicks. Gefordert ist ein österlicher Blick, ein Blick »nach dem Geist« und nicht mehr »nach dem Fleisch« (2 Kor 5,16).

Ich denke an die Kinder hier, die zur Taufe gebracht werden. Wer weiß schon von ihnen in dieser Welt? Was wiegen sie auf der Waage der Geschichte? Gleichwohl sagen wir, in der Taufe würden sie Söhne und Töchter Gottes. Und Gott hängt um so mehr an ihnen, als sie von den Menschen abgehängt werden. Unermeßliche Größe! Allerdings *in mysterio*.

Daran zu glauben bedeutet, sich auf die Perspektive und die Sicht Gottes einzustellen. Heißt: sie sehen, wie Gott sie sieht. Heißt: sie auf die richtigste und wahrheitsgemäßeste Weise sehen, die überhaupt möglich ist.

Das Mahl des Herrn im Herzen des Urwaldes

Heute haben wir die Sonntagsmesse gefeiert, als sich der Tag bereits neigte. Die Messe begann, als gerade die Sonne unterging. Ich erwähnte, daß Jesus sein letztes Mahl mit den Jüngern auch zu dieser Tageszeit gehalten hat und daß wir hier im Herzen des größten Urwaldes der Welt zweitausend Jahre später seinen Auftrag »Tut dies ...!« befolgten.

Die Gemeinde hatte alles hergerichtet im Schatten des anbrechenden Abends, den die Zitronenbäume vertieften. Die Leute, an die dreißig Personen, hatten sich auf Bänken, heruntergefallenen Ästen oder einfach auf dem Gras um den Tisch des Herrn niedergelassen.

Während Schwester Nieta mit dem Volk die Lieder einübte, hielt ich mich zum Spenden des Beichtsakramentes bereit. Fünf Erwachsene kamen. Es waren gute und ehrliche Beichten. Drei beichteten zum erstenmal – und hielten auch bei der Messe ihre Erstkommunion.

Die Messe war frei und realisierte die wesentlichen Elemente. Es wäre völlig deplaciert, in einer so wenig offiziellen Situation wie dieser am Buchstaben des offiziellen Rituals zu kleben.

Alles verlief sehr gut. Die Gemeinde diskutierte, wer die Leiterin – Dona Raimundinha – ersetzen könnte, die in die Stadt ziehen würde. Man einigte sich auf Nonato, einen jungen Mann, der lesen und gut singen kann und mit dem Volk gut zurechtkommt. Zum Zeichen der Einführung in sein Amt und der Einsegnung übergaben wir ihm das Buch des Neuen Testaments.

Als sich die Feier vor einem herrlichen rötlichen Sonnenuntergang bereits dem Ende nahte, zeigte sich der Abendstern. Auch dafür dankten wir nach der Kommunion in einem spontanen Gebet.

10. August, Mittwoch: Stellung Porongaba
»Jagd« und »Imbiara«

Von der Gemeinde aus, die Neném Ponte leitet, kamen wir gestern über Centrinho hier an.

Bald nach unserer Ankunft nahm João Paulo, in dessen Haus wir untergebracht sind, die Flinte und ging auf die Jagd. Auch sein Neffe ging zusammen mit einem Kind jagen, aber in eine andere Richtung.

Morgen sollen nämlich einige Familien zu der Versammlung kommen, und eine Taufe und eine Trauung sollen auch stattfinden. Da muß man schon »Rancho« machen, wie es hier heißt Der Wald ist das Reservoir des Gummiarbeiters, eine Art von Markt, Speisekammer und Kühlschrank zugleich.

Von den Kindern João Paulos erfuhr ich, daß Reh, Schweine, Tapire – kurz – alle großen Tiere »Jagd« heißen, während Waschbären, Affen und Federvögel keine »Jagd«, sondern »Imbiara« sind.

Die Sonne geht unter, und ich liege in der Hängematte. Am roten Abendhimmel die lächelnde Venus und gleich darüber rechts der zunehmende Mond, wie ein feines Stück einer gebogenen Kralle.

Brieflesen in Nachbarschaftshilfe

Wir fragen die Leute, ob sie wußten, daß wir kommen würden. Ja, lautet die Antwort. Aber um den Brief, den die Schwester mit der Nachricht unseres Kommens geschickt hatte, zu entziffern, hatte sich das halbe Dorf versammelt. Nachbarschaftshilfe sozusagen. Nachdem die Versammlung gemeinsam über eine Stunde lang mit dem Brief gekämpft hatte, hatte sie das Wesentliche mehr oder weniger herausgefunden. »Aber vieles haben wir doch nicht ganz begriffen«, fügte die Frau hinzu, die uns den merkwürdigen Kampf schilderte. Man einigte sich darauf, auf den fliegenden Händler zu warten, der am Nachmittag kommen würde. Der sollte dann den Rest des Briefes »erklären«.

Armes Volk! Für ein Volk mit einer nichtschriftlichen Kultur müßte es eine Form nichtschriftlicher Kommunikation geben. Einem Volk von Analphabeten Briefe schicken ist zumindest ein Zeichen für pädagogische Unachtsamkeit.

Segen über einen verstauchten Fuß

Mein linker Fuß ist dick angeschwollen. Auf dem Weg von Neném Ponte nach São Francisco habe ich gestern fürchterlich gegen irgend etwas getreten. Da ich nur leichte Sandalen anhatte (man hatte uns gesagt, der Weg sei problemlos), habe ich mir die kleine Zehe verstaucht.

Im Gummipflanzerdorf Centrinho hatte man mir gestern abend empfohlen, den Fuß mit Talg einzureiben. Aber heute morgen war er nur noch dicker. Wahrscheinlich war ich am Vortag einfach zu viel gelaufen.

Dona Maria betete über den angeknacksten Fuß und segnete die »rote Stelle«. In rhythmischen Bewegungen machte sie verschiedene Kreuzeszeichen über sie und sprach still ein geheimes Gebet. Nur ihre Lippen sah ich sich bewegen.

Dann war ich an der Reihe. Sie bat mich, einige Heiligenbilder zu segnen, die sie aus der Stadt hatte. Warum nicht? Es war mir eine Freude, sie zu segnen. Dann sollte ich über den rechten Fuß ihrer Mutter, Dona Eline, die die Gemeindeleiterin dort ist, einen Segen sprechen. In der Tat war der Fuß eine einzige Wunde. Nur schleppend konnte sie sich im Haus bewegen. Aber in Kürze sollte sie ins Krankenhaus.

Auf jeden Fall begegneten sich hier unterschiedliche religiöse Vorgehensweisen. Unsere Pastoral hat keine Ahnung von den spezifischen religiösen Möglichkeiten des Volkes und kann sie mithin auch nicht nutzen. Wer aber das Volk nicht kennt, den kennt auch das Volk nicht. Bourdieu sagt, der Priester neige dazu, Gesundbeter als Rivalen zu betrachten. Aber warum muß das eigentlich so sein? Sollte es nicht möglich sein, dieses Element der Volksreligion in ein echtes kirchliches Amt zu integrieren – in den Dienst an den Kranken?

»Geh deinen Weg und singe!«

Gestern abend hatten wir in Centrinho eine sehr beeindruckende Tauffeier. Das Volk machte gut mit. In Centrinho wohnen nur drei Familien. Aber es waren vier Taufen.

Wir waren gegen vier Uhr nachmittags dort eingetroffen. Unterwegs hatten wir etwas Regen abbekommen. Ich ging voraus – und sang, was mir in den Sinn kam. Das Singen sollte uns Spaß machen unterwegs, vom Regen ablenken und die Müdigkeit vertreiben. Seit halb acht Uhr in der Frühe waren wir – im wörtlichen Sinn – auf den Beinen. »Geh deinen Weg und singe!« hat Augustinus empfohlen.

Nachdem wir uns – so der obligatorische Ritus jeder Ankunft in einer Stellung – in einem Bach gebadet oder, wie es hier heißt, »erleichtert« hatten, spannte ich die Hängematte auf und legte mich hinein. Vor Müdigkeit taumelte ich nur noch, und der linke Fuß war dick angeschwollen. Nach knapp einer Viertelstunde rief man uns zum Abendbrot.

Drei Arten von Wild aus dem Urwald bot man uns an: Waschbär, Affe und Reh. Letzteres hatte uns Dona Raimundinha in São Romão geschenkt, und wir hatten es mitgebracht. Wir sollten auf jeden Fall etwas zum Abendessen haben, denn die Leute hätten ja auch nicht auf uns eingestellt sein können.

Ich dachte: Was für ein Berg Fleisch! Aber die Leute hier im Urwald pflegen alles aufzutischen, was sie haben; haben sie viel, bringen sie viel, haben sie wenig, bringen sie eben wenig auf den Tisch. Wofür auch aufheben? Und wie aufheben? Wenn man später etwas braucht, geht man eben in den Busch und schießt sich eine »Jagd« oder eine »Imbiara«.

Während des Essens saßen wir auf dem Boden, auf dem aus Palmbrettern frisch gezimmerten Fußboden.

Taufe im Bach am Abend

Gegen acht Uhr waren wir alle zur Versammlung in der Stube beieinander. Zwölf Personen waren es etwa. Während die Schwester für Taufe und Trauung die Namen aufschrieb, unterhielt ich mich mit Manoel, dem Mann von Dona Maria, ob er nicht das Amt des Gemeindeleiters übernehmen und fortan die Versammlungen der Gemeinschaft organisieren wolle, weil ja Dona Eline ins Krankenhaus gehe. Er stimmte zu und sagte, dann wolle er vom 25. bis zum 28. auch zu der Schulung in Manoel Urbano. Ich nahm es ihm ab.

Um halb neun begannen wir mit der Trauung. Die beiden jungen Paare, deren vier Kinder auch in Kürze getauft werden sollten, waren voll dabei. Sie sangen und beteten mit einer außergewöhnlichen Begeisterung. Auch ich selbst bekam richtig Freude an der Feier.

Zur Taufe gingen wir in Prozession zum Bach, etwa 300 m vom Haus entfernt. Dort holen die Leute Wasser, waschen ihre Wäsche und baden sich.

Die Prozession anführend, ging jemand mit einer großen Gummifackel voran. Ihm folgte die Gemeinschaft mit Lampen und Laternen. Unterwegs sangen wir: »Das Volk des Herrn auf dem Weg durch die Wüste ...«[3] So war das Ganze eine Vergegenwärtigung im kleinen der

Wüstenwanderung des Volkes Israel, bei der ja auch eine Feuersäule voranging.

Am Bach angekommen, erscholl es etliche Male: »Wir widersagen«, »Wir versprechen« und »Wir glauben«, wobei jede Aussage ganz aus dem Leben dieser Menschen formuliert war. Jetzt tauften wir die Kinder: Mit beiden zusammengelegten Händen schöpfte ich das Wasser, und während ich die Taufformel wiederholte und das Wasser den Täuflingen über den Kopf goß, streckten die Anwesenden vom Ufer aus die rechte Hand über das Kind, machten dann das Zeichen des Kreuzes und sprachen die Worte des Priesters mit. Nacheinander stiegen die Mütter vom Ufer herunter, beugten sich nach vorn und hielten den Kopf ihres Kindes über das Wasser, damit es das Bad des neuen Lebens erhalten konnte. Zwischen den einzelnen Taufen sangen wir alle. Die Gummifackel, die man in die Uferwand gesteckt hatte, erleuchtete die Wellen, die Gesichter der Anwesenden und ein paar Zweige der näherstehenden Bäume, die so aus dem Dunkel der Nacht hervortraten.

Auf dem Heimweg sangen wir: »Unsere Freude ist, zu wissen, daß eines Tags dieses ganze Volk befreit sein wird.« Nach fast zwei Stunden beendeten wir in der Stube die Feier. Niemand hatte sich gelangweilt, ja, wir hatten nicht einmal gemerkt, wie die Zeit verstrichen war. Alle waren gerührt und glücklich. Ein unvergeßlicher und heiliger Augenblick!

»Jedesmal wenn wir jetzt an den Bach gehen und baden, denken wir an die Taufe unserer Kinder. Und das werden wir ihnen später auch erzählen, wenn sie die Dinge schon verstehen«, sagte mir eine der anwesenden Mütter. Vergegenwärtigende Erinnerung, wie das *zikkaron* in der Bibel.

So wurde in der Taufe der Kinder auch die Welt dieser Kinder getauft. Der Bach wurde zu einem bleibenden Sakrament.

Taufe an der Quelle bei Tage

In der Stellung Santa Maria, für die Neném Ponte verantwortlich ist, hielten wir vorgestern eine ähnliche Tauffeier. Nur daß sie bei Tage stattfand: Auch dort zogen wir zur nächstgelegenen Quelle. Im Schatten großer Bäume und unter freiem Himmel (das Evangelium, das wir lasen, erzählte von dem Himmel, den Jesus bei seiner Taufe »offen« über sich sah . . .) tauften wir zwei Kinder. Ein dritter Täufling sollte auch noch kommen; aber nachdem wir zwei Stunden auf ihn gewartet hatten, war er immer noch nicht da.

Die Gemeinde von Neném Ponte hält nicht besonders gut zusammen. Der Grund liegt vor allem darin, daß der Gemeindeleiter eine zweite Frau hat. Und er weiß um die Dinge. Deshalb habe ich den Leuten klarzumachen versucht, daß die Vergangenheit eines Menschen in dem Maße in Ordnung geht, wie er in der Gegenwart und auch weiterhin anständig lebt. Der Glaube an die Vergebung der Sünden sagt uns, daß das, was in der Vergangenheit geschehen ist, immer vergeben werden kann und daß es keinen Menschen gibt, dessen Leben für immer verpfuscht wäre.

In der Tat wäre es mir abwegig vorgekommen, hätte ich von Neném Ponte verlangt, sich von seiner gegenwärtigen Frau, mit der er inzwischen seit fünf Jahren zusammenlebt und zwei Kinder hat, zu trennen und zu der ersten zurückzukehren, die übrigens auch schon wieder mit einem anderen Mann zusammenlebt. Die Kirche ist Kirche und nicht Synagoge. Das Evangelium ist Evangelium und nicht Tora. Und nicht Dys-angelium, wie Barth sagen würde.

Im Lichte einer Gummifackel zogen wir am Abend wieder nach Hause. Neném Ponte ging mit einer Fackel voraus und ich mit einer zweiten Fackel hinterher. Im Urwald ist die Nacht völlig finster.

Zum ersten Mal war ich bei Nacht im Busch. Ein einzigartiges musikalisches Ereignis. Mit dem nicht zu überhörenden Quaken der Frösche verbinden sich das Zirpen eines Heeres von Grillen und der geheimnisvolle und vielstimmige Gesang der Nachtvögel.

Auch die zwei Kinder von Neném Ponte waren dabei: das eine trug die Mutter auf dem Arm und das andere der Vater auf dem Rücken. Gerade letzteres war dermaßen pfiffig, daß ich mich fragte, wie so etwas nur im Urwald zustande kommen konnte ...

Der mentale Horizont des Gummiarbeiters

Man könnte meinen, das Leben im Urwald kenne keine Geschichte. Es ist wie eine ewige Gegenwart, ohne die Unterschiede von Vergangenheit und Zukunft. Man fühlt sich an die Zeiterfahrung erinnert, die Carlo Levi in seinen berühmten Memoiren ›Christus kam nur bis Eboli‹ beschreibt.

Die Horizonte dieses Volkes sind die nächstgelegenen Stellungen, das Gummi, die Tiere, Manoel Urbano (das sie noch mit seinem alten Namen *Castelo* bezeichnen) und noch ein paar Dinge. Was ist hier los? Nichts, das es verdient hätte, in den Medien vorzukommen.

Gerade erzählte mir Eliene, ein quicklebendiges elfjähriges Mädchen, ein paar Geschichten, die mir unwahrscheinlich vorkommen, für sie aber absolut glaubwürdig sind: Die Seele eines Hinterwäldlers breche aus dem Grabe aus, ziehe durch die Gegend und verschlinge die Menschen; Gesichter seien das, die durch die Nacht zögen, als ob sie Wasser holten – Erscheinungen, die wie Bacurivögel schrien ... Das Ganze stammt aus einer Welt, in der die Phantasie die Realität durchdringt und bezwingt. Oder besser: in der die Gewalt des Realen den Menschen und seine Phantasie durchdringt und bezwingt.

Obwohl dieses Gebiet hier zu den entlegensten und periphersten Gegenden unseres Staates und unserer Kirche gehört, fällt es dennoch aus dem Geschichtsprozeß und aus dem Gesellschaftssystem, das uns regiert: dem Kapitalismus, nicht heraus. Offensichtlich sind die Produktionsverhältnisse hier vorkapitalistisch und semifeudal und erinnern an die Sklavenhaltergesellschaft. Aber sie bilden eine vorkapitalistische Enklave innerhalb eines Systems, das vom Kapital bestimmt ist, und funktionieren im Interesse des Kapitals. Bis hierher sind die kapitalistischen Produktionsverhältnisse noch nicht vorgedrungen, obwohl sie sich zunehmend im ganzen Amazonasgebiet ausbreiten. Aber sie stehen sozusagen vor der Tür, weil das (semifeudale) System der Gummipflanzungen offenbar seinem Ende entgegengeht.

Wenn das Ganze im Leben des Gummiarbeiters auch real ist, so ist es aber noch nicht »mental« in seinem Bewußtsein. So kommt es, daß der Grad seiner Politisierung gegenüber einem System, von dem er allenfalls die Randreflexe wahrnimmt, gleich null ist.

Die Kirche in den Urwald hinein ausbreiten

Auf unseren langen Wanderungen von einer Gemeinde zur anderen haben wir viel Zeit für Gespräche. Über Gott und die Welt.

Als wir gestern von Centrinho zurückkamen, unterhielten wir – Nieta, Nonato (unser Führer und neuer Gemeindeleiter in São Romão) und ich – uns darüber, ob die Leiter der Urwaldgemeinden auch taufen könnten. Es wurde sogar die – zugegeben: entfernte – Hypothese besprochen, daß bestimmte, reifere Gemeinden auf ihre Weise und mit ihren Möglichkeiten das Mahl des Herrn feiern könnten: mit Mandioka- oder Maisbrot, mit Açaí- oder Patoáwein usf. Alles selbstverständlich in Gemeinschaft mit der Kirche.

Was nottut, ist, daß das pastorale Leben in unserer Kirche dezentralisiert wird und daß die religiösen Verantwortungen in der Form der Ämter »popularisiert« werden, kurz: daß die Basis in Sein und Tun der Kirche mit hineingenommen wird.

Welche gewichtigen, prinzipiellen Gründe sollte es gegen eine »Interiorisierung«[4] der Kirche geben, oder mit anderen Worten: dagegen, daß die Kirche ihre lebendige Grenze in den Urwald hinein vorverlagert, so daß sich auch hier immer autonomere Elemente einer Ortskirche entwickeln können?

Selbstverständlich müßte man dazu Menschen ausbilden und Strukturen schaffen. Die Idee allein genügt nicht. Der Weg müßte vielmehr so sein: die Idee vortragen, die Möglichkeit eröffnen und schließlich ans Werk gehen.

11. August, Donnerstag: Porongaba
Das dunkle Gesicht der Menschen im Urwald

Ich beobachte die Kinder. Sie kriechen im Haus herum, zwischen Tieren auf dem Boden, das Gesichtchen verschmiert und den kleinen verdreckten Körper voller Piumstiche. Die Erwachsenen essen sitzend auf der Erde, die Teller und die ganzen Speisen vor sich auf dem Boden. Um einen herum kreisen Hunde und Katzen, Affen und andere Tiere. Für sie sind die Knochen und die Speisereste. Oder das Ganze wandert durch die Ritzen im Fußboden, unter dem sich die übrigen Viecher aufhalten. Dort streiten sich Enten, Hühner, Schweine usw. um die Speisereste, die ihnen zugeworfen werden. Eine wahrlich ökologische Speisenfolge!

Nicht selten essen zwei oder drei Personen vom selben Teller. Wie in der Antike. Auch Josef, Maria und Jesus müssen es so gehalten haben. Bisweilen ist der Partner auch ein Hund. Heute sah ich, daß ein Kleinkind zuerst einem Tier einen Löffel Mandiokamehl gab und dann selber nahm. Und so weiter im Wechsel.

Wenn man eine für uns selbstverständliche Frage stellt, wie etwa »Woran ist der und der gestorben?«, bekommt man zur Antwort: »An Fieber«, »an Kinderkrankheit«, oder »an Frauenkrankheit«. Das ist die ganze Antwort, und man ist kaum klüger als zuvor.

Das Leben im Urwald stumpft ab. Der Bewußtseinshorizont ist extrem eingeschränkt. Gegenüber bestimmten Problemen ist die Haltung dieser unserer Brüder und Schwestern verschlossen und undurchdringlich; ihr Gesicht wirkt dann ausdruckslos und hart, und man fühlt sich direkt an das Gesicht der Wildnis des Urwaldes erinnert. Allerdings ist das nur eine Seite der Wahrheit.

Das helle Gesicht der Menschen im Urwald

Und jetzt die andere Seite der Münze. Der Gummiarbeiter hat auch eine tiefe Menschlichkeit. Nichts von der Leere und der Aufgeblasenheit, die den Großen dieser Welt anhaftet. Hier ist alles lautere und harte Wahrheit – von der Härte bestimmter Baumstämme oder Fruchtkerne.

Die Menschen hier haben ein ausgeprägtes Gespür für Aufrichtigkeit, auch für Gastfreundschaft, Beherztheit, Respekt vor dem anderen. Ja; denn wenn einerseits ihre objektiven Lebensbedingungen (aufgrund sozialen Verbotes) wenig entwickelt sind, ist doch die menschliche Qualität ihres Daseins um so höher.

Der lebendige Kern im Leben dieser Gummiarbeiter hat nichts von der bürgerlichen Belanglosigkeit und Frivolität, wie sie zum Beispiel in den Fernsehserien zutage tritt. Hier ist das Leben mehr Leben, der Mensch mehr Mensch und Gott mehr Gott.

12. August, Freitag: Porongaba
Gemeindetreffen

Gruppenweise kamen die Familien im Laufe des Tages an. Von weither. Teilweise hatten sie einen Fußmarsch von mehr als fünf Stunden hinter sich. Die Mütter hatten die kleinen Kinder in einem Tragenetz und die Männer das eine oder andere weitere Kind oder die Schlafsachen: Hängematten und Decken, in einer Art Bündel. Im Gänsemarsch trafen sie ein, verschwitzt wie Lasttiere und mit einem starken, bitteren Schweißgeruch. Nach einem ersten Plausch geht man baden. Den Rest des Tages verbringt man dann im Gespräch. Der Besuch des Priesters und der Schwester ist wie ein Feiertag.

Als gestern abend das Treffen begann, war der Raum voll. Fünfzig oder mehr Personen waren wir.

Ich begann damit, ihnen vorzuschlagen, was ich zuvor mit Nieta besprochen hatte: Da sie ja alle sehr isoliert leben, ohne kirchliche Gemeinde, und keiner von ihnen lesen kann, sollten sie sich familienweise versammeln und den Rosenkranz beten. Die Familie wäre dann so etwas wie die Gemeinde, der Rosenkranz wie das Evangelium und der Vater oder die Mutter wie der Gemeindeleiter.

Ich versuchte, ihnen zu erklären, wie man den Rosenkranz betet. Vergebens. Die Folge der fünf Geheimnisse wollte ihnen nicht in den Kopf. Da kam mir die Idee, statt der Geheimnisse irgendwelche Anliegen vorzuschlagen. Mir schien, sie hätten begriffen und verpflichteten sich zum sonntäglichen Rosenkranzgebet in der Familie.

Aber ob sie es auch tun werden, weiß ich nicht. Denn während wir gemeinsam das Vaterunser und das Gegrüßt-seist-du-Maria beteten, merkte ich, daß sie weniger die Worte der Gebete sprachen als vielmehr einfach heimlich irgend etwas murmelten. Nicht einmal das Kreuzzeichen konnten sie richtig machen.

Vielleicht übersieht unsere Pastoral diese einfachen und elementaren Dinge des Glaubens. Der alte Katechismus betonte diese Dinge bis hin zum übertriebenen Formalismus; aber sie enthielten auch das Wichtigste der Botschaft des Evangeliums. Mit Hilfe des Kreuzzeichens konnte man das ganze Christusgeheimnis und mit Hilfe des Vaterunsers die ganze christliche Ethik erklären.

Was den Rosenkranz anbelangt, so hat er zumindest zwei Vorteile. Erstens ist er ein volkstümliches Gebet, weil er einfach und rhythmisch ist, zweitens ist er mit seinen Einzelteilen (Vaterunser, Gegrüßt-seist-du-Maria, Ehre-sei-dem-Vater) ein evangeliumsgemäßes Gebet, und drittens ist er aufgrund der Geheimnisse eine Zusammenfassung der Kernstücke des Neuen Testaments.

Zugegeben: Damit das Rosenkranzgebet aus dem Formalismus herauskommt, müßte man es variieren und schöpferisch gestalten können: Intentionen, Lesungen, Hinweise auf die Bibel usf. einfügen.

Dennoch ist das alles nicht mehr als ein Flicken oder eine Krücke, weil nichts den lebendigen Kontakt mit dem Wort Gottes und dessen lebendige Konfrontation mit der Wirklichkeit ersetzen kann. Gerade auf dieser Methode gründen ja die Kirchlichen Basisgemeinden. Aber was läßt sich in einer Situation wie dieser machen?

Segen für eine zukünftige Trauung

An dem Treffen nahmen auch drei junge Paare teil, von denen zwei »in der Kirche« heiraten wollten. Aber es war jeweils die zweite Verbindung. Ich erinnerte daran, daß es in solchen Fällen pastorale Praxis ist, eine gewisse Zeit (ein paar Jahre, drei bis fünf Jahre) zu warten, damit sich die eheliche Verbindung stabilisiert und das Paar seine Zusammengehörigkeit auch beweist.

In der Tat kommt Partnerwechsel gar nicht selten vor. Die Gründe sind die begrenzte Auswahlmöglichkeit und die Schwierigkeit der sozialen Kontrolle auf diesem Gebiet. Diskrete oder gar heimliche Liebesbeziehungen aufzunehmen ist vergleichsweise leicht. Die Frauen halten sich im allgemeinen nahezu immer im Haus, am Bach oder auf dem Feld auf, während die Väter und Ehemänner im Busch mit dem »Schneiden« (Ernten des Gummis) beschäftigt sind.

Das andere, dritte Paar waren junge Leute; der Junge war fünfzehn Jahre alt, und das Mädchen wußte (wie die Mehrzahl der Leute hier) nicht, wie alt es war. Die beiden wollten noch nicht heiraten, obwohl sie ehelich zusammenlebten und jedermann davon wußte. Wie hätte ich ihnen abraten sollen?

Ich stellte die drei Paare nebeneinander und bat die fünf anderen anwesenden Paare, die schon kirchlich verheiratet waren, sich vor die ersteren zu stellen und über sie als Zeichen des Segens die rechte Hand auszustrecken. Währenddessen improvisierte ich ein spontanes Gebet, in dem ich darum bat, sie möchten ein aufrechtes Leben führen, um so eines Tages den sakramentalen Segen zu verdienen.

Alles war ganz schlicht. Alle machten mit größtem Ernst und größter Überzeugung mit. Aber nur der Geist weiß, was im Kopf dieser Männer und dieser Frauen vor sich geht.

Noch eine Taufe im Wasser des Urwalds

Auch diesmal fand die Taufe am Bach statt. Wieder zogen wir in Prozession, mit einer Gummifackel vorweg, dorthin. Nur daß die Örtlichkeiten nicht so günstig waren. Die Stelle war zugewachsen.

Ich lud die Leute ein zu versprechen, daß sie sich sonntags in ihren Häusern zum Sonntagsgebet zusammenfinden. Die Schwestern würden das dann bei den folgenden Besuchen überprüfen. Das sei eine Bedingung dafür, daß die Kinder getauft werden könnten. Eine Mindestform kirchlichen und gemeinschaftlichen Lebens ist notwendig, um nach dem Glauben an das Evangelium leben zu können.

Am Ende versprengte ich das restliche Taufwasser in den Urwald, um so die Gummibäume, Wege, Felder und Pflanzungen zu segnen. Denn ist nicht auch die Natur dazu bestimmt, erlöst zu werden (vgl. Röm 8)?

Und dann das Fest!

Zu Abend aßen wir spät, nach zehn Uhr. Es gab gekochte Macaxeira mit Butter. Ich hatte darum gebeten – und um Pakafleisch. Die Leute hier essen sonst immer nur Mandiokamehl.

Dann brachten die jungen Leute einen Plattenspieler mit volkstümlichen (um nicht zu sagen: kitschigen) Schlagern und tanzten bis Mitternacht in der Mandiokamehl-Mühle. Die ganz kleinen Mädchen blieben hier im Haus und schauten zu, ohne selbst tanzen zu wollen.

João Paulo, der Besitzer des Hauses, sagte uns, an seinem Namenstag, am Fest Johannes des Täufers, gebe es hier immer ein riesiges

Fest. Mehr als 200 Leute seien schon dagewesen. Er könne garantieren, daß sein Fest ein ordentliches Fest sei und daß kein Schnaps fließe (»nur etwa zwanzig Flaschen«), daß es keinen Streit gebe und daß niemand einem anderen den Bauch aufschlitze. Aber wer soll das schon glauben?

In der Tat ist João Paulos Haus eines der größten Häuser in der Gegend. Wenn man müde von einer Reise kommt und das Haus auf einer Anhöhe sieht, hat man den Eindruck, ein lebendes Wesen vor sich zu sehen, das einen willkommen heißt.

12. August, Freitag: Stellung São Pedro
Armut und Elend

Auf dem Weg von Porongaba hierher kamen wir durch zwei Stellungen: Descanso und Boa Fé. Von der einen zur anderen: anderthalb Stunden Weges, im Gummiarbeiter-Schritt, das heißt: mit weitausholenden Schritten.

Gerade habe ich in einem stehenden Wasser gebadet, das faul roch, im Wasserkanal São Pedro. Im Sommer, den wir hier ja gerade haben, sterben viele Wasserkanäle, und nur da und dort bleibt das Wasser in Pfützen stehen.

Ich bat Dona Maria, die Hausfrau, um Wasser. Ich wollte nämlich meine Kleidung mit Seife waschen. »Leider ist das Wasser ein bißchen faulig«, entschuldigte sich die Arme. Dann bot sie mir einen Kaffee in einer kleinen, halbabgeschnittenen Konservendose an. Nach etwas anderem als nach schwarzem Kaffee stand mir auch nicht der Sinn.

In dieser Stellung leben drei Familien, alle Hinterwäldler und miteinander verwandt. Der eine ist »Sohn von dem«, und der andere ist »Sohn von der«. Dieser letzte war Daniel, ein Junge von fünfzehn Jahren, der in Porongaba gewesen war. Er wohnte allein mit seiner Gefährtin, die noch ein Kind war. Und das unter den Augen der Mutter! Der »Sohn von dem«, der dreizehnjährige Antônio, hatte uns hierher begleitet. Mit einer Flinte in der Hand ging er voraus. Unterwegs erlegte er einen Zogue-Affen und dann einen Guariba-Affen, damit wir abends etwas zu essen hätten. Das Fleisch ist knapp, aber es reicht aus, um eine gute Suppe zu kochen, die man mit Mandiokamehl essen kann, was wir dann auch taten. Was sollte man auch machen? Etwas anderes gab es nicht.

Übrigens: Essen ist hier das wenigste von allem. Wenn wir in einer Stellung eintreffen und die Leute nichts anderes haben, nehmen sie Mandiokamehl, schlagen ein Ei hinein, geben Fisch hinzu oder streuen einfach Salz oder Zucker hinein (mit Zucker heißt es: Jacuba), und ... fertig ist das Mittagessen. Wenn es auch keinen Nährwert hat, schlägt es zumindest den Hunger tot oder schlägt ihm ein Schnippchen. Man fühlt sich wirklich satt, als hätte man den Bauch voll. So heute mittag geschehen in Boa Fé und heute abend hier. Wen wundert es da, daß Pfarrer João Pedro, der die Reise durch diese Gegend beim letzten Mal gemacht hat, bei der Ankunft in einer Stellung vor Hunger ohnmächtig wurde ...

Die Armut ist gewiß ein Ergebnis der Ausbeutung bzw. des Lebens am Rande der Gesellschaft. Aber sie geht auch Hand in Hand mit dem Rückstand bzw. der zu geringen Entwicklung. Ich schaue ums Haus, ob sich etwas Obst findet; denn hier wächst doch alles: Ananas, Avocados, Bananen, Papaia, Guaven, Caju usf. Aber nichts davon. Hier haben die Leute fast überhaupt kein Obst gepflanzt, nur etwas Ananas und ein paar Bananenstauden.

Armut ist nicht nur ein wirtschaftliches, sondern auch ein kulturelles Phänomen. Armut ist eine Frage des Bewußtseins. Der Kampf gegen die Armut bedeutet auch einen Lernprozeß und eine Technik. Die Vertreter von Förderungs- und Entwicklungsideologien haben mindestens zu einem Zehntel recht. Alle Schuld den Unternehmern und der Regierung anzulasten – damit ist es nicht getan.

Hier habe ich gesehen, wie richtig die Unterscheidung zwischen Elend und Armut ist, auf die bereits Péguy hinweist und die heute zunehmend akzeptiert wird. (Vgl. das interessante Buch des Afrikaners Albert Tévoédjrè: Armut – Reichtum der Völker[5].) Sehr treffend formuliert Léon Bloy diesen Unterschied, wenn er sagt: »Elend ist das Fehlen des Notwendigen und Armut das Fehlen des Überflüssigen.« Elend ist eine Verstümmelung, Armut eine Tugend.

Der Glaube als eigenständige Größe

Immer wieder kommt mir die Frage: Welches politische Kapital im Sinne einer Kraft zur gesellschaftlichen Veränderung haben diese Menschen? Sie leben verstreut im Urwald, voneinander isoliert aufgrund der Art und Weise, wie das Gummi ausgebeutet wird (und die es einfach notwendig macht, daß sie sich über den ganzen Busch verstreuen), und völlig abhängig von der Natur wie auch vom System des An- und Verkaufs. Unter diesen Umständen sind ihre Möglichkeiten, das eigene Leben zu verändern, gering. Und was soll man dann erst von einer Veränderung der Geschichte sagen?

Die Frage nach dem politischen Kapital dieser Bevölkerung rührt vielleicht nicht an den eigentlichen und entscheidenden Sinn ihrer Existenz. Und auch nicht unserer Arbeit, denke ich. Warum sollte man sich denn auch in dieser gottverlassenen Gegend (zwischen São Francisco und Porongaba war es einfach katastrophal) die Zehen brechen, wenn es nicht einfach darum ginge, diese völlig isolierten Gummiarbeiter zu treffen, ihnen das Wort der Hoffnung und der Befreiung zu verkünden, ihren Kindern die Würde als Kinder Gottes zu eröffnen, sie zum Kampf ums Leben und um das volle Leben zu ermutigen und sie zu Gemeinschaften zusammenzuführen?

Aber was bringt das alles? In der Tat: Es wird nur *sub specie aeternitatis* und nicht *sub specie historiae* verständlich. Oder: Das alles hat nichts mit Marxismus, sondern allein und strikt mit Christentum zu tun.

Gewiß: Die Dinge widersprechen sich nicht notwendig, aber sie fügen sich auch nicht notwendig zusammen. Es gibt Fälle – und der unsere gehört dazu –, in denen Glaube und Theologie ohne andere Vermittlungen reden. Oder anders gesagt: Es gibt eine Arbeit, die ausschließlich aus Gründen des Evangeliums der Mühe wert ist und keiner anderen, politischen Überlegungen bedarf. Wenn diese nämlich gälten, wären wir hier ein paar arme Idioten. Ich wiederhole: Wir brauchen den Glauben, den schlichten Glauben, den Glauben der Mystiker. Durch diesen Urwald zu ziehen bedeutet so viel wie »die dunkle Nacht der Politik« durchwandern. Der Glaube muß diese Prüfung aushalten!

Auf dem Weg hierher, als wir uns heute verschwitzt durch den Busch schlugen, spürte ich ganz lebendig, daß der Glaube irreduzibel ist und daß das Evangelium seine eigenständige Größe, seine unermeßliche Weite und sein absolutes Gewicht hat. Wer das alles auf Politik und historische Befreiung verkürzen will, wird der Größe, Würde und Erhabenheit der Wirklichkeit Gottes nicht gerecht. Auferstehung und Auferweckung, ewiges Leben, Sündenvergebung, die absolute Zukunft von Leben und Geschichte wie auch die Agape unter den Menschen – alles das erscheint hier auf der Bühne und erweist seinen Sinn und seine Kraft.

Übrigens gibt bei den Versammlungen der hiesigen Gemeinden dieses Thema grundsätzlich den Ton an, und es kommt ja auch am dichtesten an die Situation heran. Selbstverständlich geht es immer auch um gesellschaftliche Konsequenzen aus dem Glauben. »Gemeinschaft und Gerechtigkeit«, mit diesen beiden Begriffen habe ich immer versucht, die sozialen Auswirkungen zusammenzufassen.

Trotzdem muß ich zugeben: Der Wettkampf dauert nicht sehr lange, und mit unserem gescheiten Reden sind wir bald am Ende, denn der mentale und reale Horizont unserer Gesprächspartner endet hier; und es enden hier auch ihr Verstehensvermögen und ihr Interesse.

Das Arbeitsfeld wechseln?

Ich habe das Empfinden, daß die Möglichkeiten meines praktischen »Experiments« hier in Acre erschöpft sind. Die hiesige Ortskirche hat ja bereits ihre Linie gefunden und geht ihren Weg mit gutem Schritt. Die Basis für eine Teilkirche unter speziellen Verhältnissen ist gelegt und gesichert. Auf eine theologische Hilfestellung, so wie ich sie leiste, kann sie allmählich verzichten. Der Theologiekursus, der nun schon im dritten Jahr ist, ist ein Zeichen dafür, daß diese Kirche bereits mit ihrem eigenen Kopf denken kann. Was mich angeht, spüre ich, daß die Reichweite meiner Begriffe kürzer wird und in gewisser Weise bereits erschöpft ist. Vielleicht müßte ich einmal das Arbeitsfeld wechseln. Eine konkrete Betätigung – im städtischen oder, besser noch, vorstädtischen Bereich – wäre eventuell die Lösung. In einem ArmeLeute-Viertel mit einem starken Arbeiteranteil könnte sich der Glaube höchstwahrscheinlich besser als Sauerteig der Geschichte empfinden – mit seinen vorrangig gesellschaftlichen Implikationen. Denn hier hat die Geschichte doch ihren wunden Punkt. Wir werden sehen.

Die Tatsachen sind der Wagen, auf dem Gott uns fährt. *Fata volentem ducunt, nolentem trahunt.* (Den Willigen leitet das Geschick, den Widerstrebenden treibt es.) Aus Liebe oder unter Zwang geht man seinen Weg.

13. August, Samstag: Stellung Lago

Gutes Wasser, endlich!

Der Marsch von São Pedro hierher hat an die fünf Stunden gedauert. Um sieben Uhr sind wir aufgebrochen, und gegen Mittag kamen wir hier an. Unterwegs ist uns keine Menschenseele begegnet. Lediglich zwei Stellungen haben wir gesehen: Bacaba und Centrinho. Abgesehen von ein paar Stücken war der Weg ausgezeichnet: breit, sauber und eben.

Bacaba war ein Fest. Wir hielten an, um Wasser zu trinken. Der Wasserlauf war glasklar, man konnte bis auf den Boden sehen. Ich wollte mich zuerst einmal innerlich reinigen und trank so viel Wasser, bis ich die faule Brühe, die ich in São Pedro getrunken hatte und die ich noch im Magen spürte, vergessen hatte. Die Schwester tat, wie Gideon getan hatte: Sie schlürfte das Wasser, wie Hunde Wasser schlabbern.

Wir wuschen uns Füße, Gesicht, Hals und Nacken. Es fehlte nur, daß wir direkt ins Wasser sprangen. Gestärkt und singend, machten wir uns wieder auf den Weg. Obwohl ich noch ein wenig humpelte, machte mir die verstauchte Zehe doch keine größeren Schwierigkeiten mehr. Am verletzten Fuß trug ich nur eine leichte Sandale und am anderen einen festen Schuh. Die ganze Zeit war ich darauf bedacht, nicht noch einmal – mit derselben Zehe – irgendwo anzustoßen, wie es mir vorgestern zu allem Pech passiert war. Aber jetzt war der Weg gut, und das Wasser hatte uns gestärkt.

Dank, Schwester Wasser, »gar nützlich bist du und demütig und kostbar und keusch«, wie dein Bruder und Liebhaber Franz sagt.

Das flüchtige Schauspiel der Schmetterlinge

Überall trafen wir unterwegs auf Schmetterlinge. In Form, Farbe und Größe waren sie ganz verschieden. Nie zuvor hatte ich so herrliche, eitle und scheue Schmetterlinge gesehen.

Welch ein Gegensatz: in diesem rauhen Busch solche Wunder an kurzlebiger Schönheit! Sie spielen in den Sonnenstrahlen, die durch die Kronen der hohen Bäume bis auf den Weg fallen. Dort tanzen sie, fliegen auf und ab, vor uns her, um uns herum, begleiten uns, hüpfen uns voraus und hinter uns her, setzen sich auf den Pfad nieder – doch Vorsicht!, daß wir sie nicht zertreten – oder ruhen sich auf einem Blatt am Wegrand aus. Dann schließen sie ihre Flügel, als wollten sie verschämt ihre Schönheit und Anmut verbergen. Dabei fiel mir auf, daß sie, wenn sie still dasitzen, zur Tarnung mit der Rückseite ihrer Flügel die Blätter, auf denen sie sitzen, nachahmen.

Das Herrliche und das Überraschende der Urwaldfalter liegt in ihrer Vergänglichkeit. Ihr Schauspiel dauert nur wenige Augenblicke – gerade so lange, wie sie in ihrem scheuen und zögernden Flug vor uns hertanzen, um sofort wieder zu verschwinden. Etliche Male verspürte ich die Lust, hinter ihnen herzulaufen und wie Goethes Faust zu rufen: »Verweile doch, du bist so schön!« Denn darin besteht der – nachgerade weibliche – Liebreiz der Schmetterlinge: in ihrer Flüchtigkeit. Sie zeigen sich, indem sie sich schon wieder verstecken. Sie flattern in hüpfendem Zickzack, auf und ab, aber nur ... um sich zu zeigen. Es scheint, als wollten sie sich hingeben; aber fangen lassen sie sich nicht, weder mit den Händen noch mit den Augen, ausgelassen wie Kinder oder wie eitle Mädchen.

Wir sahen einen ganz besonders herrlichen Falter. Er setzte sich auf ein Blatt und hielt die Flügel geöffnet, um sie uns vorzuführen: ein Schwarz, daß es eine Pracht war! Als wir näher hinschauten, spürten wir geradezu die Geschmeidigkeit seines Samts. Und darüber zwei bläuliche Strahlen, aber von einem dermaßen himmlischen Blau, daß Fra Angelico hätte neidisch werden können. Sekunden echter ästhetischer Ekstase.

Ein andermal flog ein orangenfarbener, schwarzgesprenkelter Schmetterling vor uns her, just in der Höhe der Hand (daß man ihn beinahe hätte fassen können), mehrere Schritte weit. Wir hätten mit ihm plaudern und ihm wegen seiner Schönheit schmeicheln mögen. Er schien unsere Sprache zu verstehen und zeigte uns – mit noch mehr Anmut –, seinen koketten und charmanten Flug. Jede Mulattin im Karneval von Rio de Janeiro hätte vor Neid erblassen müssen.

Wirklich ein Schauspiel! Vor allem wegen der scheuen und flüchtigen Anmut. Gerade wegen des Gegensatzes ist diese *selva selvaggia* so beeindruckend, dieser Urwald voller Gefahren und voller Tiere. Mit seinen Schlangen und Jaguaren, spitzen Steinen und großen Kakteen, Ameisen und Moskitos, aber auch mit seinen hohen, weitausladenden, dicken und laubreichen, teils bereits faulen Bäumen und mit seinen stachligen Taboca-Kletten und tückischen Dornen, die nach oben zeigen, so daß man sie manchmal gar nicht sieht, die sich aber plötzlich in den Kleidern oder gar in den Haaren festhaken. Dann springt man zurück, schreit und flucht. Diese verdammten Taboca-Kletten! Wenn die Bibel hier geschrieben worden wäre, hätte es sicher geheißen: »Verflucht sei die Erde ... Dornen und Taboca-Kletten läßt sie dir wachsen.« Was so hinterhältig ist, kann nur Frucht der Erbsünde sein.

Aber um der Liebe zu den Schmetterlingen willen, zu diesen Schauspielen ohne Zuschauer, will ich auch den Tabocas verzeihen.

Teppiche, die die persischen Könige neidisch machen würden

Ein weiteres Wunder des Urwalds sind zu dieser Jahreszeit die Teppiche längs der Wege und selbst auf dem Boden des Urwaldes. Teppiche – so dicht, daß man mitunter nicht einmal mehr den Boden sieht.

Das Schönste daran ist, daß diese Naturteppiche aus Blättern ganz verschieden sein können, je nachdem, unter welchem Baum sie liegen. Einmal sind sie aus goldenen Blättern, die aufseufzen, wenn man auf sie tritt. Ein andermal sind sie aus trockenen Tabocablättern, grau und von der Länge einer Schlangenzunge. Und wieder ein andermal sind sie noch grün, als ob Menschenhand oder Tiereskraft sie gerade von den Baumwipfeln herabgeholt hätte.

Am herrlichsten jedoch ist es, wenn diese Teppiche noch von Blütenblättern übersät sind; von roten, gelben, orangenfarbenen, violetten oder lila Blütenblättern, die von den Bäumen herabfallen. Über die Blätterschicht weht dann der Wind mit lässiger Gebärde den Zauber der Blütenblätter. Mit Sicherheit läßt sich sagen: Nicht einmal die persischen Könige hatten so mannigfaltige und überraschungsreiche Teppiche unter ihren Füßen.

Schade nur, daß unsereiner in Riesenschritten durch den Urwald rennt, schwitzend in Strömen und mit einer Last auf dem Rücken, die um so schwerer wirkt, je länger der Weg wird (Jesus war sicherlich ein Pragmatiker, als er seinen Jüngern empfahl, nichts Schweres mit auf den Weg zu nehmen ...). Und noch schlimmer wird es, wenn man sich nicht wohl fühlt, eine Lymphdrüsenschwellung oder eine verstauchte Zehe hat ... Dann leidet auch der Geist, verengt sich und beschäftigt sich nur noch mit sich selbst, als ob er sich selbst schützen wollte. Es fehlt ihm die Weite und die Offenheit für den Zauber der Schmetterlinge und der Blüten im Urwald, wie wir ihn heute morgen erleben und verkosten durften. Heute morgen hatten wir nämlich mehr Zeit, und der Weg war günstiger, der Tag heller und der Körper freier und besser zurecht. Vielleicht auch, weil heute Samstag ist, ohne Zweifel der schönste Tag der Woche.

II
Tief im endlosen Urwald

2. Menschlichkeit und Schönheit im Busch

13. August, Samstag, Stellung Lago
Die menschliche Dichte im Glauben des einfachen Volkes

Auf dem Weg hierher unterhielten wir uns unter anderem auch über den Glauben des einfachen Volkes, wie diese Menschen beten und wie sie sich dabei verhalten. Wenn die Männer und Frauen aus dem Volk beten, spürt man eine äußerst konzentrierte geistige Energie an ihnen. Sie schauen zu der Heiligenfigur empor, bekreuzigen sich, heben die Hände hoch, bewegen die Lippen, verbeugen sich, halten unbeweglich inne, schließen die Augen, sind zerknirscht oder voller Scheu.

Vor allem jedoch beeindruckt, wie sie die Heiligenfigur anschauen. Man hat den Eindruck, als unterhielten sie sich mit einem lebenden Menschen. So erfahren sie es, zugegeben. So sehen es aber auch der Glaube und Gott selbst.

Als ich noch in Juazeiro do Norte im Staat Ceará war, sah ich eine Frau, die die Statue von Padre Cícero,[6] die in der Nähe seines Grabes steht, regungslos betrachtete: jene bekannte Figur des »Padim«, wie die Leute ihn volkstümlich nennen, in Soutane, mit Hut, Brevier und Stab. Ich fragte die Frau, was sie empfinde, wenn sie die Figur betrachte. »Ach, junger Mann«, antwortete sie, »ich finde ihn so schön!« In der Tat, die religiösen Schönheitsvorstellungen des Volkes sind nicht die unseren und weniger noch die der Künstler der Renaissance. Im übrigen sind auch die volkstümlichen Marienbilder, die am meisten verehrt werden, nicht besonders schön: Aparecida im Staat São Paulo, Guadalupe, Tschenstochau usf. Und ist Schönheit wirklich immer ein Weg zu Gott?

Die Religion des Volkes ist zutiefst bewegend, und sie bekehrt einen. So war einer der Schritte, die Graham Greene zur Bekehrung führten, daß er in Mexico gesehen hatte, wie Indianer auf Knien kriechend die Jungfrau verehrten. Auch den großen Eisenstein hat dieses Schauspiel beeindruckt, als er sich in Mexiko aufhielt; er gestand, daß er trotz seines eingefleischten Atheismus eine tiefe Hochachtung für derartige Ausdrucksformen tiefsten Gefühls und größter Menschlichkeit empfinde. Deshalb beschloß er, diese Szenen mit in einen Film aufzunehmen, der als posthumes Werk unter dem Titel *Mexico* herausgekommen ist.

Ja, für das einfache Volk ist die Religion keine Welt des Geheimnisses, sondern des Offensichtlichen. Man braucht nur zu betrachten, wie es sich empört, wenn es erfährt, jemand sei erklärter Atheist. Leichter kann man da schon die Welt bestreiten als Gott und die Heiligen. Der Glaube gehört nicht in den Bereich des Unsichtbaren, sondern im Gegenteil in den Raum des Sichtbaren. Diese Menschen beten zu Gott, zur Jungfrau und zu den Heiligen, »als ob sie das Unsichtbare sähen«, wie es von Mose heißt (Hebr 11,7). Von ihm steht auch geschrieben, was ebenso für die Volksreligion gilt: »Der Herr und Mose redeten miteinander Auge in Auge, wie Menschen miteinander reden« (Ex 33,11).

Im übrigen begegnete Jesus viel mehr echtem Glauben in der Religion des Volkes als in der offiziellen Religion. Ist das heute nicht genauso? Vielleicht fände Jesus mehr Nachfolger in Aparecida, Juazeiro do Norte, Lapa oder Bonfim als in den Generalvikariaten, Pfarreien und Klöstern.

14. August, Sonntag: Stellung Lago
Eucharistie auf dem Boden des Volkes

Das Haus, in dem wir untergebracht sind, wird nur von zwei Brüdern und einem Jungen von zehn Jahren bewohnt, der der Sohn von Dona Maria José ist, die in São Pedro lebt (er heißt Deda). Die Männer haben mit Gummi zu tun und unterhalten eine Verkaufsbude. Das Haus steht in einer schönen Umgebung, oberhalb eines großen, mehr als einen Kilometer langen Sees mit angenehm warmem Wasser voller Fische und Krokodile.

Um acht Uhr morgens hielten wir die Messe. Wir waren etwa ein Dutzend Leute. Alle setzten sich auf den Boden um ein in der Mitte ausgebreitetes Tischtuch, auf dem die für die Messe notwendigen Dinge standen. Eine Messe, wie die Leute hier ihre Mahlzeiten halten: auf dem Fußboden, ohne Tisch und Stuhl.

Die Taufe fand am Ufer des Sees statt. Das Wetter war herrlich, wie die ganze Landschaft ringsum. Zwei Kinder wurden getauft: José Raimundo und José Paulo (den letzten Namen hatte ich vorgeschlagen).

Vor der Messe hatte ich noch einige Beichten zu hören. Ein junger Mann beichtete zum ersten Mal und hielt auch seine Erstkommunion. Es war Antônio, unser Führer und Stiefsohn von Dona Maria José.

Mit einem anderen jungen Mann unterhielt ich mich über den Schnaps, von dem er loskommen wollte. Ich nutzte den gnadenhaften Augenblick und machte ihm kräftig Mut. Im übrigen ist der Schnaps eine Plage in der ganzen Gegend. Die Verkaufsbuden haben Schnaps immer in rauhen Mengen und zu gesalzenen Preisen vorrätig, die Flasche zu mehr als 1500 Cruzeiros.[7] Kein Fest, ohne daß die verdammte Flüssigkeit nur so strömt. Die Folgen sind Streitereien, Messerstechereien, Tote. Am Wegrand wie hinter den Häusern findet man nicht selten weggeworfene leere Schnapsflaschen (wenn einem nicht gar der Trunkenbold auf dem Heimweg von einem Fest begegnet).

Vielleicht müßte unsere Kirche darüber nachdenken, wie man diesem Übel aus Liebe zur Gesundheit des Volkes und zum Frieden in den Familien beikommen kann.

Krokodiljagd

Die Leute sind heute damit beschäftigt, die fünf Krokodile, die sie gestern abend mit Harpunen im See gefangen haben, abzuhäuten.

Wenn sie dann abgehäutet sind, werden sie gebraten und den Hunden, Schweinen und Hühnern als Futter vorgeworfen. Die Häute sind das Wertvollste; aber es ist viel Arbeit, sie herzurichten, und am Ende sind sie mit den 2500 oder 3000 Cruzeiros, die die Aufkäufer anbieten, nicht bezahlt.

Gestern abend hatte die Krokodiljagd stattgefunden. Die Männer hatten die Tiere an der Oberfläche des Wassers mit Hilfe einer Laterne aufgespürt. Wenn in ihrem Schein zwei blaue, leblose Lichter aufleuchteten, war es ein Krokodil. Das Boot fuhr heran, und der Harpunenwerfer schleuderte das Eisen mit aller Kraft in Richtung des Tieres. Noch lebend wurde es an den Strand gezogen. Dort zerschlug man ihm mit einem Dreizack den Schädel, bis es tot war.

Als wir heute morgen aufwachten, brachte uns Waldemar, der Gemeindeleiter, zum Hafen, wo er uns ein Riesenkrokodil von bald zwei Metern Länge zeigte. Man hatte es mit einem Harpunenwurf zwischen die Vorderfüße gefangen. Es war noch lebendig und schnaubte voller Wut. Mit dem Rücken des Dreizacks schlug ihm Waldemar mit aller Gewalt auf den Kopf und tötete es so.

Es tat mir leid, das Massaker mit anzusehen. Denn alles, was lebt, verdient zu leben. Wir müssen wohl noch bei den Asiaten und Afrikanern in die Schule gehen, um Ehrfurcht vor dem Leben und Erbarmen mit allen lebenden Wesen zu lernen. Waldemar versuchte, mir (oder sich) zu erklären, es handle sich um ein gefährliches und schädliches

Tier, es fresse die Fische im See und die Hühner am Strande. »Leben um Leben, mein Bruder!« schien er mir zu sagen. Aber muß man denn so grausam sein, wenn man ein Krokodil tötet, und das, nachdem man es die ganze Nacht mit einem Eisen zwischen den Schultern hat leben lassen?

»Ehrfurcht vor dem Leben – elementarer und universaler Begriff der Ethik«, das war die bewegende Entdeckung, die der große Albert Schweitzer in Afrika machte.

Die soziale Frage und die möglichen Folgen daraus

Alles deutet darauf hin, daß es das Problem von Grund und Boden hier nicht gibt. Die Produktion verläuft noch in traditionellen Bahnen. Die Eigentümer sind immer die Gummipflanzer. Weder habe ich bisher von Leuten aus São Paulo gehört noch größere kahlgeschlagene Gebiete gesehen wie in anderen Teilen des Staates.

Aber eines ist sicher: der Auszug aus dem Busch in die Stadt (Castelo). Die Stellungen werden leerer. Das Leben dort wird schwieriger. Die An- und Verkaufsbudenbesitzer kümmern sich nicht mehr um die Produktion und beliefern die Gummiarbeiter nicht mehr regelmäßig mit Waren im Tausch gegen Gummi. Alle Gespräche drehen sich um ein einziges Thema: in die Stadt ziehen. In die Stadt wollen auch die beiden Brüder Waldemar und Francisco, die hier wohnen, obschon auf dem fruchtbaren Boden hier alles wächst.

Andererseits gibt es hier nichts an sozialen Einrichtungen, weder Schule noch ärztliche Versorgung, was die Menschen im Busch Wurzeln schlagen lassen könnte. »Ich gehe mehr wegen der Schule für meine Kinder«, sagt uns Seu Tonico, dessen zwei Kinder ich heute getauft habe und der ein fleißiger und sozial eingestellter Mann wie selten einer ist.

In der Tat: Die Regierung scheint keine Politik der Dezentralisierung zu kennen. Ihr ganzes Interesse richtet sich auf die Städte, vor allem auf die Hauptstadt. Dasselbe gilt für den Bürgermeister von Manoel Urbano. Er läßt die Stadt herausputzen und zieht damit die Menschen aus dem Urwald an.

Wo ist hier eigentlich etwas von Staat zu spüren? Nirgendwo. Nur in den ideologischen Sendungen des »Rádio Nacional« (das von den Gummiarbeitern gern gehört wird) macht er sich bemerkbar. Das geringe politische Bewußtsein in diesem Raum ist vor allem dadurch bedingt, daß die sozialen Verhältnisse so rückständig sind und daß die Geschichte an ihnen vorübergeht.

Es ist vorauszusehen, daß, wenn die Leute hier wegziehen – und zwar nicht mehr mit Feuer und Schwert vertrieben, sondern weil es mit dem An- und Verkauf nicht mehr klappt und weil sie von Schulden erdrückt werden –, die Südbrasilianer kommen, die Gummiwälder aufkaufen, um Viehzucht anzufangen. Denn so viel ist klar: das Gleichgewicht der Armut, so wie es früher existierte, trägt heute nicht mehr. Kein Gummiarbeiter hält die Entwicklung mehr aus. Unter der Schuldenlast geraten sie in die Klauen der An- und Verkaufshändler, oder die widrigen Umstände und der Hunger vertreiben sie.

Diese Voraussicht bedeutet dann aber auch, daß sich die Perspektiven für unsere pastorale Arbeit in diesem Raum werden ändern müssen. Wie soll man unter solch prekären Bedingungen noch Gemeinden aufbauen und Leiter für sie ausbilden können, die dem Ganzen Kontinuität geben?

Gemeindeleiter, die das Evangelium erzählen

Eine Frage, die mich angesichts des weitverbreiteten Analphabetismus in dieser Gegend bedrückt, ist: Warum muß ein Gemeindeleiter lesen können? Ist der MOBRAL (Movimento Brasileiro de Alfabetização – Brasilianische Bewegung für Alphabetisierung) Voraussetzung dafür, daß jemand Zugang zum Wort des Heils hat? Wann hat denn Jesus ein Zertifikat in Lesenkönnen verlangt, damit jemand Apostel werden konnte? Aber unsere Pastoral scheint so etwas zu verlangen. Die kulturellen Forderungen unserer Zeit wären also wirklich derart einengend?

Max Weber meint, daß die englischen Kolonisten der Überzeugung waren, das Heil hänge vom Glauben an die Bibel ab, habe sie dazu bewegt, lesen zu lernen – was dann zum Fortschritt der USA beigetragen habe. Es ist bekannt – das sage ich unter uns –, daß es Leute gegeben hat, die, um Gemeindeleiter zu werden, auf Biegen und Brechen lesen gelernt haben. Aber darf Lesen- und Schreibenkönnen wirklich eine unaufgebbare Vorbedingung für die Verkündigung des Glaubens sein? Wo bleiben dann die Analphabeten? Und die Gemeinden, die, wie in dieser Gegend, niemanden oder kaum jemanden haben, der lesen kann? Müssen sie sich mit einer geringeren Art, Gemeinde zu sein, begnügen: mit Novenen oder mit dem Rosenkranz? Gibt es einen Weg zum Wort des Evangeliums, der nicht über das Buch der Evangelien führt? Jesus hat anscheinend nicht so gedacht, denn er hat nichts Schriftliches hinterlassen und auch keinen formellen Auftrag dazu gegeben. Und auch die Urkirche, die Kirche der Apostel, hat zwanzig Jahre lang keine eigenen Schriften gehabt und sich mit der mündlichen Überlieferung und dem lebendigen Hören des Wortes des Evangeliums begnügt (allerdings hatte sie das Alte Testament, das sie mit ihren Augen las).

Wäre es nicht denkbar, anstatt immer nur den schriftlichen Text und das Lesen in den Vordergrund zu stellen, andere, volkstümlichere Formen einzuüben, um das Wort Gottes zu vermitteln? Warum nicht die Geschichten des Evangeliums *erzählen?* So könnte man etwa eine ganze Reihe biblischer Berichte dem Gedächtnis anvertrauen, damit sie später in die Gemeinde zurückkommen.

Der Gemeindeleiter wäre dann der »Erzähler der Heilsgeschichte«. Er würde alles auswendig lernen – auf seine Weise, das heißt nicht mechanisch, sondern nach der schöpferischen Art der hebräischen Kultur, nach der Art der *midraschim*, die ja lebendige Entfaltungen (Geschichten oder Kommentare) des ursprünglichen Wortes der Offenbarung sind.

Im übrigen ist ein großer Teil der Bibel Produkt der mündlichen Überlieferung. Warum setzen wir sie nicht fort?

Diese biblischen Geschichten brauchten nicht nur erzählt zu werden. Man müßte sie auch singen können, wie das im übrigen ja schon geschieht. Oder auch zeichnen oder schauspielerisch darstellen. Waren nicht die Glasfenster der mittelalterlichen Kathedralen die *biblia pauperum*, die Bibel der Armen?

Darüber hinaus sind diese Möglichkeiten (Erzählungen, Lieder, Bilder) nicht nur etwas für Analphabeten. Sie gelten für alle, auch für Gebildete und Intellektuelle. Oder sind Gebildete und Intellektuelle reine Verstandeswesen?

Gleichnishafte Szene I: Option für die Armen

In São Pedro sah ich, wie der kleine Ilíaco (»der Name stammt aus der Bibel«, erklärte mir die Mutter, die einmal protestantisch gewesen war) die Hühner, Schweine und Hunde verscheuchte, die einem kleinen, erst wenige Monate alten Hund das Futter wegfressen wollte.

Die Szene erinnerte mich an die Kirche, die die Kleinen gegen die Handstreiche der Großen verteidigen muß. Man mag sagen, damit gehöre die Kirche immer noch zu den Großen und erweise sich als eine Kirche *für* die Armen, die die Kleinen beschütze, und nicht als eine Kirche *der* Armen oder gar als eine arme Kirche.

Wahr ist, daß die Kirche effektiv über geschichtliche und gesellschaftliche Macht verfügt. Aber diese Kraft kann sich in diese oder jene Richtung auswirken. Wichtig also ist, daß sie wenigstens zum Vorteil der Armen eingesetzt wird. Alles andere ist Idealismus oder Irrealismus. Die »Tribunenfunktion« der Kirche ist heute noch sehr wichtig.

Das ganze Problem ist, daß aus dem »für die Armen« allmählich ein »mit den Armen« und schließlich ein »der Armen« wird. Da liegt noch ein langer geschichtlicher Weg vor uns, der sich in zwei Bewegungen entfaltet: Die Kirche nähert sich den Armen und identifiziert sich mit ihnen, und die Armen kommen in der Kirche als kirchliche Subjekte zum Zuge. Option für die Armen ist Option für die Armen als Subjekte (zunächst potentielle, und dann reale Subjekte). »Kirche der Armen« ist zugleich ein Projekt und ein sich anbahnender Prozeß.

Gleichnishafte Szene II: Die das Volk verschlingen

Gestern beobachtete ich einen riesigen, furchterregenden Hund, der gierig die Reste einer Jagdbeute verschlang und wütend gegen alle Tiere, die sich zu nähern wagten: Hunde, Schweine oder Hühner, die Zähne fletschte.

Der Hund scheint mir ein ausdrucksstarkes Bild für ein Heer von Mächtigen zu sein, die mit sämtlichen ihnen zur Verfügung stehenden Zähnen – mit Gesetz, Polizei und Armee – jeden sozial Engagierten bedrohen, der auch nur das geringste Ansinnen zeigt, andere an dem Mahl teilnehmen zu lassen, das sie sich schmecken lassen. Dabei wird ihr Mahl erst durch das Blut der Armen ermöglicht. Unwillkürlich dachte ich an die große Hure von Offenbarung 17, die das römische Reich und jedes ähnlich geartete System bedeutet und von der Johannes sah, daß sie sich am Blut der Märtyrer berauschte. Über solch ein makabres Bild konnte Johannes nur entsetzt sein (17,6).

»Haben denn die Übeltäter keine Einsicht? Sie verschlingen mein Volk. Sie essen Gottes Brot« (Ps 53,5).

Gleichnishafte Szene III:
Je mehr Macht jemand hat, desto mehr unterdrückt er

Mir fällt auf, wie sich die Tiere um die Macaxeira-Schalen streiten, die Waldemar ihnen hinwirft. Das größte Schwein frißt beinahe alles alleine. Andere kleine Tiere bekommen mit viel Mühe die eine oder andere Schale ab, wenn das größte Schwein nicht aufgepaßt hat oder nicht alles schnappen kann.

Die Großen und Starken in der Gesellschaft wollen und können sich mehr leisten als die anderen. Die Kleinen bleiben immer klein, wenn sie nicht gar ausgeschlossen oder beiseite geschafft werden.

Was ist die Logik der Marktwirtschaft oder des freien Unternehmens anderes? Muß man so blind oder taub sein, um dessen nicht gewahr zu werden? In unserer kapitalistischen Gesellschaft sind die Armen die Lazarusse, die sich mit den Krümeln begnügen müssen, die vom Tisch der Reichen fallen (nachdem diese die Lazarusse haben produzieren, anrichten und auftischen lassen, was sie dann verspeisen).

Jesus hat schon deutlich gesehen: Je mehr Macht jemand hat, desto mehr unterdrückt er. Und er kehrt die Logik um: Wer mehr Macht hat, soll mehr dienen; wer mehr weiß, soll mehr lehren; wer mehr hat, soll mehr geben; wer mehr kann, soll mehr kämpfen (vgl. Mk 10,41 bis 45).

Jesus akzeptiert die Logik des Kapitalismus (der Gewinnmaximierung) nur als ein Bild für die Dinge, die mit dem Wort Gottes und dem Glauben in Verbindung stehen: »Wer hat, dem wird gegeben werden; wer aber nicht hat, dem wird auch noch weggenommen werden, was er hat« (Lk 19,26).

Gleichnishafte Szene IV: Einheit ohne Organisation

Heute mittag habe ich im See gebadet. Ich sah riesige Schwärme von Kaulquappen, die dicht beieinander schwammen und sich dagegen zu schützen versuchten, von den Fischen verschlungen zu werden. Tatsächlich war von Zeit zu Zeit das Geräusch eines Fisches zu hören, der aus dem Wasser auftauchte und einen der Unglücklichen verschlang. Ich hatte Mitleid mit den Tierchen, die in ganzen Schwärmen vor den gefräßigen Fischen flohen.

In der Tat waren die Kaulquappen schutzlos. Selbst im Verband waren sie verletzbar. Sie hatten Einheit, aber keine Organisation. Sie wollten gut zueinander sein, hatten aber keine Waffen, sich zu verteidigen. So ist es auch mit den Unterdrückten: Wie können sie sich ohne eigenständige Organisationen schützen? Soldarität ist nicht bloß ein Gefühl und eine Berufung. Solidarität ist eine Seele, die nach einem Körper verlangt.

Anders die Bienen: Wenn sie angegriffen werden, überbieten sie den Angriff mit ein und derselben Strategie, wie ein wohlgeordnetes und durchtrainiertes Heer.

Zurück zur Sprache Jesu von Nazaret

Die Propheten und mehr noch Jesus haben in der Regel das Geheimnis Gottes in der Weise geschildert, daß sie von dem ausgingen, was sie in der Natur und im Leben der Leute vorfanden. Die Welt und die Geschichte waren für sie zugleich pädagogisches Hilfsmittel und Quelle der Offenbarung.

Allmählich werde ich mir auch dessen bewußt, daß die Sprache des Gleichnisses *(maschal)* der Kern der Sprache des Volkes ist. Mir fällt auf, daß, wenn ich Vergleiche aus dem Leben bringe, um das Wort Gottes und die Dinge des Glaubens zu erklären, die Leute plötzlich reagieren und zu verstehen geben, daß sie angerührt sind, daß ihnen etwas aufgegangen ist. Dann sagen sie: »Genau!«, »Ja, so ist's!«, »Ist doch klar!« – so, wie wenn man sich sonst mit ihnen unterhält. Und dann liegt auf ihren Gesichtern jener typische Ausdruck dessen, der etwas entdeckt hat, der sich tief angesprochen fühlt.

In der Stellung Santa Maria hatte ich gesagt, ein Kind taufen zu lassen, sich dann aber nicht mehr darum zu kümmern und es als Heide groß werden zu lassen sei dasselbe wie den Acker bestellen, um dann das Unkraut wachsen zu lassen. Ich sah, daß die Leute mit dem Kopf nickten und zu verstehen gaben, daß sie mir zustimmten. Bei einer anderen Gelegenheit – in Porongaba – nahm ich eine Öllampe, die auf dem Boden stand, hielt sie der Gemeinde hin und sagte: »Die Flamme hier ist das Licht des Glaubens. Aber das Licht des Glaubens braucht sein Petroleum: das Wort Gottes. Und das Petroleum braucht ein Gefäß: die Gemeinde.« Und so fuhr ich fort. Aufmerksam waren die Leute dabei und pflichteten mir mit Augen und Gesicht und durch Kopfnicken bei.

Leider ist die gleichnishafte Rede im umfassenden Sinn des hebräischen *maschal* (Sprichwort, Vergleich, Sentenz, Rätsel, pittoreske Aussprüche, Allegorie, Gleichnis usf. – kurz: jede Art von bildlicher Sprache) durch den Rationalismus, und zwar seit Aristoteles, als Abweichung von der Wahrheit verachtet worden.

Für Plato und mehr noch für die Bibel ist das Gleichnis ein Weg zur Wahrheit, vor allem zu jener tiefen und transzendentalen Wahrheit, die sich nur über den Umweg der Parabel erahnen läßt. Doch der Rationalismus stellte das Gleichnis in die Ecke der Beispiele und der Illustrationen, die Regeln und abstrakte Prinzipien erhärten sollen. So wäre es nichts als ein didaktisches Mittel. Das mag vielleicht für das Verständnis der Welt (für die Wissenschaften) gelten, nicht aber für die transzendentalen und wesentlichen Wahrheiten des menschlichen Schicksals. Für diese ist die Sprache der Gleichnisse der Königsweg. Das gilt auch für die Mythen.

Die scholastische Theologie, die ja die Theorie der Analogie kannte, wußte genau darum. Gleichwohl maß sie, gegen die Gewohnheit der Bibel, der begrifflichen Analogie ein größeres Gewicht bei als der metaphorischen Analogie. Zu sagen, Gott sei gut und barmherzig, ist eines; zu behaupten, er sei der Vater des verlorenen Sohnes, ist etwas anderes. Das eine wird erklärt, das andere erzählt. Der Begriff erobert, das Bild lädt ein.

Theologie und Pastoral haben diese Tatsache, die schon die ersten Hörer des Rabbi Jeschua von Nazaret schockiert hatte, bisher noch nicht hinreichend gewürdigt. Dieser verkündete nämlich seine Botschaft, das Evangelium vom Reich Gottes, in Gleichnissen. »Er redete nur in Gleichnissen zu ihnen«, heißt es bei Markus 4,34. Auch in der Frage der Sprache und der Methodologie müssen wir zum Evangelium zurück.

Eine Form, die Kraft der Gleichnissprache zu neutralisieren, besteht darin, die Parabel auf ihren »rationalen Kern« zu verkürzen, auf eine abstrakte Interpretation, auf eine lehrhafte Wahrheit. Carlos Mesters, ein Meister in der Sprache des Gleichnisses, sagt, den Sinn einer Parabel beizubehalten, aber ihre spezifische Form aufzugeben sei wie von einer Apfelsine den Saft zu nehmen und den Rest wegzuwerfen. Aber eines ist die Apfelsine (mit Farbe, Duft, Schale, Schönheit, Form usw.), und etwas anderes ist ihr Saft. Noch einmal: Eines ist eine Frucht in ihrer Gesamtheit, etwas anderes ist ihre bloße »Essenz«, die man heute industriell verarbeitet.

An dieser Frage muß noch gearbeitet werden, aber immer aus der Perspektive der Pastoral. Sonst kommen wir nie aus der rein akademischen Kultur heraus, die aufgrund ihrer ganzen Tradition abstrakt und rationalistisch ist und gegen das Volk steht.

Menschlichkeit gibt es auch in der Wildnis

Die beiden jungen Brüder, bei denen wir untergebracht sind, haben ein Herz von Gold. Eine Liebenswürdigkeit und Güte wie selten! Trotz aller Härte des Lebens im Busch haben sie sich einen Edelmut und eine Freundlichkeit bewahrt, die Blüten der Liebe sind. Schwester Nieta und mich behandeln sie mit der größten Hochachtung: »Schwester Nieta«, »Herr Pfarrer«. Sie bieten uns vom Besten an, das sie haben.

Ständig laufen sie hin und her und arbeiten ums Haus herum, am

See, auf dem Acker und im Busch. Heute morgen sah ich, daß sie in aller Frühe aufstanden, blitzschnell sich zurecht machten und zur Arbeit gingen. Der kleine Deda (der jetzt vor mir steht und »bestaunt, wie schnell der Herr Pfarrer schreiben kann«) sprang aus der Hängematte, nahm die Töpfe und Teller, die noch gespült werden mußten, und rannte zum See. Auf dem Wasser lag noch ein zarter weißer Nebelschleier.

Die Geschäftigkeit dieser Menschen ist beeindruckend. Ich habe versucht, ihnen bei ihren Arbeiten im Haus und ums Haus Gesellschaft zu leisten. Aber erfolglos. In der Hängematte bin ich schließlich gelandet. Ich bin einfach nicht an eine derartige Arbeit gewöhnt. Hinzu kommen die stickige Hitze und die harten Lebensbedingungen.

Waldemar möchte uns unbedingt einen Patoá-Wein anbieten. Fünfhundert Meter bin ich mit ihm in den Urwald gegangen. Dort kletterte er auf einen enorm hohen Patoábaum, setzte sich hoch oben auf ein grünes Büschel und schlug ein reifes ab. Wir sammelten die harten schwarzen Patoá-Nüsse auf und brachten sie nach Hause. Hier organisierten wir eine Art Nachbarschaftshilfe, um den Wein zu machen. Zwei Töpfe voll gab es. Mit Zucker oder Mandiokamehl kann man ein köstliches Getränk machen. »Nicht einmal der Papst kriegt so etwas Vorzügliches und Leckeres zu trinken«, kommentierte ich. Sie lachten. Als wir noch im Busch waren, sagte mir Waldemar: »Der Urwald ist für jemanden, der nichts von ihm weiß, wie ein Buch für jemanden, der nicht lesen kann. Alles ist schwierig, die kleinen Häkchen und alles. Mit der Zeit aber, wenn man sich anstrengt, lernt man alles.«

Waldemar ist der Gemeindeleiter und sein Bruder Francisco sein Helfer. Die Gemeinde hat sich aber nur ganz wenige Male versammelt. An gutem Willen fehlt es nicht, wohl aber an Zurüstung und Gewohnheit. Ich betonte sehr, sie sollten zur Schulung Ende des Monats gehen. »Aber die Entfernung nach Castelo!« meinte Waldemar. »Vier Tage zu Fuß hin und vier Tage zu Fuß zurück! Und die Feldarbeit und das Gummi und alles.« Ich gab zu verstehen, daß ich verstände; aber noch einmal betonte ich, wie wichtig es sei, daß er an der Schulung teilnehme. Nieta unterstützte mich.

Ungeachtet dessen sind sie absolut integre Menschen. Obwohl sie keine große religiöse Praxis haben, besitzen sie doch eine echt christliche Seele. Aufgrund der Beichten, die ich vor der Messe gehört habe, weiß ich, daß das Leben dieser Menschen nahezu voradamitisch ist:

Große Sünden haben sie nicht, sie sind lauter und rauh wie die großen Urwaldbäume. Und ihre Sünden scheinen etwas so Natürliches zu sein, wie wenn einer dieser Bäume im Busch umfällt. Die Heiligkeit in dieser Wildnis ist eine wilde Heiligkeit, aber von jener blütenhaften und schmetterlingsgleichen Feinheit, von der wir bereits sprachen.

Geschichten von Gebissen

Ich betrachte den Gesichtsausdruck der beiden Brüder: ein wohlgeformtes, nahezu griechisches Gesicht, möchte ich sagen. Waldemar erinnert mich mit seinen eingerollten Bartspitzen lebhaft an den berühmten Zeus (oder Poseidon) aus Bronze, den ich 1976 in einem Museum in Athen gesehen habe. Schade nur, daß die beiden schon in diesem Alter ein Gebiß tragen.

Als wir uns am Abend genüßlich unterhielten, zeigte mir Waldemar sein Gebiß. Mit der größten Natürlichkeit der Welt erzählte er mir, er habe es irgend jemandem abgekauft. Da »der frühere Besitzer einen sehr großen Mund hatte«, erklärte er mir lachend, habe er ein Stück abgeschnitten und seine neuen Zähne mit »Araldit« und irgendeinem anderen Material passend gemacht.

In diesem Augenblick kommt Francisco herein und erzählt, daß er einmal beinahe sein kostbares Gebiß verloren habe. Im Boot kam er gerade mit seiner Freundin von einem protestantischen Gottesdienst zurück (das Mädchen war protestantisch, und die Protestanten dringen auch bis hierher vor). Aus irgendeinem Grund ging das Boot unter. Das junge Mädchen konnte sich ohne Schwierigkeiten retten. Ihn selbst aber trieb die Strömung in die Flußmitte. Um dagegen anzukommen, mußte er sich schrecklich anstrengen. Aber den Mund wollte er nicht aufmachen, um Luft zu holen, weil er Angst um sein Gebiß und damit um seine Freundin hatte. Gott sei Dank glückte es, daß sie heil ans Ufer kamen: er, das Gebiß und ... die Liebschaft.

15. August, Montag: Stellung Lago
Letzte Schlaglichter

Ich hatte gedacht, heute sei das Fest der Aufnahme Marias in den Himmel, wie es die Menschen hier nach wie vor begehen. Aber die Schwester macht mich darauf aufmerksam, daß es erst am nächsten Sonntag ist. In der Frühe hatte ich darüber meditiert, was dieses Geheimnis für uns heute und besonders für die Menschen im Busch bedeuten könne. Mir kam der Gedanke, das Geheimnis müsse durch ein anderes vervollständigt werden, durch das des »Abstiegs« des himmlischen Jerusalem zu den Menschen, wie es in Offb 21 geschildert wird. Der Sinn des menschlichen Lebens vollzieht sich in zwei Bewegungen: Aufstieg der Menschheit zu Gott und Abstieg Gottes zu den Menschen. So stellt sich auch der heilsgeschichtliche Auftrag Marias in der Gegenwart dar: Als Unsere Liebe Frau von der Herrlichkeit steigt sie zum Himmel empor, aber als Unsere Liebe Frau von allen Erscheinungen: Lourdes, Fátima, Guadalupe, Aparecida usw., kommt sie auch zur Erde herab.

Was uns angeht, brechen wir sofort zur nächsten Gemeinde, nach Ilha, auf. Vom Zimmer aus – mit einer breiten, offenen Veranda, so wie jedes Gummiarbeiter-Haus sie hat – schaue ich den Fischen zu, die da unten im klaren und durchsichtigen Wasser des Sees schwimmen. Gerade springt Waldemar auf, packt die Flinte und schießt auf einen großen Fisch, einen Aruana, der beim Landeplatz umherschwimmt. Dann rennt er mit einem Wurfnetz zum See hinunter, springt mit Deda in ein Boot und verfolgt den fliehenden verwundeten Fisch. Nicht, daß der Aruana besonders gut wäre; sie wollen uns nur vor unserer Abreise noch eine Überraschung bereiten. Wie aufmerksam diese Menschen sind!

Im übrigen fällt mir ein, daß der Ritter Franz von Assisi seinen Brüdern empfohlen hat, höflich zu sein; dies sei ein Weg der Nachahmung Gottes, der ja auch »höflich« sei – eine Eigenschaft, die die Theologen vergessen haben; und viele Christen ebenso. Da mußte ich in den Urwald kommen, um so eine schöne Blüte der evangelischen Agape pflücken zu können.

In der grünen Hölle ein edelmütiger Mensch

Wir sind bei Seu Vócio untergebracht, der Seu Esmeraldo bei der Gemeindeleitung behilflich ist. Dieser wohnt in der Stellung Ilha, rund vierzig Minuten zu Fuß von hier entfernt – »im Frauenschritt«, wie man sich hier ausdrückt.

Die Stellung heißt Guariúba. Seu Vócio, der hier seit langem lebt, stammt aus dem Staat Rio Grande do Norte. »Ein sehr geachteter Mann, über den man nur Gutes hört«, bezeugt mir ein hiesiger Gummiarbeiter.

In der Tat: Seu Vócio macht den Eindruck eines Patriarchen. Er gehört zur Rasse jener bedächtigen und edelmütigen Menschen, von denen Aristoteles spricht und die Dante in der Vorhölle sah und mit den herrlichen Worten beschreibt:

»Da sah ich mich in ernster Schatten Horte,

Die, hohe Würde in den Mienen tragend,
Nur wenig sprachen, nur verhaltne Worte.« (IV, 112–114)

Im Moral-Teil seiner ›Summa‹ hat Thomas von Aquin eine höchst interessante *quaestio* über den Edelmut als menschliche und christliche Tugend (Summa theologiae II-II, q.129).

Königsstraße

Die Reise vom See hierher war sehr gut. Vom See bis zu Seu Enoque waren wir eine Stunde unterwegs. Der Weg war eben, aber da und dort zugewachsen. Unser Führer war der kleine Deda, dem ich den Spitznamen Juca Mulato gab, weil er – pfiffig, fleißig und scheu – mich lebhaft an die unsterbliche, moderne Schöpfung von Menotti del Picchia[8] erinnerte. An einem Schulterriemen trug er seine kleine Flinte, die genau wie er selbst aussah, auf dem Rücken. Als er allein den Heimweg angetreten hatte, hörten wir aus geringer Entfernung einen Schuß. Deda hatte noch einmal in die Luft gefeuert, um sich von uns zu verabschieden. Oder um zu zeigen, was für ein toller Kerl er war. Genau wie Juca Mulato.

Für die zweite Etappe von Limoeiro bis Ilha brauchten wir zweieinhalb Stunden. Der Weg war ausgezeichnet, besser als jeder andere. Nur an ganz wenigen Stellen war er etwas zugewachsen, besonders an einer. Dort mußten wir auf allen Vieren durch einen grünen Tunnel kriechen. So sehr hatte die Vegetation den Weg versperrt.

Sonst aber war der Weg breit und eben, sauber und völlig mit Blättern gepolstert. Ein einziger Teppich sozusagen. Eine echte Königsstraße, ein Teppich hinter dem anderen, so daß die Scheichs aus dem Morgenland hätten neidisch werden können. Von der Stellung Lago Nova Olinda, die im Augenblick unbewohnt war und von der aus wir in der Tat einen großen herrlichen See (lago) wie im Schoß des unendlichen Waldes schlafend liegen sahen, ging der Weg fast ganz durch das Tal des Rio Moaco. Der Boden ist sauber und offen, daß es eine Lust ist, zu schauen und zu marschieren. Da bewegt man sich mitten im Urwald wie in einem sorgsam gepflegten Park! Die Baumstämme sind glatt, der Boden gepolstert und die Wipfel spenden feuchten und heiteren Schatten. Ein fantastisches Picknick könnte man hier veranstalten. Nicht einmal die Wälder von Versailles, wo ich erst dieses Jahr wieder einmal sein konnte, sind so prächtig und großartig. Großartig ist hier übrigens alles: Menschen und Dinge, Natur und Zeit. Da vergißt man das Gewicht des Rucksacks, die Müdigkeit und selbst den Hunger.

Zu Nieta gewandt, sagte ich: »Und wenn wir hier in diesem wunderbaren Tal den erträumten Kurs machten zur Ausbildung der Gemeindeleiter, die das Evangelium erzählen oder singen sollen? Die Hängematten könnte man zwischen den Bäumen aufspannen. Fürs Essen hätten wir den See und den Moaco dicht dabei. In beiden gibt's Fische genug.« »Aber, Herr Pfarrer, die Mücken abends! Wer würde das aushalten?« antwortete die Schwester. »Die würden wir mit Feuern, die wir zwischen den Hängematten anzünden würden, vertreiben. Machen's denn so nicht auch unsere Brüder, die Indianer?« Und ich fuhr fort: »Dann könnten wir die heiligen Geschichten von Israel, Jesus und den Aposteln erzählen und singen, malen und spielen. Die neuen Gemeindeleiter würden sich alles merken und mit in ihre Heimatgemeinden nehmen. Dort könnten alle die Geschichten besprechen und so wie die Juden mit ihren *midraschim* sie in ihrem Leben wie in ihren Kämpfen ›anwenden‹.«

Nieta lächelte. Ich hatte den Eindruck, aus ihrem Lächeln spreche die Skepsis der Sara (Gen 18,12–15). Aber Gott, für den nichts unmöglich ist, hat sich doch durchgesetzt (Gen 21,6).

16. August, Dienstag: Stellung Guariúba
Das Pflänzchen des Wortes Gottes will gepflegt werden

Die Gemeinden dieser Region sind wirklich schwach. Ein Grund ist, daß die realen Lebensverhältnisse sehr schwierig sind. Ein anderer Grund besteht darin, daß die Leiter noch keine Schulung mitgemacht haben. Die Arbeit der Zusammenführung in Kirchlichen Basisgemeinden läuft hier ja auch erst seit etwas mehr als einem Jahr.

Alles dies macht es den Gemeindeleitern schwer, sich auf den Vorschlag einzulassen, an der für das Ende des Monats vorgesehenen Schulung teilzunehmen. Gegenargumente sind die Entfernung, die Arbeit mit den Gummibäumen usw., was ohne Zweifel alles richtig ist.

Andererseits ist die Sache des Evangeliums jedes Opfer wert: »Wer mein Jünger sein will, der verleugne sich selbst, nehme täglich sein Kreuz auf sich und folge mir nach« (Lk 9,23). »Ich habe fünf Ochsengespanne gekauft und bin auf dem Weg, sie mir genauer anzusehen« (Lk 14,19). »Bei anderen fällt das Wort in die Dornen: sie hören es zwar, aber die Sorgen der Welt, der trügerische Reichtum und die Gier nach all den anderen Dingen machen sich breit und ersticken es, und es bringt keine Frucht« (Mk 4,18–19). Diese Schriftstellen erwähnte ich verschiedene Male gegenüber den Gruppen.

Als ich heute morgen Seu Esmeraldo, der sich noch sträubte, das eine oder andere dieser Schriftworte vortrug, beeindruckte ihn das, und er beschloß: »Sie haben recht. Ich gehe.« Bis dahin hatte er sich drücken wollen und unaufschiebbare Verpflichtungen angeführt, besonders die: Er müsse mit seinem kleinen Ochsen eine Ladung Gummi abholen. Das Gleichnis von den fünf Ochsengespannen hat genau seine Situation getroffen.

Nieta bearbeitete Seu Vócio, er solle auch teilnehmen. Aber er blieb bei seinem Wort, das er von Anfang an gesagt hatte: »Ich kann nicht.« Nähere Erklärungen gab er nicht. Offensichtlich sah er sich nicht dazu verpflichtet, der edelmütige Herr.

Wenn vielleicht auch der Glaube kein hinreichender Grund für die Teilnahme an einer Schulung ist, dann doch das Bewußtsein, das sie den Leuten von ihren konkreten Rechten im Blick auf die Überwindung der alten und düsteren Unterdrückung und Randexistenz vermittelt, in der sie sich befinden. Außer der des Evangeliums selbst ist die Sache des Volkes alle Mühe wert. Die Gemeindeleiter, selber wach geworden, sollten ihrem Volk helfen, wach zu werden.

Auf jeden Fall: Glauben und Gemeinde sind keine Pilze, die magisch von selbst wachsen. Beide müssen zuerst gesät und dann gepflegt werden. Spontaneismus ist die Theorie der Ignoranz.

Aber es ist wahr: Dieses Volk hat sich an seine Unterdrückung gewöhnt. Es wird versklavt und versklavt sich zugleich selbst. Wie ein Vogel, der im Käfig aufgewachsen ist: Jemand öffnet das Türchen, und der Vogel will nicht hinaus.

Das Fest der Gemeinde

Im Gespräch mit den jungen Leuten, die zum Treffen hierher gekommen waren, erfuhr ich, daß sie im Haus von Seu Esmeraldo – in Ilha – die ganze Nacht durchgetanzt hatten. »Von sechs bis sechs«, sagten sie mir. Etwa zehn Paare. Man versicherte mir, es sei kein Schnaps geflossen, weil kein Schnaps zu haben gewesen sei. Nur Wasser habe es gegeben. Nicht mal Kaffee sei vorhanden gewesen, weil Kaffee im Verkaufsladen von Seu Esmeraldo im Augenblick nicht vorrätig gewesen sei. Ob das alles stimmt?

Seu Vócio hatte uns bereits gewarnt. Ich bin sicher, daß man uns zum Übernachten anstatt nach Ilha hierher gebracht hatte, um das Haus für Fest und Tanz frei zu haben. Dabei muß man wissen, daß sich die Leute in diesem Urwald nur sehr selten treffen. Unter anderem, wenn der Priester oder die Schwester vorbeikommt. Das ist dann auch eine Gelegenheit zum Feiern und zum Lustigsein. Fest und Tanz haben eindeutig eine Funktion der gesellschaftlichen Integration: Die Menschen kommen zusammen, Bindungen entstehen, es gibt Abwechslung, die Eintönigkeit des brutalen Urwaldlebens wird durchbrochen, die Isolation zwischen den weit auseinander liegenden Stellungen wird aufgelockert, und zwischen den jungen Leuten bahnen sich affektive Beziehungen und Liebesverhältnisse an, die für mögliche Heiraten nicht unwichtig sind. Wo und wann sollte sich die Jugend in dieser Wildnis auch treffen und sich gesellschaftlich geben können – verloren, wie sie in diesem endlosen Urwald ist? Auf dem Fest treten die Jungen und Mädchen aus der grünen Hölle hervor, zeigen sich in der Öffentlichkeit, erproben ihre Chance und treffen ihre Wahl.

Vielleicht sollte man das Phänomen des Tanzens nicht unbeabsichtigt und übertrieben moralisieren. Wo es – was Schnaps und Streitereien angeht – Mißbräuche gibt, muß man das ohne Zweifel im Auge haben. Aber »Mißbrauch verbietet nicht Gebrauch«.

Eine lebhafte Versammlung

Heute morgen hielten wir die Versammlung der Gemeinden von Ilha und Guariúba. Anderthalb Stunden hat sie gedauert. Es ging um vier Dinge.

1. *Lieder einüben*. Diesen Teil hatte Nieta übernommen. Aber ich spüre, daß es für Analphabeten aus dem Urwald keinen Sinn hat, Blätter mit Liedtexten auszuteilen oder gar komplizierte Lieder einzuüben. Was wir brauchen, sind einfache, ans Evangelium angelehnte und konkrete Lieder mit viel Refrain. Die lernen die Leute leicht, und alle singen mit. Gut sind Lieder mit einer schönen melodischen Linie und vielen Wiederholungen.

2. *Rückblick auf den Weg der Gemeinde*. Auch diesen Teil leitete die Schwester. Sie unterstrich die Notwendigkeit, wieder die Versammlungen zu halten. Das sei unerläßlich, wenn der Glaube wachsen und die Gemeinde Bestand haben solle. Ohne Glauben und ohne Gemeinde brauche man auch gar nicht erst die Kinder taufen zu lassen. »Wenn sich beim nächsten Mal die Gemeinde nicht zwischendurch versammelt hat, werden Priester und Schwester weder Taufen noch Trauungen halten«, bekräftigte sie abschließend.

Dennoch: Aufgrund des Versprechens und in der Hoffnung, daß sie ihre Versammlungen wirklich wieder halten würden, tauften und trauten wir alle, die darum baten. Obwohl die Feier lebhaft und bewegt war (die Beteiligung im eigentlichen Sinn war geringer), sollte man diesem leichten und in gewisser Weise interessenbedingten Enthusiasmus nicht trauen. Was die Leute im Grunde wollen, ist weder das Evangelium noch die Gemeinde, sondern ein getauftes Kind, das kein »Tierchen« oder kein »Heide« mehr ist, wie man hier sagt. Der Rest kommt dann erst, und damit müssen wir fertig werden.

Ohne Zweifel hat diese Wertschätzung der Taufe ihre Größe. Sie bringt das Selbstwertgefühl dieser Leute zum Ausdruck: Schließlich sind Gummiarbeiter auch Menschen, Christen und Kinder Gottes! Aber das alles ist noch abstrakt und bleibt auf der Ebene der formellen öffentlichen Anerkennung. Die konkreten Konsequenzen auf kirchlicher (Evangelium, Gemeinde, Sakrament usf.) und gesellschaftlich-politischer Ebene (Gemeinschaft, Gerechtigkeit, Solidarität usw.) kommen dabei noch nicht zum Tragen.

3. *Feier der Taufe*. Wir haben zwei Erwachsene getauft. Beide wollten, weil sie wollten, obwohl sie kaum Ahnung von den Dingen des Glaubens hatten. Allerdings versprachen sie, zu den Versammlungen zu kommen; und ich empfahl den Gemeindeleitern, besonders darauf zu achten, daß sie unterrichtet würden. Diese nahmen den Auftrag sehr gern an. Aber eine Garantie hat man bei all dem nicht. So bleibt immer ein Schuß Mißtrauen. Immer wieder dachte ich an das fremd klingende und zugleich weise johanneische Wort über Jesus: »Viele kamen zum Glauben an seinen Namen ... Aber Jesus vertraute sich ihnen nicht an, denn er kannte sie alle« (Joh 2,23–24).

Da der Bach ziemlich weit weg war und auch nicht für so viele Leute Platz bot, hielten wir die Taufe draußen im Schatten des Hauses.

Um das Versprechen zum Ausdruck zu bringen, mit den Versammlungen jetzt wieder anzufangen, gingen wir zweimal mit erhobener Hand um Haus und Hof und sangen: »Das Volk des Herrn auf dem Weg durch die Wüste.«

Sodann segneten wir alle gemeinsam das Wasser, indem wir eine Hand über das Becken hielten und Satz für Satz das Gebet wiederholten, das ich vorsprach. Im Anschluß daran tauften wir die zwei jungen Erwachsenen und etliche Kinder.

4. *Trauung*. Auch hier lud ich die Gemeinde ein, die Hände – diesmal beide – über die jungen Brautleute auszustrecken, die da heiraten wollten. Wie üblich lebten die beiden bereits zusammen, und die Braut – ganze vierzehn Jahre alt – war auch schon schwanger! Auf meine Einladung hin erhoben alle zum Zeichen der Anrufung die

Hände, und – was ich weder angeregt noch vorausgesehen hatte – alle kamen ganz nahe an das Paar heran, so daß sie beinahe die Köpfe der beiden berührten und eine dichte Runde bildeten. Das überraschte mich. Auf jeden Fall gefiel es mir.

Zum Jawort bat ich dann die beiden Zeugen, die übrigens die beiden Gemeindeleiter waren, mit der rechten Hand die ineinandergelegten Hände der jungen Brautleute zu halten und das Paar zusammen mit mir zu segnen. Die Geste war sehr beeindruckend. Gemeinsam mit mir wiederholten sie die rituelle Formel: »Gott bestätige dieses Versprechen ... im Namen des Vaters und des Sohnes und des Heiligen Geistes.« Danach machten sie ein Kreuzzeichen über die verschränkten Hände. Mit welcher Überzeugung und Inbrunst machte der verehrenswürdige und edelmütige Seu Vócio nicht ein, sondern gleich zwei große Kreuzzeichen über die ihm fortan Anvertrauten! Wie könnte ein solcher Segen fruchtlos bleiben?

Lehren aus einer Versammlung

Ich erkenne an, daß es bei religiösen Feiern einer gewissen Ordnung bedarf. Das muß von Anfang an klar sein. Die Menschen hier sind nicht daran gewöhnt, sich zu gottesdienstlichen Feiern zu versammeln, wenn sie kommen, stehen oder sitzen sie irgendwie herum. Die Kinder setzen sich gemütlich auf Stühle oder Bänke, während die Mütter mit den kleinen Kindern auf dem Arm stehen müssen. Aber selbst sie finden nichts dabei. Da muß man – geschickt – eingreifen, damit wenigstens die Brautleute und die Mütter, deren Kinder getauft werden sollen, einen besonderen Platz bekommen.

Trotzdem: Heute ist mir aufgegangen, daß diese Ordnung nicht starr sein darf. Ein gewisses Hin und Her während der Feier sollte es durchaus geben dürfen. Allerdings mit Maß, nicht, wie hier zu beobachten ist, daß die Leute kommen und gehen, als machte das nichts. Die Gemeinde muß auch zum Zusammenleben erziehen.

Wichtig ist, daß sich die Menschen in einer gewissen Choreographie bewegen können: das heißt, daß sie sich vom Platz erheben, Beifall spenden, in die Mitte kommen, auf Einladung des Leiters eine ausdrucksstarke Geste machen können usf. So halten es übrigens auch die Protestanten, und die Leute finden das schön und haben Freude daran.

Wenn die Feier lebendig gestaltet ist, kann sie ruhig über eine Stunde dauern, ohne daß die Leute, selbst wenn sie stehen müssen, müde werden. So hielten es im übrigen auch die Christen zur Zeit des

Augustinus in Hippo, wo es auch keine Bänke gab. Und dort dauerten die Gottesdienste Stunden.

Andererseits weiß ich wohl auch, daß alle Bewegung bei unserer Feier beinahe immer von einem Punkt ausging: vom Zelebranten. Ich leitete die liturgische Handlung, bei mir lag alle Initiative. Das Volk mag das alles »schön« finden, aber immer ist es eine »Angelegenheit des Priesters«. Ich habe es immer für einen Bluff und einen Mißerfolg gehalten, wenn da jemand nach einer Messe kam und mir sagte: »Sie haben aber einen schönen Gottesdienst gehalten.« Dann verwechselt er nämlich Gottesdienst mit Schaustellung oder Aufführung!

So blieb denn auch selbst Nieta, die besonders im Teil des Wortgottesdienstes und des Rückblicks auf das Leben der Gemeinde eine aktivere und schöpferische Rolle hätte spielen können, ziemlich im Hintergrund. Ebenso müßten auch die Gemeindeleiter bei der liturgischen Feier das Gewicht haben, das sie sonst im Leben der Gemeinde haben.

Mit einem Wort: Beteiligung des Volkes gab es schon, aber sie war abhängig und nicht eigenständig, reaktiv und entsprang nicht eigener Initiative.

Solange eine Gemeinschaft nur ein Samenkorn oder eine Verheißung von Gemeinde ist, läßt sich die Beteiligung der Basis immer noch verbessern. Das ist ja auch die Hauptsache, die jedem Volksführer aufgetragen ist – unabhängig davon, ob in Religion oder Politik: dem Volk mehr Beteiligung, Mitsprache und Mitbestimmung zu ermöglichen. Diese Gedanken verstehe ich als Kritik an mir selbst.

Wie mit einem Rest von Volk Kirche bilden?

Als wir in der Stellung Santa Clara ankamen, trafen wir niemanden an. Seu Francisco Cobal, der der Gemeindeleiter sein sollte, und seine ganze Familie waren nicht da. So bogen wir in einen Seitenweg ein und kamen zum Haus von Seu Francisco Poeira, der dort mit seiner Frau und zwei jugendlichen Zwillingssöhnen lebt.

Vier Stunden waren wir unterwegs gewesen. Nachdem ich dann genußvoll im Macapá-Wasserlauf gebadet hatte, fühlte ich mich wie neugeboren – wie jedesmal übrigens.

Der Weg war überall – oder fast überall – ausgezeichnet: eben und bedeckt mit einer dicken trockenen Laubschicht, die unter unseren Schritten raschelte und auseinanderstob. Unser Führer, der junge Antônio, der Sohn des Gemeindeleiters Esmeraldo, erklärte uns, gerade wegen dieses Geräusches des Laubes sei es schwierig, zu dieser

Jahreszeit auf die Jagd zu gehen. Das Wild und besonders die überaus scheuen Rehe würden dadurch leicht verscheucht.

Gesprächsthema war bei Seu Chico Poeira dasselbe wie überall: Auch Chico Poeira will weg, und zwar nach Feijó, wo er Verwandte hat. Das Hinterland wird bald ganz entvölkert sein. Dadurch nimmt natürlich auch die Bildung der Gemeindeleiter und der Gemeinden selbst Schaden. Denn was hat es für einen Sinn, jemanden zum Gemeindeleiter auszubilden, wenn man nicht sicher sein kann, ob er noch länger bleibt? Klar, auch wenn er weggeht, wird er bei entsprechender Bildung an seinem neuen Wohnort tätig werden. Fortschritte im Bewußtsein sind unumkehrbar und nie ganz verloren.

Die Schwierigkeit ist noch größer: Die ganze Bevölkerung hier hat nämlich nur eine sehr lockere Verwurzelung in der Gegend. Wie aber soll man kirchliche Gemeinden bilden können, wenn nicht einmal Bedingungen für einfache soziale Gemeinwesen bestehen? Wenn die Bevölkerung im Busch insgesamt auf einen Bruchteil des Früheren zurückgeht, wie soll man dann noch eine Kirche aufbauen können? Womit?

Eine kirchliche Gemeinschaft kann sich mit gesellschaftlicher Desintegration auseinandersetzen, wenn sie schon existiert, feste Konturen besitzt und noch konkrete (besonders wirtschaftliche) Überlebenschancen hat. Wo jedoch diese beiden Bedingungen (vorgegebenes Leben und Hoffnung auf Leben) nicht erfüllt sind, kann man auch keine Kirchliche Basisgemeinde gründen.

Hier herrscht dieselbe Beziehung wie zwischen Natur und Gnade. Die Gnade kann die Natur erhöhen, vervollkommnen und sogar heilen, aber nur wenn diese als ihre Grundlage, und zwar als dynamisch offene Grundlage, zuvor vorhanden ist (»gratia supponit naturam...«).

So auch hier: die Kirche schafft Gesellschaft, die Kirchlichen Basisgemeinden bilden Gewerkschaften und andere Gruppen, der Glaube führt zu politischem Bewußtsein usf. Aber all das ist nur möglich, wo Kirche, Basisgemeinden und Glaube bereits gegeben und Gesellschaft, Gewerkschaften und politisches Bewußtsein latente, besser: anbrechende Chancen in der Geschichte sind. Das ist die Dialektik zwischen kirchlicher Gemeinde und politischem Gemeinwesen.

»Bis dreißig geht's mit dem Leben aufwärts«

Als wir angekommen waren, machte sich die Frau von Seu Poeira daran, etwas zu essen herzurichten. Wir gaben ihr zwei Eier und etwas Mandiokamehl. Beides hatten wir aus Ilha mitgebracht, die dortige Gemeinde hatte es uns mitgegeben als Imbiß bei der Ankunft. Und ich muß sagen: Eier und Mandiokamehl waren wirklich eine Hilfe und ersparten der Hausfrau die Peinlichkeit, mit leeren Händen dazustehen und uns nichts anbieten zu können.

In welche Kategorie ordnet die Welternährungsorganisation diese Bevölkerung wohl ein? In die der Hungernden? Unterernährt ist sie allemal. Vor mir steht Chico Poeira: Sein Körper ist mager, ja dürr und voller Narben. Zähne hat er keine mehr. Es ist eine Schande zu sehen, daß die Menschen, selbst die jungen Menschen, in diesem Urwald ohne Zähne herumlaufen. Die fliegenden Händler überschwemmen die Leute mit Antibiotika, und diese benutzen dann das Zeug als Allheilmittel bei jeder Gelegenheit. Die wenigen Zahnärzte, die sich in den Urwald wagen, sind nicht mehr als einfache Praktiker, schlimmer noch: bloße Zahnzieher.

Dennoch hat der Gummiarbeiter eine unglaubliche Widerstandskraft bei der Arbeit. Hier ersetzen die Lebensumstände, was an körperlicher Konstitution fehlt.

Aus diesem Grund gehört der Mensch im Busch, wenn er über dreißig Jahre alt ist, schon zu den Alten. Seu Poeira sagte mir: »Bis dreißig geht's mit dem Leben aufwärts und dann nur noch abwärts.«

Wann wird die Prophetie, die auch zum Traum vom Reich Gottes gehört, in Erfüllung gehen: »Dort [im jubelnden Jerusalem] gibt es keinen Säugling mehr, der nur noch wenige Tage lebt, und keinen Greis, der nicht das volle Alter erreicht; wer als Hundertjähriger stirbt, gilt noch als jung, und wer nicht hundert Jahre alt wird, gilt als verflucht« (Jes 65,20)?

Urwald: Unentzifferbare Hieroglyphen

Für die Reise von einer Station zur anderen fand sich Gott sei Dank bisher immer ein Führer. Sonst wären wir im Busch verloren gewesen. Das gilt besonders für diese Gegend, wo der Urwald unten ganz licht ist, so daß man nicht klar erkennen kann, wo der Weg verläuft. Mehr noch: Es gibt Kreuzungen, ja ein ganzes Netz von Gummistraßen, Wegen und Pfaden; und man weiß kaum, wo es lang geht.

Als ich mich heute morgen etwas ungeduldig umsah, wer uns wohl führen und begleiten könnte, sagte mir ein etwa zehnjähriges Mädchen: »Immer geradeaus, Herr Pfarrer, nur geradezu, und schon sind Sie da. Sie können sich gar nicht verlaufen.« Ich mußte lächeln und dachte: Welche Natürlichkeit, mein Gott! Für uns, die wir nicht aus dem Urwald stammen, bleibt der Busch unentzifferbar, wie ägyptische Hieroglyphen. In der Wissenschaft, im Urwald uns zurechtzufinden und zu leben, sind wir Analphabeten oder allenfalls Abc-Schützen.

Schließlich ging Antônio mit. In Santa Clara angekommen, jagte er uns aber einen Schrecken ein. Plötzlich blieb er stehen und meinte: »Ich bring' euch bis auf die andere Seite des Sees hier, und dann kehre ich um. Ihr braucht immer nur geradeaus zu gehen. In zwei Stunden seid ihr schon in Bacia. Verlaufen könnt ihr euch gar nicht!« Mir bleibt die Luft weg, und die Schwester fällt bald um. Bittend sagt sie: »Tu das nicht, Antônio. Ohne dich sind wir verloren.« Und ich: »Ohne dich laufen wir dem Jaguar direkt ins Maul. Wir finden den Weg ganz bestimmt nicht. Der liegt doch voller Laub.« Doch Antônio antwortet mit der größten Selbstverständlichkeit: »Ihr nehmt einfach den Weg, wo das Laub zusammengepappt ist.«

Aber wer von uns hatte schon einen Blick dafür, wo das Laub zusammengepappter war als anderswo? Schließlich sagte ich ebenso ratlos wie entschlossen: »Gut, wenn du umkehrst, gehen wir mit. Allein kommen wir nicht durch.« Da gab er nach. Ohne ein Wort zu sagen, ging er los; erleichtert folgten wir ihm.

Pan wohnt im Urwald

Während der ganzen Zeit, die wir durch den Urwald zogen, begleitete uns ein unüberwindliches Angstgefühl: Angst vor »Insekten« wie die Leute hier schönfärberisch die Schlangen nennen, Angst vor Queixada-Wildschweinen, die in Rudeln durch den Busch streifen und wie eine Dampfwalze den Boden festtrampeln, Angst vor Ameisenbären oder Tapiren und – am Ende – Angst vor dem Jaguar, dem unangefochtenen König des Urwalds.

Vom Jaguar wissen die Leute tausend Geschichten zu erzählen. Wenn jemand damit anfängt, gibt's kein Ende. Besonders die Verschlagenheit und die Kraft des Tieres werden gerühmt. Es heißt, der Jaguar greife nur an, wenn er selbst angegriffen werde, wenn er ausgehungert sei oder Junge habe. Er begleite die Menschen im Urwald, indem er ihren Spuren folge. Wenn er Hunger habe, schneide er den Menschen den Weg ab und greife sie schließlich an. Er könne Menschen sehen, ohne selbst von ihnen gesehen zu werden, usf.

Man könne sich vor dem Jaguar retten, sagen die Leute, indem man auf einen hohen Baum klettere. Der dürfe aber nicht zu dick sein, weil sonst auch er hinaufkomme. Wie dem auch sei, im Urwald läßt einen eine gewisse Beklommenheit nie los. Passieren kann einem alles. Selbst des nachts, wenn man in seiner Hängematte liegt, die im immer offenstehenden Aufenthaltsraum des Hauses aufgespannt wird, ist man nicht frei von dem bangen Gefühl: Ob der Jaguar wohl kommt...?

Persönlich habe ich keine Angst vor Schlangen. Ich weiß, daß es hier gefährliche Arten gibt, wie den Jakoschnabel oder die Papageienschlange. Letztere »macht einen zum Krüppel, wenn sie nicht tötet«, lautet eine Redensart bei den Gummiarbeitern. Was mich jedoch nicht ganz kalt läßt, ist der bunte Jaguar. Deshalb mache ich – im Busch oder in den Häusern – allerlei Witze über ihn: daß ich, wenn ich ihn zu fassen kriege, ihn an seinem Schnurrbart festhalten werde; daß ich ihn mit Schreien verjagen werde usf. Dann lachen die Gummiarbeiter, Männer, Frauen und Kinder, schallend über meine Prahlereien, mit denen ich freilich mehr mir selbst Mut als anderen Spaß machen will.

In der Tat: Pan, der schreckenerregende Gott der Griechen (daher: panisch), lebte im Wald. Und wenn der Schrecken unsereinen in der Hängematte von allen möglichen wilden Tieren träumen läßt, sollte er dann nicht die Söhne und Töchter des Urwaldes – aber diesmal wachen Sinnes – träumen und allerlei wilde Mythologien entwikkeln lassen: von fell- und schildkrötenpanzerbedeckten Riesen, von allen Reisenden abholden, einbeinigen und pfeiferauchenden Negerzwergen und von mancherlei phantastischen Tieren?

Der Urwald ist auch Überraschung

Aber der Wald hält nicht nur Schrecken bereit, sondern auch immer wieder großartige Schauspiele voller Überraschung, die mitunter sogar eine Lehre sind.

So etwa die Apuí-Liane, die sich an einem Baum hochwindet, höher und höher, ihm sozusagen den Atem nimmt, bis sie ihn erstickt und allen Saft aus ihm saugt. Der Baum geht ein, und die Liane wächst an seiner Stelle.

Das Interessante ist, daß die Apuí-Liane vom Wipfel immer tiefer herunterwächst, im Boden Wurzeln schlägt und einen neuen Stamm sprießen läßt. So kommt es, daß ihre Zweige sowohl nach oben als auch nach unten wachsen und zwischen den verschiedenen Stämmen diagonale Balken bilden.

Gestern zeigte mir Seu Vócio eine Apuí-Liane, die einen Gummibaum in ihre tödliche Umarmung genommen hatte. »Ein Baum, dem niemand zu Hilfe eilt«, war sein Kommentar. Und er erzählt mir, die Leute verglichen einen parasitenhaften Menschen mit der Apuí-Liane: »Der ist wie die Apuí-Liane«, heißt es dann. Und bei mir denke ich: Könnte es wohl ein ausdrucksstärkeres Bild für den Kapitalisten geben als dieses?

Eine andere Überraschung! In der Nähe von Neném Ponte sahen wir eine wunderbare Brücke über einen tiefen und breiten Wasserarm. Eine Palme wurzelte auf der einen Seite, legte sich auf das Waser und erreichte schließlich das andere Ufer. Dort richtete sie sich noch einmal etwa fünf Meter hoch auf, um da ihre Blätterpracht zu entfalten. Ein Phänomen, das ins irdische Paradies gehört.

Und um das Bild zu vervollständigen, stand auf der Seite der Brükken-Palme noch ein alter Baum, der einen langen, starken Ast herabsenkte, als wolle er allen, die über den runden Steg der merkwürdigen Brücke zu gehen sich anschickten, noch einen schützenden Handlauf anbieten. »Kaum zu fassen!« dachte ich überrascht.

Und noch etwas! Auf dem Weg von Ilha hierher kamen wir ebenfalls über eine solche Naturbrücke: Wieder streckte sich ein mächtiger Baum über den Fluß. Um uns festzuhalten, hatten wir diesmal allerdings keinen Handlauf. Statt dessen hingen da dünne, aber kräftige Lianen von den über das Flußufer gebeugten Bäumen herab. Wir ergriffen eine nach der anderen, konnten so gut das Gleichgewicht halten und kamen sicher am anderen Ufer an. Unvorstellbare Wunder, wie man sieht.

III
Tief im endlosen Urwald

3. Christen und apostolische Gemeinden

17. August, Mittwoch: Stellung Castelinho
»Die wollen das Volk verhungern lassen!«

Wir befinden uns auf der Zielgeraden unserer Missionsreise. Bevor wir zur letzten Gemeinde kommen, die wir besuchen sollen, machen wir noch hier bei Seu Sandro und Dona Francisca halt.

Aber wir treffen nur die Frau mit den drei Kindern an. Seu Sandro, so erklärt man uns, sei unterwegs, um ein paar Bananen für das Mittagessen zu besorgen. Hier fehlt es nämlich sogar an Mandiokamehl und Zucker – für den Jacuba-Brei, das Elementargericht, das es dann gibt, wenn man sozusagen nichts mehr hat.

Als ich aus dem Gepäck einen Beutel Mandiokamehl hervorholte, den wir vorsorglich für den Fall mitgebracht hatten, daß wir bei der nächsten Station nichts Eßbares antreffen würden, erlebte ich eine Überraschung: Das jüngste Kind, offensichtlich völlig ausgehungert, kam herangerannt, riß mir den Beutel weg, steckte seine Hand hinein, langte mit aufleuchtenden Augen zu und aß.

Da entdecke ich, daß im Aufenthaltsraum des Hauses doch ein Mann ist: Seu Francisco, der Schwager der Frau. Wie ein Pascha liegt er in der Hängematte und beschimpft in einem fort die örtlichen Kaufleute, weil sie keine Waren herschaffen und die, die sie haben, zu Schwindelpreisen verkaufen. »Die wollen das Volk verhungern lassen«, empört er sich.

Er rühmt sich, mehr als tausend Kilo Gummi im Jahr zu produzieren, aber trotzdem (sagt er) komme er nicht zurecht. »Es langt nicht und hat nie gelangt«, gibt er noch einen darauf. Er erklärt mir, ein Gummischneider produziere im Schnitt etwa siebenhundert Kilo im Jahr. Wenn das Kilo wie im Augenblick sechshundert Cruzeiros bringe, habe er ein Jahreseinkommen von vierhundert- bis vierhundertfünfzigtausend Cruzeiros. Diesen Betrag gebe eine Gummiarbeiterfamilie aber nie vollständig für Waren aus (so immer noch Seu Francisco). Denn man habe ja fast alles zu Hause oder im Busch: Mandiokamehl, Fleisch, Fisch, Vieh. Kaufen dagegen müsse man: Öl, Milch, Salz, Zucker, Seife usf. Und da, im Kaufladen, gingen dann die Einkünfte drauf. »Kaufläden sind Häuser der Sklaverei«, meint er.

Nach meinem Eindruck sind unsere Gummiarbeiter eher Sklaven als Arbeiter. Ihr Gefängnis sind keine Eisenketten mehr, sondern die unsichtbaren Ketten von Bedürfnis und Schuld.

Um das Gespräch zu beenden – wir müssen ja noch weiter –, sage ich Seu Francisco, Gummiarbeiter seien wie Hunde, die nicht wissen, wie man Jaguare jagt. Anstatt zusammen anzugreifen, rennen sie alleine los. So aber kann der Jaguar einen Hund nach dem anderen zerreißen. Nur zusammen können Hunde den Jaguar in die Flucht schlagen oder zur Strecke bringen. Francisco lacht und wechselt das Thema. Er zieht die Taktik der Flucht vor: Da versuche er eben sein Leben anderswo.

Kaufleute als Gemeindeleiter: ein Problem

Wir sind in der letzten Stellung unserer Missionsreise angekommen: Stellung Bacia. Untergebracht sind wir beim Gemeindeleiter Seu Bena. Er ist Gummischneider und zugleich und vor allem Kaufmann. Die Waren kauft er in der Stadt und verkauft sie in seinem Laden an etwa zehn Gummischneider, die ihm im Gegenzug ihr Gummi verkaufen müssen. Allerdings gehört die hiesige Gummipflanzung – Sardinha – nicht ihm, sondern jemandem in São Paulo, Seu Carlos, dessen Betriebsleiter er sozusagen ist. Carlos aus São Paulo ist auch der Besitzer des Landgutes Sudam an der Straße Rio Branco – Feijó nicht weit von hier. Dort hat er 3000 Stück Vieh. Unter gesellschaftlichem und pastoralem Gesichtspunkt ist also die Position von Seu Bena alles andere als bequem und problemlos.

Jetzt erst fällt mir auf, daß verschiedene Gemeindeleiter in diesem Raum in der Tat Kaufleute und fliegende Händler sind oder zumindest eng mit ihnen in Verbindung stehen: Seu Raimundinho in São Romão, Seu João Paulo in Porongaba, Waldemar und Francisco in Lago, Seu Vócio in Guariúba und schließlich Seu Bena hier in Bacia.

Das ist symptomatisch. Möglicherweise wiederholen wir auf niedrigerer Ebene heute die Fehler der Vergangenheit. Früher wohnten wir im Haus des wirtschaftlich Mächtigen – des Unternehmers –, und heute bevorzugen wir das Haus des kulturell Mächtigen, das heißt: dessen, der lesen kann und der darüber hinaus gesellschaftlich und wirtschaftlich gut gestellt ist. Der Kaufmann ist in der Tat »die Mittelschicht des Urwaldes«. Daß er lesen kann, erhebt ihn auf die Ebene des Betriebsleiters einer Gummipflanzung.

Das müssen wir im Auge haben. Denn wenn wir Befreiung und Gerechtigkeit wollen, dann sind An- und Verkäufer und fliegende Händler nicht gerade die besten Instrumente. Wie die »Mittelschicht« insgesamt gehen auch sie nur so weit, wie ihr Interesse reicht. Darüber hinaus bewegt sich nichts. Gewiß werden auch diese Menschen (durch die Unternehmer) unterdrückt, aber ohne Zweifel unterdrükken auch sie selbst – die Gummiarbeiter eben.

Das ist die Klassendynamik im Urwald. Offensichtlich kommt bei dieser Struktur eine Gemeinde, was Bewußtsein und gesellschaftlichen Kampf anbetrifft, nicht sehr weit.

Aufgrund mündlicher Informationen, die ich bekommen konnte, stellt sich folgender Preisvergleich für die wichtigsten Waren in den verschiedenen Verkaufsbuden dar, an denen wir vorbeigekommen sind (die Preisangaben beziehen sich auf August 1983):

	São Romão	Poron-gaba	Lago	Gua-riúba	Bacia
1 kleine Dose Milch	1500	2000	3000	1000	2500
1 kleine Dose Öl	800	1000	1500	1000	1800
1 Ladung Patronen	700	800	900	800	1000
1 kg Gummi (Ankauf)	550	550	550	865	550

Gesagt werden muß bei diesem Preisvergleich, daß Seu Vócio in Guariúba derjenige ist, der die größten Vorteile bietet: Seine Ankaufspreise sind am höchsten und seine Verkaufspreise am niedrigsten. Er sagt, er wolle nicht ausbeuten, weil er es nicht nötig habe: »Ich lebe von meiner eigenen Arbeit und nicht von der Arbeit anderer.« Ein Gummiarbeiter äußerte mir gegenüber, Vócio beute niemanden aus, »weil er Protestant sei«. Vielleicht gibt es ein solches Verhalten sonst nicht unter Katholiken. Auf jeden Fall zeigt das Beispiel von Seu Vócio, daß man durchaus Kaufmann im Busch sein und auf der Seite des Volkes stehen kann.

Erwähnt werden muß auch, daß die Preisunterschiede auf die unterschiedlichen Entfernungen der betreffenden Stellen zur Stadt zurückzuführen sind. Dies erklärt aber keinesfalls das überhöhte Niveau der Preise. Diese sind eine echte Blutsaugerei, und nicht einmal ein Christ kommt mit ihnen zurecht. So kann es niemand verwundern, daß den Gummiarbeitern im allgemeinen die Schulden über den Kopf wachsen, daß sie von den Händlern abhängig werden, ihre »Subjekte« werden, wie es hier heißt, und sich nur durch Flucht dem Ganzen entziehen können.

18. August, Donnerstag: Stellung Bacia
Feier des Versprechens

Um neun Uhr heute morgen luden wir alle Anwesenden zu einer Gottesdienstfeier ein: eine Handvoll Erwachsene und eine ganze Reihe Kinder. Der Grund für die geringe Zahl war, daß die Leute in dieser Gemeinde nicht darüber Bescheid wußten, daß die Schwester und der Priester kommen würden.

Zunächst hatten wir einen Bußritus vorgesehen. Die Gemeinde hielt Gewissenserforschung über fünf ganz konkrete Punkte, eine Art »Pentalog«: Alkohol, Intrigen, Gewalt, Untreue in der Familie und Mitmachen bei der Gemeinde.

Dann traten die Leute einzeln in die Mitte, tauchten beide Hände in ein Becken mit Wasser und nannten die Sünde, die sie ausgelöscht sehen wollten. Jedesmal sang die Gemeinde: »Vergib deinem Volk, Herr.«

Eine gelungene Sache. Allerdings sehe ich jetzt, daß die fünf genannten Sünden noch in einer einzigen Sünde hätten gebündelt werden müssen: Bruch der »grundsätzlichen Entscheidung«, Jesus Christus und dem Evangelium zu folgen. Sonst laufen wir ernsthaft Gefahr, dem Kasuismus zu verfallen.

Daran schloß sich der Rückblick auf das Gemeindeleben an. Schwester Nieta leitete diesen Teil. Sie begann mit einer Überlegung zu Mt 18,18–20: »Alles, was ihr binden werdet ... Wo zwei oder drei versammelt sind ...« Die Worte sind entscheidend für die Beschreibung einer kirchlichen Gemeinschaft: Sie ist der Ort, wo Entscheidungen getroffen werden, die Gott selbst sich zu eigen macht, wie auch der Ort der Gegenwart Christi.

Jetzt folgte die Beschlußfassung mit wichtigen Entscheidungen:

1. Das Ehepaar Sandro und Francisca wird Hilfsgemeindeleiter. Sie sollen der Gemeinde dabei helfen, sich zu versammeln, und zwar in Zusammenarbeit mit Seu Bena und vor allem, wenn dieser seiner Geschäfte wegen auf Reisen ist. Da sie nicht lesen können, werden sie in diesem Fall den Rosenkranz vorbeten. Die Versammlung soll dann in ihrem Haus stattfinden, damit man den Ort wechselt und so das Leben der Gemeinde dezentralisiert wird; denn die Gefahr ist ja nie auszuschließen, daß eine einzige Person das Ganze monopolisiert.

Allerdings mußten wir den beiden erst noch beibringen, wie man den Rosenkranz betet. Es war ein Kampf, bis sie die Folge der fünf freudenreichen Geheimnisse, die geradezu das Evangelium der Kindheit Jesu resümieren, im Kopf hatten. Wir entschieden uns für die freudenreichen Geheimnisse, weil einige sie schon kannten. Zu jedem Gesätz sollten sie sich die ganze Geschichte des betreffenden Geheimnisses in Erinnerung rufen, etwas dazu sagen oder persönliche Anwendungsmöglichkeiten benennen. In einer Rosenkranzfeier mit Prozession haben wir das Ganze dann noch geübt.

2. Der letzte Beschluß betraf Seu Bena. Er sollte nachdrücklich darauf hingewiesen werden, zur nächsten Schulung nach Castelo zu gehen. Dona Maria de Lourdes, seine Frau, meinte auch, die Schulung sei gut für ihn – allein schon, um sich im Trinken und im Verhalten insgesamt unter Kontrolle zu bekommen. Wir hatten allerdings mehr an soziales Gewissen und Bewußtsein gedacht, das man dort auf der Grundlage des Glaubens bekommt.

Wie schon bei den vorigen Malen trat ich in diesem Punkt, der eigentlich der Schwester zustand, mit aller Deutlichkeit auf, so daß sie ein wenig ins Hintertreffen kam. Das ist ohne Zweifel nicht gut; denn die Schwestern bleiben hier und müssen die Arbeit voranbringen. Und im übrigen: Mittun, auch in begrenztem Ausmaß, ist besser als Perfektion ...

Am Ende hielten wir eine Versprechensprozession. Singend zogen alle durch das Gras ums Haus. Im Schatten eines Baumes hielten wir an, und jeder, der wollte (alle wollten), legte seine Hand auf das Evangelienbuch, um damit sein Versprechen zu bekunden, an den Versammlungen wie am Leben der Gemeinde teilzunehmen. Es war eine sehr dichte Geste. Wieweit sie aber trägt, weiß ich nicht ...

Ins Haus zurückgekehrt, schlossen wir die Feier mit spontanen Gebeten und dem Segen.

Warten, bis die Leute kommen

Bereit, die letzte Etappe unserer Mission, den Heimweg, anzutreten, erfuhren wir, es kämen noch einige Familien mit Täuflingen.

Was sollten wir tun? Wir sprachen mit den Anwesenden, um ihre Meinung dazu zu erfahren. Anders als erwartet und erwünscht, riet man uns, zu warten und erst am folgenden Tag aufzubrechen.

Wir willigten ein. Obwohl uns bekannt war, daß diese Menschen nicht bei der Gemeinde mitmachten, sondern nur ihre Kinder getauft und ihre jungen Leute getraut haben wollten, beschlossen wir, allen die Sakramente zu spenden, einfach auf der Grundlage des Versprechens oder des Gelöbnisses, künftig zur Gemeinde zu kommen. In der Mehrzahl wohnen sie nur eine Stunde oder etwas mehr entfernt (was für die Verhältnisse im Busch kaum der Rede wert ist), so daß sie wirklich kommen können.

So zu verfahren schien uns gerecht, weil die Gemeinden hier die Erfüllung dieser Bedingung – an den Versammlungen teilzunehmen – nicht garantieren. Sie sind einfach zuwenig organisiert, und ihre Leiter sind kaum ausgebildet und an solch eine Verpflichtung nicht gewöhnt.

Da dem so ist, lege ich mich, bis die Leute kommen, in die Hängematte, die hier auch als Stuhl oder Sessel dient. Ich tue so, als wäre der Tag zugleich ein Ferientag, Exerzitien und Rückblick auf unsere Arbeit.

Das Wetter ist mild und der Tag herrlich. Weder heiß noch kalt. »Eine Art Kaltwetter«, erklärt mir Seu Sandro. Kaltwetter ist ein plötzlicher Temperatursturz, der dadurch zustande kommt, daß kalte Luftmassen von den Anden bis hierher vordringen.

Ich betrachte den Rand des Urwaldes vor dem Haus. Etliche Bogenbäume stehen dort, mit herrlichen gelben und violetten Blüten. Welch ein Wunder! Ein reines Himmelwärts! Wozu die Blüten, wozu die Blumen? frage ich mich. Wie erklärt sich, daß es für den Menschen ein Genuß ist, vor dem Hintergrund des grünen Urwaldmeeres solche Farbergüsse zu betrachten? Ist es vielleicht ein Zeichen für das, was den Wald, die Blumen und alles andere übersteigt? Ein Sakrament der höchsten und unwiderstehlichen Schönheit?

Exerzitien? Wozu?

Ich beschließe, zu beten, das Evangelium zu meditieren, kurz: Exerzitien zu halten. Es wird mir klar, daß eine Mission – wenn sie denn Mission sein soll – nicht ohne Gebet möglich ist. Das Gebet führt das ganze Leben und die ganze Geschichte, einschließlich ihrer Widersprüche, wieder zu Gott und seinem Heilsplan zurück. So schlage ich das Markusevangelium auf und vertiefe mich in die Leidensgeschichte.

Aber warum Exerzitien? Gewiß, der Glaube ist Engagement. Aber was bewegt zu diesem Engagement? Irgend etwas muß einen doch anstoßen, bewegen, emporziehen. Eine Praxis ist groß nur durch die Seele, die sie gestaltet. In meiner Hängematte liegend, spüre ich deutlich: Der Befreiungseinsatz birgt einen Traum in sich, eine Liebe, ein Ideal, einen Wahn, einen Geist, eine Mystik, oder welches Wort man auch immer verwenden mag für das, was einen trotz aller Anfechtung durchhalten läßt.

Aber die Bibel kennt bereits ein Wort dafür: Glauben. Der Glaube ist eine Art Attraktion, Verführung oder Leidenschaft, die einen Menschen beherrscht und über seine Grenzen hinaus trägt. Der Glaube führt zur Aktion, geht aber nicht in ihr auf.

Exerzitien sind demnach das Medium, diese geheime und entscheidende Kraft zu pflegen. Exerzitien sind so etwas wie: eine Symphonie hören, Freundschaftsbeziehungen pflegen, in der Sonne baden, sich mit Blumen beschäftigen.

Da also liegt der Grund für Exerzitien: Sie sollen den Glauben an den Vater und sein Reich in uns vertiefen, unsere Begeisterung für das befreiende Evangelium steigern und die Flamme der Mission unter dem Volk neu entfachen (vgl. 2 Tim 1,6).

Und übrigens: Was läßt einen eigentlich durch diesen fürchterlichen Urwald laufen? Ein Wind, ein Ruf, ein Anliegen, ein Geist – der Geist, der vor allem, nach allem und bei allem kommt: Fußmärschen, Aufenthalten, Versammlungen, Gefahren von Tieren, fremdartigen Speisen, schlaflosen, fröstelnd kalten Morgenstunden, fauligen Wasserresten usw. Und das alles ohne Mutlosigkeit oder Traurigkeit, sondern voller Unternehmungslust, Überzeugung und Freude. Aber warum? Weil wir in all dem einen mitreißenden Sinn, einen Wert, eine Größe und eine endgültige Zielsetzung sehen.

Exerzitien bedeuten: diesen Sinn, der alles beseelt und heilt, stärken, die verborgenen Wurzeln unseres Sein bewässern, damit es wächst, Schatten spendet, Blüten treibt und Früchte bringt. Wie der riesige Kastanienbaum, den ich da vorn auf dem Feld stehen sehe.

Sie sind das Volk Gottes

Da kommen die Menschen aus dem Dunkel des Urwaldes. Ich schaue sie an. Es geht mir auf, daß dieses arme und ländliche Volk, das da mit seinem kraftvollen Glauben, so wild wie die Flüsse dieses Raumes, kommt, um seine Kinder taufen zu lassen – das Volk Gottes ist. Das Volk, das Gott auserwählt hat.

In diesen Armen zeigt sich Gottes Reich mit mehr Macht und Wahrheit als in den majestätischsten Liturgien unserer Bischofskirchen.

Selbst mit ihrem harten und von mancherlei Schicksalsschlägen geschundenen Gesicht, das mitunter an die Ausdruckslosigkeit eines Kastanienbaums erinnert, sind sie die geliebten Kinder Gottes, die Ehrengarde des Messias, die Schützlinge des Geistes. Der Herr hat sich ihnen als der *Rächer*, als *go'el*, wie es in der Schrift heißt, oder als

Erlöser, wie die lateinischen Übersetzer den Begriff wiedergaben, zur Seite gestellt.

Ihnen werden die großen, unauslotbaren Geheimnisse des Reiches geoffenbart. Wir dagegen sind nichts anderes als »Verwalter von Geheimnissen Gottes« (1 Kor 4,1) für sie. Papst, Bischöfe, Priester und das ganze kirchliche System sind für sie da – dafür da, ihnen zu dienen.

In ihrer Armut und Verlassenheit sind sie ein Verweis auf den Reichtum und die Nähe Gottes. An ihnen wird sichtbar, daß Gott der Vater der Verlassenen, der Sohn der Messias der Unterdrückten und der Geist der Paraklet ist, das heißt: der Tröster und Ermutiger der Verbitterten.

Das alles ist wahr, obwohl (oder vielleicht gerade weil) die »religiöse Unwissenheit« dieser Armen groß ist, sie keine Gemeinde, keine Religion, keine Frömmigkeit, kein Gebet, keine Sakramente, keine Kirche und auch sonst nichts haben. Davon werden sie befreit werden, ja werden sie bereits befreit. Von allem, was ihnen fehlt.

Sie sind der *'am ha'arez* der Zeit Jesu: die Armen vom Lande, aus denen der Herr seine Apostel auswählte und auf die er seine Kirche aufbaut.

»Nicht weil ihr zahlreicher als die anderen Völker wäret, hat euch der Herr ins Herz geschlossen und ausgewählt: ihr seid das kleinste unter allen Völkern. Weil der Herr euch liebt ..., deshalb hat der Herr euch mit starker Hand herausgeführt und euch aus dem Sklavenhaus freigekauft« (Dtn 7,7–8). Der Marxist liebt die Armen, weil sie stark und nicht weil sie schwach sind. Der Christ liebt die Unterdrückten, wie Gott und Christus sie lieben: nicht eigentlich weil sie stark sind, sondern damit sie stark werden.

19. August, Freitag: Bacia
Gummiarbeiter – keine Spur von Stumpfsinn

Seit drei Tagen sind wir in Bacia. Wir konnten entdecken, daß – anders als man zu denken versucht sein könnte – in so einer Stellung durchaus etwas los ist.

Den ganzen Tag sind die Leute auf den Beinen. Und zwar die gesamte Bevölkerung: Kinder und Erwachsene, Männer und Frauen.

Von Stumpfsinn also keine Spur. Im Gegenteil. Trotz der dürftigen Ernährung und der harten Lebensbedingungen sind die Menschen immer mit Arbeit beschäftigt.

Mir fällt auch auf, daß sie einen ganz besonderen Beziehungsstil pflegen, der von Spielereien und Vergleichen geprägt ist. »Du benimmst dich wie ein alter Blinder«, »wie ein Tier im Busch«, hörte ich Dona Maria de Lourdes mit den Kindern schimpfen.

Nie drücken sie sich direkt aus – am wenigsten, wenn sie etwas kritisieren oder jemanden korrigieren. Dann greifen sie zu Bildern und Umschreibungen. Die Empfindlichkeit, die Leute von außerhalb an ihnen bemerken, ist eher ein Ausdruck dieser delikaten Strategie, Konfrontationen zu vermeiden.

Daß die Kinder den Eltern gehorchen, ist absolutes Gebot. Was im täglichen Leben selbstverständlich ist, schlägt sich auch in der Beichte nieder: Der Punkt des Gehorsams gegenüber den Eltern, einschließlich der Onkel und Tanten, Großeltern oder älteren Geschwister, fehlt nur selten. Die Bereitschaft zum unmittelbaren Gehorsam gehört zum Ethos des Lebens der Gummiarbeiter. So braucht der Vater dem Sohn zum Beispiel nur zu bedeuten, er solle die Schwester und den Priester bis zur nächsten Stellung begleiten (was unter Umständen Tage dauert), und der Sohn gehorcht ohne Zaudern oder Widerworte.

Auffällig ist auch der hohe Verletzungsgrad bei den Gummiarbeitern. Leute mit verstauchtem oder gebrochenem Arm, Bein oder anderem Körperteil sind keine Seltenheit. Da sie keine Möglichkeit hatten, sich behandeln zu lassen, müssen sie eben so weiterleben. Mir wird klar: Der Kampf in der Wildnis ist selbst wild. Das Volk trägt die Spuren am Körper: Narben auf der Haut und Brüche an den Gliedern. So verlieren die Verletzungen, die sich unsereiner bei Unfällen auf diesen Missionsreisen zuzieht, im Vergleich mit den Schlägen, die der Gottesknecht hier abbekommt, jede Bedeutung.

Noch einen Tag warten

Heute morgen waren wir startklar. Aber wieder bearbeitete man uns, auf Seu Bena zu warten, der im Laufe des Tages kommen sollte. Und wieder ließen wir uns überreden und blieben.

Im Vergleich zu dem, was wir bisher zu essen bekommen hatten, gab es in diesen Tagen ein reiches Mahl: Reis und Bohnen, die wir seit zwei Wochen nicht mehr gesehen hatten. Außerdem noch Mandiokamehl mit einer Fischsuppe. Ich war bald gesättigt. Wach oder im Schlaf, träumte ich von den Tafeln meiner Gemeinschaften in Rio de Janeiro und Rio Branco ... Ich träumte etwas Merkwürdiges. Umgeben von römischen Kardinälen, stand ich vor einem Tisch, der mit Nudeln und verschiedenen Sorten Fleisch, Gemüse und Obst beladen war – zum Weihnachtsschmaus ... Offensichtlich rächte sich mein geplagter Magen mit derlei Trugbildern, die Paulus dem »psychischen Menschen« zugeschrieben hätte. So bot sich mir eine gute Gelegenheit, statt seiner den »geistigen Menschen« zu stärken, der nicht von »Essen oder Trinken« lebt, sondern von »Gerechtigkeit, Frieden und Freude im Heiligen Geist« (Röm 14,17).

Auf jeden Fall wage ich anzunehmen, der Patoá-Wein, den wir heute zum zweiten Mal auf unserer Reise tranken, hätte sich auf der Tafel gar nicht so schlecht gemacht!

Die Bibel und ihre Überzeugungskraft

Ich lese und betrachte weiter die Leidensgeschichte nach Markus. Den Text zu lesen ist eine höchst aktuelle Angelegenheit, weil Christus nach wie vor im Körper der Zertretenen dieser Welt leidet. Für mich ist es noch ein Rätsel, warum man nicht häufiger die Leidensgeschichte liest, und zwar sowohl in der offiziellen Liturgie als auch in den Runden der Kirchlichen Basisgemeinden. Warum beschränken wir eigentlich die Leidensgeschichte auf die Karwoche?

Ich bin überrascht, wie leicht sich das Volk überzeugen läßt, wenn man mit der Heiligen Schrift argumentiert. Zu sagen: »Das ist das Wort Gottes«, bedeutet einen apodiktischen, einfach nicht mehr hinterfragbaren Nachweis zu erbringen. Die »Protestanten« wissen darum und zitieren die Bibel auf Schritt und Tritt, wobei sie sie nicht selten total verdrehen. Andererseits hat die Theologie die Begründung aus der Schrift als erstes Argument, das alle Theologie fundiert, immer vertreten. In der Volkspastoral entdecken wir die Kraft des Wortes Gottes wieder.

Während ich Markus las – ab Kapitel 11: die letzten Tage Jesu in Jerusalem –, war ich beeindruckt, wie häufig Jesus gegenüber den Behörden seiner Zeit, die die Schrift gebrauchten und mißbrauchten, sie auch seinerseits zitiert. So zum Beispiel: Mk 11,17; 12,10; 12,26; 12,29; 12,36 wie auch das gesamte Kapitel 13 (die Rede über die Endzeit), das mit biblischen Formulierungen durchwoben ist. Allein in Kapitel 12 haben wir vier Belege aus der Schrift. Der Kampf, den Jesus gegen die Meister seiner Zeit führt, soll auf Waffengleichheit beruhen.

Andererseits hat Jesus weder selbst etwas geschrieben noch jemandem aufgetragen, etwas zu schreiben. Seine Predigt und seine Praxis sind die Ursache aller christlichen Schriften. Die Heilige Schrift ist immer Kristallisationspunkt des Heiligen Wortes. Die Schrift kommt immer erst nach dem Wort.

Historiker und Anthropologen sind der Meinung, die Schrift sei nicht so sehr als Werkzeug der Kommunikation denn vielmehr als Mittel der Herrschaft entstanden. »Der Buchstabe tötet«, sagt Paulus. Und schon Plato weist darauf hin, daß das geschriebene Wort ein »stummer Gesprächspartner ist, der keine Antwort gibt, wenn er gefragt wird«. Für Plato war das Buch eine Herabwürdigung des lebendigen Dialogs. Aus all diesen Gründen läßt sich die Schrift nur innerhalb der Tradition verstehen, die sie hervorgebracht hat und ihr Sinn und Leben gibt.

Gut ist die Schrift, die ein lebendiges und schöpferisches Wort erzeugt. Schlecht ist die Schrift, die nur rabbinische Kommentare produziert. Die Regel lautet: den Geist in und hinter dem Buchstaben aufspüren, ausgehend von der (registrierten) Schrift den (mündlichen) Sinn neu schaffen.

Gewiß kommt es in der Pastoral darauf an, zur Schrift zurückzufinden. Aber wir müssen weiter – durch sie hindurch bis zum ursprunggebenden Wort. Erst dann haben wir eine »geistige« Lesung, mit anderen Worten: eine Lesung des Geistes bzw. des ursprünglichen Sinns, der im Buchstaben wohnt wie das Herz im Körper. Die Schrift ist der Kanal, durch den das Wort Gottes hindurch muß. An sich allein ist sie zuwenig. Wir müssen durch sie hindurch, um bis zu ihrer Wurzel, die der Geist ist, vorzustoßen.

Ist das in unserer Pastoral mit dem Volk nicht unser Bemühen: daß sich die einfachen Menschen die Bibel in schöpferischer Weise wieder aneignen?

Anmerkungen zur Volksreligion

Gerade hat uns Dona Francisca, die Hilfsgemeindeleiterin, erklärt, wie man Zahnschmerzen mit Gesundbeten heilt. Wir hatten uns schon eine ganze Weile über Gesundbeten unterhalten, da bemerkt sie unser Interesse und beschließt, uns das Gebet gegen Zahnschmerzen zu offenbaren. »Aber es muß schon ordentlich wehtun, weil, wenn man bei nicht so starken Schmerzen betet, es wirklich anfängt zu schmerzen, daß man schreit«, erklärt sie voller Überzeugung. »Wenn man betet«, sagt sie, »muß man den Finger auf'n Zahn legen und dann beten:

Die heilige Pelonia
saß auf einem Stein
und hatte Zahnschmerzen.
Da kam die Mutter Gottes und sagte:

Was hast du denn, Pelonia?
Da ging sie hin und antwortete:
Ich hab' so Zahnschmerzen.
Da ging die Mutter Gottes hin und antwortete:
Weil du Glauben hast
an die aufgehende Sonne,
an den untergehenden Mond,
soll es dir nicht mehr weh tun,
weder am Kinn
noch an den Zähnen –
wegen der Mächte Gottes
und der Jungfrau Maria.«

Als ob es sich um liturgische Vorschriften handelte, erklärte sie dann, jetzt müsse man noch drei Vaterunser, drei Gegrüßt-seist-du-Maria, drei Heilige-Maria (sic) und drei Ehre-sei-dem-Vater beten. Das – meint sie abschließend – »ist die Kraft des Gebetes«.

Schließlich bringt sie uns noch bei, wie man beten muß, um »die Röte zu heilen« (Schwellung am Fuß):

»Jesus kam vom Gebirge herab
und traf Peter und Paula (sic).
– Woher kommst du, Peter und Paula (sic)?
– Vom Rom komm' ich her.
– Was ist dort los?
– Da sind viele Leute krank.
– Dann geh nach da zurück, Peter und Paula,
Geh die Röte zu heilen
mit drei Steinen von sauberem Salz,
Zweig vom Berg
und Wasser aus der Quelle.«

Auch hier muß man »drei Vaterunser, drei Gegrüßt-seist-du-Maria, drei Heilige-Maria und drei Ehre-sei-dem-Vater« beten. Die Vorschrift verlangt, daß man ein Gefäß mit Wasser und ein wenig Salz darin bereit hält, ein Zweiglein pflückt und damit die Person besprengt und segnet, während man das Gebet spricht.

Man kann fragen, ob so etwas »funktioniert«. Ich meine: Wenn es nicht funktionierte, hätte das Volk auf derartige Hilfsmittel schon lange verzichtet. Vielleicht kann man sagen, es funktioniere kraft der Suggestion oder einer ähnlichen Mechanik. Und was heißt das? Kann sich die Macht Gottes nicht auch derartiger Wege bedienen? Die mittelalterlichen Theologen sagten: »Gott ist nicht an die Sakramente gebunden.« Das gilt um so mehr, wenn man sieht, mit welch gutem Glauben und welcher Überzeugung die Menschen diese Gesten tun, die genauso einfach und arm sind wie sie selbst. Außerdem handelt es sich um Gesten, die dasselbe bezwecken sollen wie viele Wunder Jesu: heilen, das heißt das Ganzsein des Lebens wiederherstellen.

Die pastorale Frage, die immer bleibt, lautet: Kann die Kirche solche Praktiken übernehmen und sie evangelisieren, will sagen: sie läutern, anreichern und in ihrem Wert anerkennen?

Das Reich Gottes ist nicht nur eine Metapher

Die Lektüre der Leidensgeschichte nach Markus – Gegenstand meiner Meditation in diesen Tagen – zeigt dies: Nicht nur das Leben Jesu, sondern auch sein Sterben stand in enger Verbindung mit Botschaft und Praxis vom Reich Gottes. In der Tat: Jesus wird verurteilt als »König der Juden«, als König des Reiches also, das er verkündete. Merkwürdig: Die Urgemeinde benutzte den Titel »Christ König« nicht weiter, möglicherweise weil er doppeldeutig war und weil die Gegner Jesu ihn für zu kriecherisch hielten. Allerdings hielt sie an dem entsprechenden Begriff »Herr« fest.

»König« und »Herr« sind nicht nur Metaphern. Gewiß: Jesus war kein Politiker im Sinne von Herodes, Pilatus, Theudas oder Judas dem Galiläer. Er war von Grund auf ein Prophet und noch radikaler der, den die Propheten angesagt hatten. Aber als solcher stellte er alles in Frage, einschließlich der Gesellschaftsstrukturen. Vom Reich Gottes aus, das für ihn die »absolute Revolution« war, bezog er sich also auch auf die Gesellschaft mit ihren Revolutionen.

Aus diesem Grund lagen das Synedrium und Pilatus gar nicht ganz falsch, als sie Jesus beseitigten. Das Ganze war kein bares Mißverständnis. Macht täuscht sich selten. Beide spürten, daß ihr Thron wankte. Deshalb sahen sie sich gezwungen, den Propheten der umfassenden Befreiung umzubringen.

So auch die Kirche: Ihr Evangelisierungsauftrag ist weder eigentlich noch direkt politisch, wohl aber umgreift und impliziert er – sozusagen von oben her – die politische Frage.

Und wie damals kann die Macht heute die Kirche nur dadurch an den Pranger bringen, daß sie sie »subversiv« und »kommunistisch« nennt. Das Synhedrium verdammte Jesus als »Gotteslästerer«, Pilatus verurteilte ihn als »Volksaufwiegler« und Prätendent auf die Macht. Macht verfügt eben nur über die besonderen Kategorien des eigenen Rechts. Wer sie irgendwo in Frage stellt, muß von ihr »eingeordnet« werden – ein unübertreffliches Wort, den legalistischen Stumpfsinn der Macht zu beschreiben.

Wir leben in der Christosphäre

In der Leidensgeschichte nach Markus kommt auch die Vorstellung des Leibes Christi als eines Tempels zum Ausdruck: »Ich werde ... einen anderen Tempel errichten, der nicht von Menschenhand gemacht ist« (14,58), und: »Da riß der Vorhang im Tempel von oben bis unten entzwei« (15,38). Der Tod Jesu ist der Tod jedes Tempels, wobei »Tempel« jede Art von Gottesdienst und Religion meint. Die Religion ist fortan Christus und nicht so sehr das Christentum.

Weder die Mystik des Johannes: der aufgeweckte Christus als Tempel, noch die des Paulus: die der *Christosphäre*, in der »wir leben, uns bewegen und sind« (Apg 17,28), wird von uns Christen bewußt gelebt. Näher ist uns die Gegenwart Gottes im allgemeinen, die freilich abstrakt, fleischlos und (im griechischen Sinn des Wortes) geistig bleibt: eine Gegenwart also ohne »materielles« und konkretes Interesse.

Reich scheint mir die Spiritualität des allgegenwärtigen Leibes Christi zu sein, der das ganze Universum umfaßt, die Welt mit seiner Energie erfüllt und ihren absoluten Inhalt, ihr »Pleroma« und ihren Zusammenhalt ausmacht. Teilhard spricht davon unter der Bezeichnung »kosmischer Leib« Christi, den er in den paulinischen Gefangenschaftsbriefen wie auch bei den Kirchenvätern findet.

Ein großartiges, Jesus zugeschriebenes Agraphon (in den schriftlichen Evangelien nicht vorkommendes Wort) lautet: »Heb' den Stein auf, ich bin da! Spalte das Holz, ich bin ihn ihm!« Dieses »Ich« ist weder Gott noch der Geist in einem vagen und allgemeinen Sinn, sondern Christus. Und zwar nicht Christus das Wort, sondern der auferweckte Christus, der österliche und endzeitliche Leib, der »geistige Leib«, der »verherrlichte« Leib, wie Paulus sich ausdrückt.

Die Mystik der kosmischen Verbundenheit paßt nach meiner Einschätzung genau zur Erfahrung unseres Volkes im Urwald. Diese Menschen haben nämlich weder Gotteshäuser noch Gottesdienste. Ihr Tempel kann der Leib des Auferstandenen und ihr Leben eine große Liturgie sein. Und der Urwald mit seinen Bäumen, Blüten, Flüssen, Seen und Tieren – großen wie kleinen – wäre dann hineingenommen in die Christosphäre. Damit bekäme das bescheidene Leben der Gummiarbeiter eine unbedingte Würde, und sie selbst gewönnen ein Gespür für Größe.

Unsere Mission im Rückblick

Den heutigen Nachmittag haben Nieta und ich zu einer Revision oder Auswertung unserer Arbeit in diesen Tagen verwendet.

Aus den positiven Dingen möchte ich über die hier schon genannten hinaus hervorheben, daß uns größere Unfälle erspart geblieben sind: Wir haben nicht im Busch übernachten müssen, sind nicht ernsthaft krank geworden, haben keinen wirklichen Hunger gelitten usw. Immer waren wir gesundheitlich und moralisch in guter Verfassung.

Zu den »weniger positiven« Punkten zähle ich, was ich bereits erwähnte: daß die Gemeinden und ihre Leiter ziemlich schwach sind, daß ihnen kritisches Bewußtsein fehlt, daß sie aus dem Wald wegziehen usf. Betonen aber möchte ich einige andere Dinge, die unser besonderes Augenmerk verdienen.

Erstens: Keiner von uns beiden hatte Erfahrung in der Arbeit in diesem Raum. Es wäre besser gewesen, wenn wenigstens einer Vorkenntnisse von den Gemeinden gehabt hätte.

Ein zweiter Punkt ist, daß wir uns kaum auf das Leben des Volkes, das wir besucht haben, eingelassen haben. Es wäre sehr nützlich gewesen, wenn wir die Menschen bei ihrer täglichen Arbeit und in ihrem täglichen Rhythmus hätten begleiten können: Küche, Fischfang, Jagd, Feldarbeit usw. Hier müssen wir eingestehen, daß unsere physischen und psychischen Kräfte begrenzt sind. Aber diese Grenzen lassen sich mit Einsatz und gutem Wissen erweitern.

Ein dritter Punkt betrifft die fehlende Integration und Koordination bei der Arbeit. Wir haben die Treffen weder *gemeinsam* geplant noch durchgeführt, und zwar weder die Schwester und ich, noch wir und die Gemeindeleiter, noch wir, die Gemeindeleiter und das Volk. Dieser Mangel ist sehr schwerwiegend, weil er zu Dirigismus und Abhängigkeit führt. »Besser, einen Schritt mit tausend als tausend Schritte mit einem zu tun.« Zeitmangel und Effizienzdenken haben uns zu diesem Fehler verleitet. Besonders gilt das natürlich von mir.

20. August, Samstag: Bacia

Letzte Anmerkungen vor dem Aufbruch

Es ist morgens. Gleich brechen wir auf. Gestern abend kam endlich der Gemeindeleiter. Auf seinen vier Lasttieren brachte er allerlei Waren. Ich erkannte sofort, daß seine Geschäfte ihn mehr in Anspruch nehmen als die Gemeinde.

Nachmittags hielten wir zwei Taufen, und am Abend tauften wir noch das Kind von Seu Francisco Cobal, der mit Seu Bena gekommen war. Bei der Gelegenheit erfuhr ich, daß er keineswegs der Gemeindeleiter war, daß der Leiter von Santa Clara vielmehr ein gewisser Seu João oder José war, der aber weggezogen war.

Bei der Taufe empfahl ich nachdrücklich, an den Versammlungen und am Leben der Gemeinde teilzunehmen. Entsprechend den Umständen einer Taufe außerhalb jeder Regel fand die Tauffeier im Hause statt.

21. August, Sonntag, Fest der Aufnahme Marias in den Himmel: zurück in Manoel Urbano

Den Fuß auf die Straße setzen

Genau zu Mittag sind wir heute zurückgekommen.

Gestern morgen waren wir gegen sieben Uhr in Bacia aufgebrochen. Die Reise ging zunächst über einen neu angelegten Pfad bis zur Stellung Pau Ferrado. Dort wohnte ein junges Pärchen. Wir hielten einen Augenblick an, um Wasser zu trinken. Der junge Hausherr strahlte – einfach deshalb, weil wir dort Halt machten. »Ein Segen, daß der Priester und die Schwester in unsere Hütte gekommen sind«, sagte er bewegt und glücklich. Auch bei ihnen seien die Protestanten vorbeigekommen, erzählte er, namentlich Pastor Salomão aus Castelo. Er habe ihn aber nicht hereingelassen. Wie üblich unterhielt sich Nieta mit der Hausfrau in der Küche, während der junge Mann und ich auf Kisten im Aufenthaltsraum saßen.

Mittags rasteten wir in der Stellung Buretama, eine Stunde von der Bundesstraße entfernt. Wir aßen zwei grüne, harte Papaias, solchen Hunger hatten wir. Als wir weiter wollten, tischte die Frau noch ein Wildgericht auf, das sie ohne unser Wissen hergerichtet hatte. Ein Genuß, selbst mit dem ewigen Mandiokamehl.

Gegen halb zwei stießen wir auf die Bundesstraße von Rio Branco nach Feijó. Wir setzten den Fuß auf die Straße. Die Sonne brannte erbarmungslos, und wir schwitzten wie Tiere.

Zu dieser Jahreszeit ist die (unbefestigte) Straße eine bunte Kette aus Strecken voller Löcher und besseren Stücken. Überall ist sie von Unkraut und Gestrüpp bewachsen, nur in der Mitte gibt sie einen schmalen Weg frei. Darauf bewegen sich in Serpentinen, auf der Suche nach den sichersten Stellen, Mensch und Tier.

Jedes Jahr zu dieser Zeit läßt die Regierung die Straße mit Maschinen ebnen. Drei bis vier Monate ist sie dann für Autos befahrbar. Danach fällt sie wieder der Vegetation anheim, die sich ihrer bemächtigt, der Erosion durch den Regen und dem Trampeln der Tiere, die ebenfalls für Löcher sorgen. Auf den schlechtesten Strecken muß man auf die Spitzen der Erdkegel treten, die vom Tritt der Lasttiere herrühren und steinhart sind.

Die Armen: Neue Subjekte von Kirche und Gesellschaft

Den ersten Halt machten wir unterwegs bei Dona Joana, die Hilfsgemeindeleiterin ist. Aber wir trafen nur drei kleine Töchter an. Die gaben uns Wasser zu trinken, wir hatten einen Mordsdurst. Dann riefen sie die Mutter, die auf dem Feld war. Schon nach wenigen Minuten war sie da, halb glücklich, halb schüchtern und überraschend gut gekleidet. Eines der Kinder hatte ihr von zu Hause ein sauberes Kleid gebracht. Sie entschuldigte sich uns keinen Kaffee anbieten zu können, es gebe im Augenblick keinen Kaffee. Also bot sie uns ein zweites Mal Wasser an; wir tranken. Die Unterhaltung dauerte nicht sehr lange, und wir machten uns wieder auf den Weg. Denn wir wollten noch am selben Tag – und wäre es auch erst um Mitternacht – in Manoel Urbano sein.

Während des Marsches, für den wir jetzt keinen Führer mehr brauchten, unterhielten Nieta und ich uns darüber, wen Gott als seine Amtsträger auswählte. Diese arme Frau war eine Apostolin, eine Dienerin des Wortes, eine Trägerin von Kirchlichkeit. Wie sie uns, wenn auch nur mit Wasser, aber mit großer Liebenswürdigkeit und Menschlichkeit begrüßte, war sicherlich edelmütiger als ein Empfang bei manchen Damen aus dem Bürgertum, die mit Whisky und Kaviar aufwarten. Das unauslotbare Geheimnis des Reiches sprießt im verborgenen Herzen dieses bescheidenen und fruchtbaren Landes. Die Armen sind die hauptsächlichen Subjekte des Reiches Gottes.

In diesen Analphabeten und Namenlosen, die alles hergeben für die Sache des Evangeliums wie auch ihrer Brüder und Schwestern, die arm sind wie sie selbst, lebt das neue Volk Gottes, die Kirche Jesu Christi.

Anderswo die Kirche zu suchen hat kaum Zweck. Von hier aus haben wir uns dem Geheimnis der Kirche zu nähern: von der Tatsache, daß Menschen dieses Schlages anfangen, sich zusammenzutun, gemeinsam das Wort hören, beten, singen, von ihrem Leben sprechen und sich vereint auf den Weg machen. Die Armen sind die neuen Subjekte der Kirche.

Niemand kann wissen, was im Laufe der Geschichte aus so einer Gemeinde wird, wie sie auf die Ausbeutung wird reagieren und wie sie wird kämpfen können. Denn die Erfahrung zeigt, daß immer, wenn Menschen sich zusammenfinden, um zu denken, zu reden und zu handeln, eine Dynamik frei wird, die mit der Zeit nicht ohne Früchte bleibt. Ein Potential und eine Kraftquelle werden aktiviert, aus denen wirksame Veränderungspraxis entstehen kann. So wird klar ersichtlich, daß das Volk weder unwissend noch inaktiv ist, sondern daß man es einfach daran gehindert und ihm verboten hat, zu reden und zu handeln.

Die Methode der Kirchlichen Basisgemeinden, Evangelium und Leben systematisch miteinander in Verbindung zu bringen, birgt eine Fülle geschichtlicher Konsequenzen in sich. Das haben auch die Gutsbesitzer hier erkannt, die auf ihren Ländereien keine Gemeinden wollen. Wenn das Volk zusammenkommt und frei über seine Probleme reden kann, ist es immer kreativ. Wenn es um konkrete Fragen geht, braucht der Leiter keine fertigen Lösungen zu liefern, sondern er muß nur die Menschen zusammenrufen und dem Wort freien Lauf lassen. Dann passiert immer etwas, und oft sehr Überraschendes. Die Armen sind die eigentlichen Träger und Subjekte der Geschichte.

Als wir nach Macapá, am Kilometerstein 27, kamen, trafen wir eine weitere Gemeindeleiterin: Raimundinha. Sie und ihr Mann sind ein hübsches Paar. Sie luden uns ein, die Nacht bei ihnen zu verbringen, aber wir wollten weiter.

Später erfuhren wir, daß kurz darauf Schwester Otacília und Mariazinha, die ebenfalls von einer Mission zurückkamen, im selben Haus eingekehrt waren. Obwohl sie versuchten, uns einzuholen, hatten sie kein Glück. Wie sollten sie auch! Bei dem Schritt, mit dem Nieta und ich den – zugegeben hundsüblen – Weg hinter uns brachten.

Von sieben bis sieben auf den Beinen

Zum Übernachten blieben wir bei Seu Marcos Ribeiro, Händler und Ehemann von Dona Joana, die ihrerseits die Gemeinde hier leitet. Also auch hier ein Kaufmann.

Um sieben Uhr kamen wir dort an. Dunkel war es schon seit halb sechs Uhr. Aber wir hatten einen herrlichen zunehmenden Mond, der gerade auf der Höhe eines Viertels des Himmels zwischen Horizont und Zenit stand und der uns den Weg voraus erleuchtete. Eigentlich hatten wir vorgehabt, bis nach Hause zu kommen, selbst wenn wir im Mondschein hätten laufen müssen. Aber zu dieser Zeit waren wir schon an die zwölf Stunden auf den Beinen, von sieben bis sieben. Nach all dem Springen von einem Erdkegel zum anderen hielten es die Füße einfach nicht mehr aus. Die Beine wollten nicht mehr. Dabei hatte ich am rechten Fuß einen Schuh, am linken, der mit einem Taschentuch verbunden war, aber nur eine leichte Sandale. Der kleine Zeh, mit dem ich irgendwo angestoßen war, wollte noch nicht heilen.

Also blieben wir bei Dona Joana. Wir badeten auf der anderen Seite der Straße. Zum Abendessen gab es Piranha-Fisch, der übrigens ausgezeichnet schmeckte. Und dann ging's in die Hängematte. In solchen Augenblicken erweist sich die Hängematte für den erschöpften Körper als dermaßen sensationell (im wörtlichen Sinn), das man ihrem Erfinder ein Denkmal setzen möchte ...

Ab halb drei Uhr wurde es wie immer empfindlich kühl. Keiner konnte mehr schlafen. Der eine hustete, der andere stand auf, zwei unterhielten sich, ein paar dösten vor sich hin, alle warteten auf den Morgen. Um fünf Uhr standen wir auf, um sechs ging es weiter – zum Endspurt.

Nach zwei Kilometern sahen wir am Ende der Straße die große, schöne Sonntags-Sonne aufgehen – »Herr Bruder Sonnenball«, wie Franziskus gesagt hätte.

Ein archaisches, biblisches Ritual

Um neun Uhr machten wir bei Dona Neném Halt, der vierten Gemeindeleiterin, auf die wir längs der Bundesstraße stießen.

Dona Neném bot uns frisch gemolkene, noch kuhwarme Milch an. Mir fiel meine Kindheit ein, als ich noch selbst die Kuh molk und gern sofort ein Glas der weißen, warmen und schäumenden Flüssigkeit schlürfte.

Dann brachte Dona Neném eine Schüssel dicke Milch auf den Tisch. Die Kelle gab sie mir. Als ich die blütenweiße weiche Masse verteilte, hatte ich ein Empfinden von unbeschreiblicher Lebendigkeit, Reinheit und Kraft. Unwillkürlich mußte ich an Abraham denken, der seinen drei göttlichen Gästen auch dicke Milch und frische Milch anbot (Gen 18,8). In diesem Augenblick vollzogen wir einen uralten Ritus. Ich bediente mich zweimal, so edel und köstlich schmeckte die dicke Milch! Und das nicht ohne Grund: sie war das erste, was wir an dem Morgen aßen.

Archaische Erfahrungen dieser Art machen wir in unserer industriellen und städtischen Kultur, in der alles fertig, verpackt und voller chemischer Zusätze, Farbstoffe und anderer Drogen ist, sonst kaum noch.

Unsere Liebe Frau von der Herrlichkeit ist wie eine Buschläuferin

Dona Neném lud uns zur Versammlung der Gemeinde ein, die gerade beginnen sollte.

Gelesen wurden die Texte vom Tage, vom Fest der Aufnahme Marias in den Himmel. Anwesend waren etwa zehn Erwachsene und, wie immer, viele Kinder.

Die Lesung vom Besuch Marias bei Elisabet zeigte, daß Maria eine einfache Frau aus dem Volk ist. Das Magnifikat, das ja Teil dieses Textes ist, war Anlaß für uns, darüber nachzudenken, daß Maria von Nazaret eine prophetische, bewußte und befreiende Frau ist.

Das Kapitel 12 der Offenbarung des Johannes bringt gut zum Ausdruck, wie einfache Menschen Unsere Liebe Frau von der Herrlichkeit gern dargestellt sehen: schön, prächtig, strahlend. Das Band, das die beiden Mariengestalten – Maria von Nazaret und Unsere Liebe Frau von der Herrlichkeit – zusammenhält, ist klar: Nur der Weg des demütigen Dienstes führt zum Triumph. Eine Lehre auch für uns.

Bei dem sich anschließenden Gespräch entwickelten wir das Bild des Buschläufers. Das ist jemand, der im Urwald vorangeht und den anderen den Weg öffnet. So verhält es sich auch mit unserer in den Himmel aufgenommenen Lieben Frau: Sie geht voraus, um ihren Söhnen und Töchtern den Weg zu bahnen. Damit ist sie so etwas wie eine Buschläuferin. Aber erst nach Jesus Christus. Sie ist die erste nach ihm, er ist »der Erstgeborene der ganzen Schöpfung« (Kol 1,15).

In Wirklichkeit sprachen jedoch Schwester Nieta und ich mehr, als daß wir einen Dialog geführt hätten. Wenn die Schwester oder der Priester dabei ist, stellen sich die Leute spontan auf Hören ein. Erst mit der Zeit fassen sie Vertrauen, verlieren die Angst und fangen an zu reden.

Noch heute frage ich mich, ob man bei solch flüchtigen Begegnungen wirklich der Erwartung der Menschen entsprechen soll oder ob es nicht pädagogisch klüger wäre, sie zu frustrieren, damit sie sich veranlaßt fühlen, endlich zu sagen, was sie zu sagen haben. Dieser zweite Weg scheint mir gangbar zu sein für Leute, die ständig mit dem Volk arbeiten. Bei Leuten jedoch, die nur selten oder zufällig zu Besuchen vorbeikommen, habe ich meine Zweifel. Da empfiehlt sich vielleicht ein massiveres Auftreten. *Salvo meliori iudicio*, ein besseres Urteil bleibt vorbehalten.

Die Gemeinden sind apostolisch

Dona Neném kann nicht lesen. Doch ist sie für die Versammlungen der Gemeinde verantwortlich. Ich frage sie, was sie denn da tun. »Wir singen, beten das Vaterunser und Gegrüßt-seist-du-Maria, halten Fürbitten und so weiter«, antwortete sie.

Ich entdeckte, daß sie eine bewegliche und intelligente Frau war. Besonders aufgrund der Beiträge zu den Lesungen fiel mir das auf.

Aktiv wie sie ist, besitzen sie und ihr Mann einen kleinen sorgfältig gepflegten Bauernhof, auf dem es Milch in Hülle und Fülle gibt. Aber sie haben nur ein Kind, das Dona Neném dank eines »Gelübdes zum heiligen Franz von den Wundmalen« bekam. Neném stammt aus dem Bundesstaat Ceará.[9]

Die Frau gefiel mir. Sie war sehr glücklich darüber, daß wir an der Versammlung teilnahmen. Zwar kamen wir dadurch erst später in Manoel Urbano an. Aber das war nicht so wichtig, wichtig war die Versammlung der Gemeinde.

Als wir ein Stück des Weges gegangen waren, begegneten wir zwei Männern, die uns den Wohnort der fünften Gemeindeleiterin längs der Bundesstraße angaben: »Am Eingang des Hohlweges nach Manoel Urbano. Dort trifft sich die Gemeinde. Wir holen eine Kuh ab, und auf dem Rückweg gehen wir zur Versammlung.«

Das war eine neue Art von Christen – mit einer neuen Sprache. Hier redet man von Gemeinde und Versammlung. Eine neue Kirche ist im Entstehen, die näher am Volk, die einfacher, biblischer und apostolischer ist.

Ist denn die Kirche ihrem ganzen Wesen nach nicht apostolisch? Und verwirklicht jede kirchliche Gemeinde – als Zelle von Kirche, als Kirche an der Basis, als »Zellkirche« – nicht auf ihre Weise dieses Merkmal? Die Kirchlichen Basisgemeinden bereichern das Merkmal der Apostolizität, indem sie ein Christentum leben, das ganz dicht an die Kirche der Apostel, an die Gemeinde in Jerusalem heranführt. Und der Weg dahin besteht in den Versammlungen, im Lesen des Wortes, im gemeinsamen Gebet, im Teilen dessen, was die einzelnen besitzen, und im Bemühen um die Veränderung der Welt (vgl. Apg 2 und 4).

Damit besteht der apostolische Charakter der Kirche nicht nur in der ununterbrochenen Folge der Sendung und der Autorität, sondern auch und vor allem im Lebensstil und in der Art des Kircheseins, was uns ja gerade die ersten Kapitel der Apostelgeschichte schildern.

Und dann haben wir auch zu bedenken, daß Maria, die die Mutter

Jesu und heute Unsere Liebe Frau von der Herrlichkeit ist, zur Urgemeinde gehörte, die ihrerseits Modell für alle anderen Gemeinden ist. Maria war Teil der Gemeinde der Christen. Sie ist Vorbild für die ganze Kirche!

22. August, Montag: Manoel Urbano
Arbeit auf dem Feld

Heute nachmittag gingen wir aufs Feld, um Bohnen zu ernten: die Schwestern und ich – zusammen mit Dona Olímpia.

Die Sonne brannte, und die Meruim-Moskitos stachen wie wild. Im Unterschied zu den Pium-Moskitos hinterlassen die Stiche dieser Tierchen keine sichtbaren Stellen, sondern jucken nur.

Das Feld ist einen Kilometer von hier entfernt. Zusammen ernteten wir einen großen Sack Bohnen. Dann pflückten wir noch einige Papaias, die reif waren, und gruben etwas Macaxeira aus.

Alle waren wir bepackt, als wir heimkehrten. Als ich klein war, trug Mama uns alle jedes Mal ganz genauso – und dazu noch Holz, Gras und Gemüse. »Sie kommen wieder mit Jubel und bringen ihre Garben ein« (Ps 126,6).

Bei Dona Olímpia wurden die Sachen verteilt. Wir bekamen etwas Bohnen, ein halbes Dutzend Papaias und die gesamte Macaxeira.

Auf dem Heimweg kamen wir an zwei Landarbeitern vorbei, die mit großen Messern das Unkraut abschlugen. Sie wundern sich, einen Priester und Ordensfrauen bei der Feldarbeit zu sehen. »Das ist was für uns Landarbeiter, Herr Pfarrer!« rufen sie uns von weitem zu. Ich antworte mit irgendeinem Scherz, während wir weitergehen. Doch frage ich mich, was in diesen Hinterwäldlerköpfen wohl vor sich gehen mag, während die Männer schweißgebadet links und rechts mit kraftvollen Schlägen gegen Gras und Unkraut kämpfen.

Es gibt jedenfalls Haken, an denen in der Seele des Volkes uralte mentale Bilder hängen. Die beiden Landarbeiter haben jetzt erfahren, daß auch Priester und Ordensfrauen gut aufs Feld gehen können. So gewinnt die Feldarbeit an Würde. Die Schwestern gehen hier in der Regel mit dem Volk aufs Feld, um Reis, Bohnen, Macaxeira und anderes mehr zu säen bzw. zu pflanzen und zu ernten.

Auf dem Heimweg – ich mit dem Sack Bohnen auf dem Rücken – scherzte Schwester Ota mit mir: »Vorlesungen an der Universität halten ist doch was anderes, nicht wahr?« Aber der Eindruck des Kontrastes, der sich da zeigt, ist durchaus nicht natürlich. Vielmehr handelt es sich um einen kulturellen Kunstgriff und damit um Willkür. Unsere

Kultur schätzt den Intellektuellen höher und den manuell Tätigen niedriger ein. Diese geschichtlich gewordene Situation kann nicht so bleiben, weil sie anormal und pathologisch ist. Ein Mensch muß mit derselben Kompetenz Bohnen ernten wie wissenschaftlich forschen, Papaias transportieren wie Bücher wälzen können.

Arbeit ist mehr als Produktion

Mir fällt ein, daß ich mich schon mehr als einmal gefragt habe, was – auch bei Marx – der Unterschied zwischen Produktion und Arbeit sei. Jetzt merke ich, daß er unendlich groß ist.

Arbeiten ist viel mehr als Produzieren. Arbeit setzt ein Verhältnis zu den Menschen, zu Grund und Boden und zu den Dingen voraus und beinhaltet wesentlich mehr als ein rein wirtschaftliches Interesse. Dieses ist mit seiner Gewichtigkeit und seiner Verschwiegenheit zwar auch immer da, ist aber nicht alles.

Ein Beispiel: Der abendliche Sonnenuntergang, der Schatten des Waldes, der Erde und Luft Kühlung verschaffte, der Gesang der Vögel am Ende des Tages ... alles das floß in unsere menschliche Erfahrung von Arbeit mit ein. Bei der Beschreibung von Produktion jedoch spielt das alles keine Rolle. Arbeit ist eine ganzheitliche – körperliche und geistige – Erfahrung. Wenn sie einerseits Sachen erzeugt, erzeugt sie andererseits auch den Menschen selbst als Menschen. Arbeit ist Selbsterzeugung. So hat Hegel definiert. Marx und auch Johannes Paul II. mit seiner Enzyklika *Laborem exercens* haben diese Bestimmung wiederholt.

In demselben Interesse lauschte ich, während wir die Bohnen pflückten, dem Gespräch Schwester Otacílias und Dona Olímpias. Da wird einem bewußt, daß in der Arbeit so viel an Spontaneität und Freiheit steckt, daß einem die Dinge mühelos von der Hand zu gehen scheinen. Bei der Arbeit kommt einem die Wirklichkeit von Mensch und Welt geradezu wie in sprudelnden Wasserbächen zu Bewußtsein.

Dies ist auch der Grund, weshalb der Arbeiter leichter die Widersprüche in der Gesellschaft versteht als jemand, der kein Arbeiter ist. Aus diesem Grund muß ein Pastoralträger oder Sozialarbeiter, der das Volk und sein Leben wirklich verstehen will, dorthin gehen, wo die Menschen arbeiten. Dort ist der privilegierte Ort, der Aussichtsturm sozusagen, von dem aus man das Leben des Volkes erfaßt. Und zwar sowohl durch das, was dort geredet, als auch durch das, was dort gelebt wird.

23. August, Dienstag: Manoel Urbano

Sind unsere Gemeindeleiter auch Nachfolger der Apostel?

Bei der Messe heute abend waren schon einige Gemeindeleiter, die zu der Schulung, die morgen beginnen soll, gekommen waren.

Gemeinsam meditierten wir über das heutige Fest: des heiligen Bartholomäus, Apostels und Märtyrers. Ich erzähle der Gemeinde, daß der Überlieferung zufolge der Apostel Bartholomäus Indien evangelisiert habe und dort als Märtyrer gestorben sei. Man habe ihn buchstäblich enthäutet. Gummiarbeiter wissen, was das bedeutet, weil sie ja oft genug selbst gejagtes Wild enthäuten. Die Darstellung unseres Märtyrers auf den Wandgemälden des Jüngsten Gerichtes in der Sixtinischen Kapelle und seine große Statue im Kreis der anderen Apostel in der Lateranbasilika zeigen ihn, wie er seine eigene Haut in den Händen trägt. Ein kraftvolles Bild für das, was es bedeutet, für Evangelium und Volk »seine Haut zu Markte zu tragen«.

Wir dachten darüber nach, wer heute die Nachfolger der Apostel und damit die Basis – das Postament sozusagen – der Kirche seien. Im übrigen hörten wir in der ersten Lesung aus Offb 21, daß die zwölf Grundsteine der Mauer der Heiligen Stadt die Namen der zwölf Apostel des Lammes trügen.

Die Nachfolger der Apostel sind – gewiß – die Bischöfe und die Priester. Aber auch die Schwestern. Auch unsere Gemeindeleiter. Warum? Weil ja auch die Gemeindeleiter den Auftrag der Apostel weiterführen: das Wort Gottes zu predigen und die Kirche zu gründen, indem sie Gemeinden schaffen und verlebendigen.

Angesichts solch hoher Wertschätzung und solch großen Auftrags war der Glanz in den Augen der Gemeindeleiter unübersehbar.

***Materia Mater* – Mutter Materie**

Am späten Nachmittag haben wir heute im Purus gebadet. Klares Wasser in einem sandigen, goldenen Flußbett. Herrlich!

In die Natur eintauchen: in Wasser, in heißen Sand, in die Luft – auch wenn sie voll von Pium-Moskitos ist –, schafft Körper und Seele neu. Die Materie ist unsere Mutter – die »heilige Materie« (Teilhard de Chardin).

In der Tat: »Der Mensch ist nur Mensch, wenn er spielt« (Schiller).

Die Geschichte von der Peripherie der Peripherie der Geschichte aus betrachtet

Ich las die Zeitungen, die Frei Heitor uns aus Sena Madureira geschickt hatte. Drei Wochen hatte ich keinen Kontakt mit der »Welt der Geschichte« gehabt.

Neues? Die alte Leier wie immer: Internationaler Währungsfonds (IWF) und der Rest. Fast möchte ich Léon Bloy recht geben, der sagt: »Wenn ich das Neueste erfahren will, lese ich Paulus.«

Ich frage mich, was die ganze Geschichte von IWF und Regierungspolitik für dieses Volk und seine Produktionsweise bringt. Die Menschen hier haben eine andere Wirtschaftsform: Subsistenzwirtschaft, »unsichtbare«, »informelle« oder »versteckte« Wirtschaft nennen das die Fachleute. Das Volk hier ist verhältnismäßig autonom, wenigstens scheint es so.

Gleichwohl rührt der IWF an ihr Leben, ob sie darum wissen oder nicht. Die Entscheidungen, die in New York getroffen werden, wirken sich in Brasília aus, reichen bis nach Rio Branco und schlagen sich in Manoel Urbano nieder. Wir leben, ob wir es zur Kenntnis nehmen oder nicht, in einer einzigen Welt, besonders was das Wirtschaftssystem anlangt – in einem Spinnennetz, das uns alle umgarnt.

Aber besteht die Unmoral nicht gerade darin, daß Menschen wie *Objekte* behandelt werden? Das aber bekommt man hier an der Peripherie der Peripherie zu spüren. Nie werden sie als *Subjekte* anerkannt. Immer nur wird mit ihnen gehandelt, nie handeln sie. Sie sind die Opfer von Entscheidungen von oben, nie entscheiden sie. Ein paar wenige geben sich als Komplizen her.

Wer aber seine Mitmenschen als Objekte behandelt – und sei es zu ihrem Wohl –, entwürdigt, ja haßt sie. Seinen Mitmenschen lieben heißt doch: ihn als Subjekt, als freies, bewußtes und verantwortliches Wesen lieben, das sein Leben selbst gestalten, Entscheidungen treffen, sich schöpferisch betätigen und wachsen kann.

Was wir aber erleben, ist, daß Menschen zu Sachen herabgesetzt werden. In Brasilien sind wir mehr als hundert Millionen nicht Einwohner, sondern Sachen. So behandeln jedenfalls die sogenannten »Verantwortlichen« der Nation, die Kapitalisten und ihre Lakaien in der Regierung, das Volk. Nirgends spürt man das besser als hier, obgleich auf unterer Ebene die gesellschaftlichen Beziehungen noch immer in beachtlichem Maße von Menschlichkeit geprägt sind.

Dasselbe passiert aber auch häufig in der Kirche. Auch in der Kirche werden Menschen als Objekte von Liebe, Befreiung und Evangelisierung behandelt. Jesus dagegen ist nie mit jemandem so umgegangen. Immer hat er Glauben verlangt, und Glauben war persönliche Entscheidung, wie Bultmann betont. »Jesus war der Führer wach gewordener Menschen«, sagte mir der Theaterfachmann Plínio Marcos, als wir uns vor kurzem im Juni zum ersten Mal sahen. Auch die Legende vom Großinquisitor von Dostojewskij schildert auf bewundernswerte Weise, daß Liebe die Freiheit des anderen und nicht sein oder unser Glück fördert.

Der Tod von Alceu Amoroso Lima, hier in der Wildnis bedacht

Erst jetzt, beim Lesen der alten Zeitungen, erfahre ich, daß Alceu Amoroso Lima[10] am 14. August 1983 verstorben ist. Ich lese, daß sein Tod die gesamte Intelligenz Brasiliens, von rechts bis links, gläubig und nichtgläubig, zu Kondolenzbekundungen bewegt hat. Man nennt ihn die ausdrucksstärkste Gestalt im Bereich der Kultur, die Brasilien in seiner gesamten Geschichte je aufzuweisen gehabt hat.

Ich denke daran, daß ich ihn persönlich erst kennengelernt habe, als ich ihn mit meinem Bruder Frei Leonardo an einem Freitag im Santa-Teresa-Krankenhaus in Petrópolis besuchte. Einen Monat vor seinem Tod.

Amoroso Lima war erfreut über das, was wir über das Treffen der Kirchlichen Basisgemeinden in Canindé zu berichten wußten.[11] Er wirkte wie ein junger Mann. Er empfahl uns, einen Artikel für das ›Jornal do Brasil‹ zu schreiben, fügte aber sogleich hinzu: »Ich weiß, daß die Zeitung von eurer Arbeit offensichtlich nichts hält.«[12]

Alceu Amoroso Lima war ein außergewöhnlich vornehmer und mutiger Mensch, Humanist und Christ. Vielleicht war sein Denken nicht sehr originell, reich oder provozierend. Dafür aber war er, was wichtiger als alles andere ist: ein kritischer und prophetischer Kämpfer, der sein Leben lang offen war für das Neue und die Zukunft. Das ist es, was er mitnimmt und was er hinterläßt.

24. August, Mittwoch: Manoel Urbano Nachträgliche Eindrücke: der kulturelle Abstand

Während der ganzen Zeit, in der ich durch diese Gummiwälder unterwegs war und mir meine Anmerkungen machte, ließ mich das Gefühl einer gewissen Verlegenheit nicht los. Was bringt es, inmitten eines Volkes, das nicht lesen kann, zu Feder und Papier zu greifen?

Nicht ohne Grund schauten die Leute dem »Herrn Pfarrer« beim

Schreiben argwöhnisch zu, wobei sie mehr das technische Geschick des Schreibenden als den Inhalt des Geschriebenen bewunderten. »Im Nu hat er so ein Blatt voll«, sagten sie lachend zueinander.

Der Beobachter wird beobachtet! In dem Augenblick erweckte ich den Eindruck, ein Fremder, ein Neugieriger, ja ein Exot zu sein – wenn auch in der Position des Überlegenen.

Daß du schreiben kannst, entfernt dich von der Welt dieser Menschen, weist dir eine Position außerhalb ihres Universums zu, die exogene Stellung des Intellektuellen. Du gehörst eben nicht zu ihnen. Das ist die Wirklichkeit!

Zu dieser Beklommenheit kommt noch ein anderes Problem hinzu: der persönliche und impressionistische Ton meines Berichtes. Hinter jeder Beobachtung oder Idee steht ein bestimmtes Ich. Auch das verursacht bei mir ein Unbehagen – und eine gewisse Scham. Und zwar um so mehr, als dieses Ich das eines Intellektuellen ist, der studiert hat, Professor ist und Bücher schreibt.

Gehört das vielleicht in den Bereich des *pudendum*? Nein, gewiß nicht. Aber warum räumt man dann dem Intellektuellen nach wie vor all die Privilegien ein?

Wenn hinter dem, was hier gesagt wird, wirklich ein Interesse steht, liegt dann der Grund bloß darin, daß es sich um einen Intellektuellen handelt, der einige Tage unter dem Volk verbracht hat? In der Tat: ein Gummiarbeiter hätte nicht das geringste Interesse daran, das festzuhalten, was hier festgehalten wird. Denn das ist doch sein eigenes Leben, ein prosaisches Leben, ohne irgendeinen Anflug theologischer Poesie.

So fühle ich mich denn auch wie eine Art Astronaut, der, um auf einem anderen Planeten landen zu können, in seinem Weltraumanzug alle Lebensbedingungen seines Heimatplaneten dabei haben muß.

Ein Trost ist nur, daß man diesen unerträglichen kulturellen Abstand zum Mittel des Dienstes, der Erhebung und des Lebens des anderen machen kann.

6. September, Dienstag: Rio Branco
Malariataufe

Anscheinend ist die »Entpflichtung« noch immer nicht zu Ende. Am vergangenen Mittwoch, dem 31. August, kam ich völlig erschöpft aus der Stadt nach Hause zurück: Kopfschmerzen, Stiche in der rechten Gehirnhälfte, Fieber, Schüttelfrost und ein allgemeines Unwohlsein.

Ohne Mittagessen lege ich mich ins Bett. Gegen Abend steigt das Fieber auf 39 Grad. Ich argwöhne: Malaria, und lasse mich ins Krankenhaus bringen. Die Blutuntersuchung gibt meiner Vermutung recht: *Malaria vivax*, die gängigste und mildeste Art von Malaria.

Eine Woche bleibe ich im Krankenhaus. Gestern bin ich gesund nach Hause gekommen. Man sagt, es gebe Folgen, weil man sein Leben lang den Virus in sich trage. Bei der *Malaria vivax* ist das aber nicht immer so.

Noch im Krankenhaus erhalte ich zwei wenig erfreuliche Nachrichten. Die erste: Meine Begleiterin auf der Missionsreise, Schwester Nieta, hat sich auch Malaria gefangen. Aber sie ist mutiger gewesen und hat sich zu Hause hingelegt.

Die zweite: Zur Schulung in Manoel Urbano sind aus unserem Gebiet nur Dona Joana (aus Depósito) und Antônio (aus Timorantes in der Nähe von Bacia) gekommen.

Ich bin enttäuscht, da ich mit mindestens fünf Leuten gerechnet hatte: Dona Joana, Raimundo Nonato, Neném Ponte, Esmeraldo und Bena. Wohl nie werden wir das Volk verstehen ... Wie werden sie jetzt, ohne richtig dafür ausgebildet zu sein, die Versammlungen halten und so die ganze Gemeinde voranbringen können?

Die *plantatio ecclesiae*, die Einpflanzung der Kirche, ist doch ein schwieriges Unterfangen!

Trotzdem bleibt zu hoffen, daß die geheimnisvolle Logik von Kreuz und Auferstehung allen Schmerz und Tod in göttliche Freude und göttliches Leben verwandelt.

IV
Kirchliche Basisgemeinden: Volk der Apokalypse

28. Oktober, Freitag

Die Apokalypse – ein Buch des Volkes

Inzwischen bin ich in Xapuri. Hier soll ich bei einer fünftägigen Schulung für Gemeindeleiter, Katechisten und andere Amtsträger helfen.

Die ersten drei Tage habe ich zu bestreiten. Ich soll die Apokalypse, die Offenbarung des Johannes, bearbeiten und den Leuten die Hauptkapitel etwas gründlicher vermitteln. Das Buch wird in den Basisgruppen nämlich viel gelesen. In der Tat ist es nur für Menschen, die nicht die wichtigsten Schlüssel zu seiner Deutung kennen, eine schwierige Schrift. An sich handelt es sich, wie ich heute den Gemeindeleitern erklärt habe, um ein Buch, das durch drei Hauptmerkmale gekennzeichnet ist; und gerade die machen es in den Gemeinden so beliebt.

1. Die Offenbarung ist ein Buch von *Verfolgten*. Sie spricht davon, daß das Volk Gottes von dem Untier und seinen Gefolgsleuten unterdrückt, zerfleischt und blutig gequält wird. Aber es beugt sich nicht, sondern hält am Glauben und an der Hoffnung auf den Sieg fest. Und der ist gerade gekommen. Daher hallt durch die Schrift eine ungeheure Freude und ein vielstimmiges Alleluja, während das Blut fließt.

2. Die Offenbarung ist ein Buch des *einfachen Volkes*. Vor allem wegen seiner bildhaften Sprache. Eine Vielzahl herrlicher Gestalten tritt da auf – in menschlichem Gewand: der Menschensohn, die schwangere Frau, die Engel; aber auch in der Form von Tieren: der Drache, das Untier, die vier unheilvollen Pferde. Die Leute sind ganz »verrückt« darauf, zu sehen, wie diese ganze phantastische Tierwelt durch die Welt und durch die Luft zieht und wie die Figuren der Herrlichkeit am Himmel erscheinen und auf die Erde herabkommen.

3. Schließlich ist die Offenbarung ein *politisches* Buch. Kollektive Kräfte sind da am Werk. Das ganze Volk Gottes wie die ganze Gesellschaft kommen in Bewegung. Übrigens ist die Apokalypse das einzige Buch des Neuen Testaments, das die Geschichte auf systematische Weise politisch versteht. Aus diesem Grund eignet es sich ausgezeichnet dafür, die Gemeinden für die politischen Dimensionen von Glau-

ben und Kirche in der Welt zu öffnen. Es gibt keine bessere und eindringlichere christliche Einführung in die Politik als die Offenbarung des Johannes. Das habe ich schon viele Male erfahren – jedesmal nämlich, wenn ich für Gemeinden, die den Wunsch hatten, einen Kurs über dieses Buch geben sollte. Seine heuristische Kraft (die die Widersprüche unserer Gesellschaft aufdeckt und verdeutlicht) und seine ethisch-kritische Dynamik (die die in Form von Tieren auftretenden Unrechtsstrukturen moralisch entlarvt) sind unvergleichlich. Selbstverständlich entbindet uns das nicht von der Pflicht zur rationalen Analyse und zur konkreten Strategie, sondern eröffnet gewaltige Möglichkeiten dazu.

»Wer sind diese . . ., und woher kommen sie?« (Offb 7,13)

Am ersten Abend (Donnerstag) stellten sich die Teilnehmer vor. Was mich betroffen gemacht hat, habe ich festgehalten:

– Clóvis erzählt, er habe drei Tage »zu Füßen« (so redet das Volk hier) gebraucht, um hierher zu kommen. Aber: »Gott sei Dank bin ich heil angekommen und freue mich, dazusein«, schließt er.

– Die Gemeinde Santa Luzia, für die Pedro verantwortlich ist, hat nicht weniger als vier Leiter. Sie bilden die Koordinationsgruppe, die das ganze Leben der Gruppe organisiert. Darüber hinaus gibt es in Santa Luzia noch Katechisten.

– Ein Gemeindeleiter, siebzehn Jahre jung, steht auf und sagt: »Der Priester und die Schwester haben mich zum Gemeindeleiter gemacht, und ich weiß nicht mal, was das ist.« Aber, meint er, er sei gekommen, um zu lernen. »Gar nicht so schlecht«, denke ich.

– Elzira, über vierzig Jahre alt und Mutter von zwölf Kindern, stellt sich vor, sie sei zugleich Gemeindeleiterin, Katechistin und Beauftragte für die Kranken. Eine solche Konzentration von Aufgaben ist in meinen Augen negativ, beruht aber ohne Zweifel auf derselben Hochherzigkeit, die sie so viele Kinder hat bekommen lassen.

– Socorro, die aus dem Stadtteil Sibéria stammt, sagt, sie sei 21 Jahre alt und arbeite bereits seit sieben Jahren in der Gemeinde. Eine Christin, die ganz von einer anderen Art Kirche geprägt ist.

– Raimundo führt aus, daß »seine Gruppe toll dabei ist, weil es viele Leute zu taufen gibt«. Alle Welt lacht, als wollte man sagen: »Ist doch klar!« Denn überall ist es doch das gleiche Problem: Zur Taufe kommen die Leute, und dann bleiben die meisten weg.

Von fünfundzwanzig waren gut zwanzig in einer Gewerkschaft, was ein beachtlicher Schnitt ist.

Die absolute Mehrzahl kam aus dem Busch, weniger als zehn lebten in der Stadt. Kaum jemand arbeitete seit mehr als vier Jahren in seiner Gemeinde.

Das also ist das Heer des Lammes! Waren seine Apostel nicht auch genauso einfache Leute? Auf sie ist die Kirche gebaut (vgl. Eph 2,20).

31. Oktober, Dienstag
Wie das Volk selbst sein Leben sieht

In Gruppen diskutieren die Gemeindeleiter über die wichtigsten Probleme, die sie in ihrem Bereich selbst verspüren, und über die entsprechenden Ursachen.

Im Plenum ergab sich folgendes Bild der wichtigsten Probleme:

1. Es fehlt den Gummiarbeitern an Einheit und Organisation. Auch die Leute aus der Stadt hoben den Punkt hervor und fügten sogleich hinzu, der Grund liege in der Angst: Angst, die Arbeit zu verlieren, und Angst vor Bürgermeister und Polizei. Bemerkenswert, daß man beim Benennen der Probleme sofort an die eigene Brust schlug. Denn es hat wenig Zweck, die Schuld moralisierend anderen in die Schuhe zu schieben, wenn Menschen nur dort unterdrückt werden, wo sie die Unterdrückung hinnehmen und tolerieren.

2. Die Gutsbesitzer drohen, einem das Land zu nehmen (durch Kauf, Besetzung, Vertreibung).

3. Bei der Vermarktung des Produkts und beim Ankauf von Waren werden die Leute von den Händlern oder Kaufbudenbesitzern ausgebeutet. Die Gruppe aus der Stadt sprach an dieser Stelle noch davon, daß alles teurer wird, daß die Menschen hungern und zu wenig verdienen. Das sind typische Probleme der Stadt und nicht des Urwaldes.

4. Es fehlen Schulen und medizinische Versorgung (Medikamente, Ambulatorien).

So wird ersichtlich, daß das Volk durchaus selbst imstande ist, seine Situation umfassend zu beschreiben. Allerdings nur dann, wenn die Leute gemeinsam und nicht bloß einzeln über die Dinge nachdenken. Das Volk hat nämlich ein grundsätzlich kollektives Wissen, das sich nur kollektiv erfassen läßt.

Was steckt hinter alldem?

Das ist eine Frage, die bei keiner Diskussion mit der Basis fehlen darf. Sie bewegt dazu, die Wurzeln oder Ursachen der konkreten Probleme aufzuspüren. Beim Suchen nach den Ursachen der genannten Probleme fanden die Gruppen folgendes:

1. Regierung und Kapitalisten (Gutsbesitzer, Händler usf.)

2. Fehlende Organisation des Volkes und seiner Kampfinstrumente (Gemeinden, Gewerkschaften, Genossenschaften).

Das war schon mehr als die bekannten fatalistischen (»es gibt nun einmal Arme« usf.) und entwicklungsideologischen (Rückstand usf.) Erklärungen. Hätte es Gemeindeleiter gegeben, die derartige Ansichten vertreten hätten, so wären ihnen aufgrund der kollektiven Sozialisierung des Bewußtseins diese Illusionen bald vergangen: Wer schon weiter ist, zieht die ganze Gruppe nach.

Anzumerken ist, daß das Fehlen von Einheit und Organisation zugleich als Problem und als Ursache genannt wurde. In Wirklichkeit ist es das alles: Problem, Ursache und Lösung.

Und in der Tat: Als Lösungsvorschläge kam folgendes heraus:

1. Das Volk bewußtmachen, ihm die Wahrheit zeigen. Und zwar in seiner eigenen Sprache. Ich selbst habe nie eine einfachere Definition von Bewußtseinsbildung gehört als die: die Wahrheit (Ungerechtigkeiten, Recht usw.) zeigen.

2. Dem Volk helfen, sich in Gemeinden, Gewerkschaften und Vereinen zu organisieren. Die Frage der Organisation als Lösung kam hier wieder auf.

Tatsächlich kommt es im Augenblick ganz entschieden und vorrangig darauf an, den Organisationsprozeß des Volkes zu stärken. In diese Richtung gehen denn auch im Moment die ganzen Bemühungen der örtlichen Kirche. So hat es der Pastoralrat im Juli 1983 beschlossen.

Denn wenn sich das Volk organisiert, wird es bewußt, verliert die Angst, mobilisiert sich zum Kampf und erobert sich schließlich seine Rechte. Zwischen all diesen Elementen besteht natürlich auch eine Wechselbeziehung.

Wichtig ist auch, daß alles in der Sphäre des Glaubens geschieht: *ex fide in fidem*, vom Glauben ausgehend und zum Glauben hinführend.

Was tut die Kirche zur umfassenden Befreiung?

Während die Leute diskutieren, denke ich darüber nach, was die Kirche tut, um die Emanzipation dieses Volkes zu fördern.

Was die Kirche als solche tut, ist ein erstes Durchforsten. Im Bereich der Bewußtseinsbildung eröffnet sie einen ersten kritischen Zugang zu den gesellschaftlichen Realitäten. Auf dem Feld der Organisation entwickelt sie eine ganze Mystik der Einheit und legt in den Kirchlichen Basisgemeinden die ersten Versuche oder Embryonen von Organisation vor.

Den Rest muß jetzt das Volk selbst im eigentlich außerkirchlichen Bereich (der freilich nicht außerhalb des Reiches Gottes liegt) zuwege bringen, das heißt: im profanen und gesellschaftlichen Raum (der jedoch nicht außerhalb des Glaubens liegt).

Als spezifische Institution kann sich die Kirche nämlich nicht die ganze Arbeit der Organisation der Unterdrückten zu eigen machen.

Trotzdem muß ihre Pastoral an diesen Menschen zwangsläufig in die Volksbewegung münden und sich von dorther vervollständigen lassen, wobei wir unter Volksbewegung Gewerkschaften, Vereine und Parteien der Klassen des einfachen Volkes verstehen.

Die einzige pastorale Frage, um die es hier noch geht, lautet: Wie läßt sich gewährleisten, daß die in der Volksbewegung engagierten Christen auch weiterhin (durch Glauben, sakramentales Leben und Brüderlichkeit) ein *ekklesiales Verhältnis* zur Gemeinschaft der institutionellen Kirche pflegen?

Was in der gegenwärtigen pastoralen Lage nottut, ist auf jeden Fall, daß die pastorale Arbeit in ein nichtpastorales Bemühen um Organisation einmündet, daß sie sich für diese Notwendigkeit öffnet.

Die Lösung bestände in diesem Fall nicht so sehr darin, Pastoralträger dafür freizustellen, daß sie Volksführer in Gewerkschaften u. ä. werden, sondern darin, daß die Pastoralträger Volksführer für diese neuen Aufgaben ausfindig machen und ausbilden. Schaffen und nicht ersetzen. Neue Positionen eröffnen und nicht die Position wechseln.

Mein Bruder Leonardo weist immer wieder darauf hin, die Größe einer Gemeinde erweise sich darin, daß sie Menschen hervorbringe, die imstande seien, für andere zu sterben. Und in der Tat: Die Bereitschaft zur Ganzhingabe, die der Glaube an das Evangelium in diesem Volk weckt, ist unfaßbar. Der Glaube mobilisiert die Menschen weniger im politischen als im moralischen Sinn. So sagte ein Gemeindeleiter dieser Tage: »Leute, warum sollten wir Angst haben? Wenn wir im Kampf sterben, ist uns der Platz gesichert. Entweder verlieren wir das Leben, oder wir gewinnen es.«

Das Volk stirbt von so viel Arbeit

Während der Pause unterhalte ich mich, wie's gerade kommt, mit diesem oder jenem Gemeindeleiter. Mit meinem Teller setze ich mich zu Dona Cecília auf die Bank.

Dona Cecília ist eine ruhige Frau mit ebenmäßigen und reinen Gesichtszügen, klaren Augen und verhaltenem Lächeln. In der Runde sagt sie fast nichts, ist aber aufmerksam dabei wie sonst niemand.

Sie erzählt mir, sie sei Katechistin in Estrada Velha, fünf Fußstunden von hier entfernt. Sie stammt aus Minas Gerais, hat aber schon im Staat Paraná gearbeitet. Von dort vertrieben, kam sie schließlich hierher. Das Volk wird vom Kapital und von dessen Dienern wie Vieh behandelt.

Sieben Kinder hat sie, das jüngste ist elf. Alle arbeiten zum Unterhalt der Familie.

Ich frage nach ihrem Mann. Witwe sei sie, lautet die Antwort. Er sei gestorben, als sie gerade anderthalb Jahre hier gewesen seien. »Woran?« frage ich. »An dem vielen Arbeiten, um die Familie zu ernähren. Von morgens bis abends hat er gearbeitet, pausenlos. Anders ging's ja auch nicht. Das hat er nicht ausgehalten.«

Der Bericht hat mich für den Rest des Tages aufgewühlt. Sterben an soviel Arbeit, um die Familie zu ernähren ... Die mörderischen Lebensbedingungen setzen das Volk oft genug dieser Art von Martyrium aus. Warum altert und stirbt das Volk denn vor der Zeit? Weil es sich in der unmäßigen Anstrengung, ohne die es bei diesem harten Leben gar nicht durchkäme, buchstäblich verbraucht. Die Menschen opfern sich im moralischen und theologischen Sinn des Wortes auf. So verbindet sich das Volk in seinen Leiden, ob es darum weiß oder nicht, mit dem Leiden des Menschensohnes. Dadurch rettet es sich selbst und die anderen.

Ich dachte an meinen Vater. Als er mit 54 Jahren starb, war er schon ein alter Mann, verbraucht von der vielen Arbeit, die Familie zu unterhalten und seinen Söhnen und Töchtern, elf insgesamt, die Ausbildung zu bezahlen.

Wann endlich wird der Tag kommen, an dem der Götze Kapital wie Dagon vor dem Herrn vornüber zu Boden fallen wird mit dem Gesicht zur Erde (vgl. 1 Sam 5,1–5)?

Die Funktion »Petri, des Felsens«, in der Kirche

Dona Luísa, die seit fünf Jahren für eine lebendige Gemeinde zwei Kilometer von Xapuri entfernt verantwortlich ist, nimmt wie immer am Kurs teil.

Trotz aller Schwierigkeiten tut sie treu und zuverlässig ihre Pflicht. Sie trägt die Gemeinde sozusagen auf ihren Schultern. Sie selbst hat sie gegründet. Mittlerweile hat sie einen jungen Mann, der ihr zur Hand geht und die Arbeit übernimmt, wenn sie nicht kann.

Ich denke, sie ist ein Stein (griechisch: petra) des Fundaments, wie Petrus (Petros) das Fundament der gesamten Kirche ist. Beide haben dieselbe Funktion – auf unterschiedlichen Ebenen natürlich. Der »petrinische« Auftrag, grundlegender und tragender Stein zu sein, realisiert sich – in spezifischer Weise – auch in unseren Gemeindeleitern.

Dona Luísa hat ihre vierzehnjährige Tochter mitgebracht. Sie soll die Lieder, die wir bei dem Kurs singen, lernen und dann zu Hause einüben. Sie selbst hat kein musikalisches Gehör. Voller Stolz stellt sie mir das Mädchen vor und sagt: »Meine größte Freude ist, daß meine Kinder nach dem Evangelium leben und in der Gemeinde mitmachen.«

Dann zeigt sie mir Fotos von einer Erstkommunion in ihrer Gemeinde: zehn Jungen und Mädchen, alle feingemacht; das Volk mag Feste und bunten Schmuck. An den Bildern erkenne ich, daß das Gemeindezentrum ein Strohdach hat, ziemlich geräumig und nach allen vier Seiten offen ist und in der Nähe ihres Hauses steht. »Hat das Volk selbst gebaut«, erklärt sie mir.

Wer könnte Angst haben vor dieser »Kirche aus dem Volk«? »Nur die Reichen und die Dämonen«, um mit einem Propheten unserer Zeit, mit Léon Bloy, zu reden.

1. November, Dienstag:
Wie kann man die Organisation der Gemeinde verbessern?

Heute waren hier Schwester Luísa, die Mitglied in der Koordinationsgruppe für die Pastoral in der Prälatur ist, und Francisca Marinheiro, hauptamtliche Mitarbeiterin in der Pastoral und ebenfalls Mitglied der Koordinationsgruppe.

Schwester Luísa erklärte die Beschlüsse der letzten Sitzung des Pastoralrates. Sie ist eine kompetente Frau: ruhig, reif und sehr ausgeglichen. Wenn es bei den Sitzungen des Rates unter den hundert bis hundertzwanzig Mitgliedern hoch hergeht, hat sie das Ruder fest in der Hand, damit das Boot nicht abdriftet, und führt es allmählich in ruhigere Wasser. Und das bei all dem Gewirr von Priestern und Ordensfrauen, mit denen nicht leicht umzugehen ist ...

Francisca brachte dann die Diskussion in Gang. Es ging um die Frage, wie die Richtlinien auf die Lage vor Ort angewandt werden könnten und wie die Arbeit in den Kirchlichen Basisgemeinden zu verbessern sei.

Das Ergebnis der Gruppengespräche war eine Reihe von Vorschlägen, die aber – wie betont wurde – nicht so sehr Aufträge als vielmehr Hinweise sein sollten:

Die Gruppen sollen sich gegenseitig besuchen, besonders anläßlich von Festen, Gedächtnistagen und Kirmessen. So kann eine Gruppe die andere ermuntern, und es entsteht mehr Gemeinschaft und Nähe, wodurch die Isolation im Urwald überwunden wird;

die pfarrliche Koordinationsgruppe soll die Gruppen so oft wie möglich besuchen;

jede Gemeinde soll sich ihre Koordinationsgruppe schaffen, damit sie die Versammlungen und den Weg der Gemeinschaft insgesamt belebt. Statt daß der Leiter allein seine Gruppe führt, soll er auch andere Personen ansprechen. So soll jeder Gemeindeleiter bis zum Ende des kommenden Jahres vier neue Amtsträger ausfindig machen oder benennen, wie etwa: Vorbeter, Sänger, Verantwortliche für die Kranken, Beauftragte für den Zehnten, Katechisten, Besucher bei anderen Gruppen, Hilfsgemeindeleiter usw.;

der Umgang mit dem Volk, insbesondere mit schüchternen Menschen, muß besser werden. In den Gemeinden soll man allen gegenüber offener und freundlicher sein;

jede Gemeinde soll ihr Gemeindezentrum bauen, und zwar dort, wo alle damit einverstanden sind. Es soll »Haus der Gemeinde« heißen;

die Gemeindeleiter sollen sich monatlich einmal auf Pfarrebene treffen. Wer dreimal hintereinander grundlos fehlt, soll aus seinem Amt entfernt werden.

Dies war die Zusammenfassung der Diskussion im Plenum und in den Gruppen. Aber bis wir die Dinge so klar hatten, mußte harte Arbeit geleistet werden. Francisca brachte die Diskussion in Gang und lenkte aufgrund ihrer großen Erfahrung das Formulieren der Vorschläge meisterhaft. Mit klarem Blick für die Dinge ließ sie die Leute nicht in Nebensächlichkeiten und persönliche Probleme abgleiten. Sicher führte sie die Gruppe, bis alle mit der Entscheidung einverstanden waren.

Andererseits gab sie den Ball auch nicht aus der Hand und ließ keine Müdigkeit aufkommen. Mit ihrer Art abzustimmen überraschte sie immer wieder: »Wer dafür ist: aufstehen!«, oder: »klatschen!«; »Wer dagegen ist: Fuß hoch!« und ähnliches mehr ...

Pfarrer Luciano: Hirt mitten in seiner Herde

Während des ganzen Kurses sieht man Aurélio, einen erst vor kurzem aus Italien gekommenen Priester, und Pfarrer Luciano bald hier, bald dort unter dem Volk. Aber sie reden nicht und leiten auch nicht die Gruppen oder die Diskussionen, sondern sie sind nur da unter den Menschen, beleben die ganze Bewegung und beobachten den allgemeinen Fortgang des Treffens, damit alles gut läuft.

Sie stehen wirklich genau dort, wohin sie gehören: mitten in der Kirche, *in medio Ecclesiae*, wie sich das Herz in der Mitte des Körpers befindet.

Luciano ist ganz der Pfarrer des Volkes, im neuen Sinn des Wortes. Seine Art, sich zu geben und zu kleiden, zu sprechen und mit dem Volk Kontakt aufzunehmen, ist schlicht, offen und ohne Barrieren. Immer zu einem Scherz aufgelegt, schlägt er dem einen auf die Schulter, nennt ihn »du Faulpelz«, und zieht einen anderen an der Kleidung und fragt: »Wie geht's dir, Bursche?«, und so immerzu. Die Leute kennen seine Art und antworten gleichfalls mit Scherzen.

Da er ein entschiedener, hochherziger und seiner Arbeit hingegebener Mann ist, duldet er keine Ungerechtigkeit. Wenn es darum geht, Schwache zu verteidigen, ist er rigoros.

Wenn ich mir seinen stämmigen Körper und seinen noch stärkeren Geist vergegenwärtige, denke ich: »So ein Priester muß den Gutsbesitzern, den Reichen am Ort und allen Feinden des Volkes allerhand Arbeit machen.«

Deshalb bekommt er auch kein Visum auf Dauer. Sein Visum muß jedes Jahr erneuert werden, und dann hat er jedesmal die Lauferei und den endlosen Papierkram.

Und doch: Dieser kräftige Mann ist ganz hingerissen, wenn er Kinder sieht. Er zeigte mir ein paar Bilder, die er von Kindergesichtern in den Gummiwäldern gemacht hatte. Großartig! Die Schmetterlinge und Blüten, die wir gesehen haben, könnten davor blaß und bleich werden ...

Das Gebet der Armen wird stets erhört

Abschiedsfeier. Bei der Eucharistie machten alle lebhaft mit.

Während des Vaterunser betrachte ich die fünfzig Pastoralträger: Mit erhobenen Händen beten sie voller Überzeugung, einige mit geschlossenen, andere mit zum Himmel erhobenen Augen.

Plötzlich erfaßt mich tief im Geist eine Regung, die mich aus der Trägheit des häufigen Vater-unser-Sprechens reißt: Nein, dies ist kein gewöhnliches Gebet! Wer dort betet, ist das Volk, das Gott auserwählt hat. Es sind die Armen, seine Lieblingskinder. Wie sollte dieses Gebet dem Vater, dem Beschützer und Verteidiger der Kleinen, nicht gefallen ... Wenn Gott dieses Gebet nicht erhört, welches Gebet wird er dann erhören? Hier flehen doch die Armen mit ihrem ganzen guten Glauben um Gerechtigkeit.

»Sollte Gott seinen Auserwählten, die Tag und Nacht zu ihm schreien, nicht zu ihrem Recht verhelfen, sondern zögern? Ich sage euch: Er wird ihnen unverzüglich ihr Recht verschaffen« (Lk 18,7–8).

V
Eine Gemeinde, die auf eigenen Beinen steht und geht

4. November, Freitag

Koordinatoren: Achsen der Gemeinden

Die Pfarrei Brasiléia hat keinen Priester. Eine Schwesterngemeinschaft führt sie. Diese Situation hat sie dazu gezwungen, selbständiger zu leben, auf eigenen Beinen zu stehen und zu gehen.

Heute haben wir mit mehr als zwanzig Koordinatoren den ganzen Tag über ihre besondere Funktion in den Gemeinden diskutiert. Die Evangelisierungsgruppen sind je nach Gebiet in Gemeinden zusammengefaßt. Vier, fünf oder mehr Gruppen bilden eine Basisgemeinde. An deren Spitze steht ein Koordinationsteam. Jede Basisgemeinde hat ein Programm für gemeinsame Veranstaltungen.

Heute ging es darum, zu sehen, was für Aufgaben die Koordinatoren haben.

Wie immer wurden zunächst die Probleme beschrieben:

Individualismus: das Koordinationsteam arbeitet nicht zusammen. Alles lastet auf den Schultern eines einzigen Koordinators.

Viele Koordinatoren sind Koordinatoren bloß dem Namen nach. Beim Ausüben des Amtes lassen sie es an Verantwortung fehlen.

Einige Koordinatoren sind mit Arbeiten überlastet und haben keine Zeit, die verschiedenen Gruppen auf ihrem Werdegang zu begleiten.

Einige Gruppen akzeptieren die Koordinatoren nicht und wissen ihre Arbeit nicht zu schätzen.

Daran anschließend wurde diskutiert, was die Aufgabe des Koordinators zu sein habe. Ergebnis: eben »koordinieren«, das heißt: Leute und Gruppen zusammenführen, einigen, einander näherbringen. Kurz: die Menschen ermutigen und zusammenhalten.

Das wurde in folgendem Bild ausgedrückt: Die Gruppen sind sozusagen Räder, die zwar laufen, die aber – um den Wagen voranzubringen – durch eine Achse miteinander verbunden werden müssen. Das aber sei die Funktion eines Koordinators: Achse zu sein zwischen den verschiedenen Gruppen – Achse, die die Bewegungen der einzelnen auf einen gemeinsamen Weg bringt.

Eine neue Form von Kirche:
Kirche der Mitsprache und Mitwirkung

Man bat mich um ein Wort dazu, wie eine Gemeinde organisiert sein müsse, wenn sie sich vernünftig entwickeln solle.

Also beschrieb ich das neue Modell von Kirche: eine (demokratische oder brüderlich-schwesterliche) Kirche der Mitsprache und Mitwirkung und der Befreiung (eine verändernde oder prophetische Kirche).

Zum Ausgangspunkt nahm ich Epheser 4,1–6. Dort beschreibt der Verfasser die Taufe, das Geschenk des Glaubens, als das grundlegende Charisma aller Christen. Das ist die gemeinsame Basis der Kirche, die ihre fundamentale Einheit ausmacht.

Auf dieser Grundlage entstehen andere spezifische Charismen. Diese sind Gaben und Gnaden des Geistes, die unterschiedliche Ämter in der Gemeinde hervorrufen.

Diese Charismen, die die Grundlage für die Ämter sind, können sich auf verschiedene Bereiche verteilen: Bereich des Wortes, Bereich der Gottesdienstfeier, Bereich des christlichen Lebens und – im Zentrum von all dem – Bereich der Koordination. So könnte man folgendes Schema entwerfen:

Wort
Koordination
Gottesdienstfeier   Christliches Leben

So wird deutlich, wo die Aufgabe der Koordination ihren Ort hat. Koordination gibt es auf vielen Ebenen: Auf der Ebene der Weltkirche ist der Koordinator der Papst samt der ihn unterstützenden Organe (Bischofssynode, römische Kurie usf.); auf der Ebene eines Bistums der Bischof, ebenfalls mit seinen Gehilfen (Presbyterium, Pastoralrat, Koordination usf.); auf der Ebene einer Pfarrei der Pfarrer, unterstützt durch den Pfarrgemeinderat; und auf der Ebene einer Gemeinde liegt die Koordination bei einem Team von Koordinatoren.

Die Hauptarbeit der Koordination besteht nicht darin, die anderen Funktionen zu verdrängen, sondern darin, sie zu vereinigen und zu ermutigen. Einheit und Ermutigung sind also die beiden Hauptfunktionen jeder Koordination.

Allerdings darf man bei all dem nicht vergessen, daß diese ganze Organisation den Dienst oder die Sendung der Kirche gegenüber den Menschen: die Erlösung und Befreiung der Menschen, unterstützen soll. Deshalb existiert eine Kirche der Mitsprache und der

Mitwirkung für eine Kirche der Befreiung – der umfassenden Befreiung (in dieser und in der anderen Welt).

Kleiner Führer des guten Koordinators

Die Koordinatoren gingen in Gruppen. Dort sollten sie einige Regeln erarbeiten, die sie bei ihrer Arbeit »als Achsen zwischen den Gruppen« leiten könnten.

Die Regeln sollten so etwas wie ein praktischer Führer des guten Koordinators sein:

1. Der Koordinator muß mit den anderen Koordinatoren *zusammen*arbeiten. Denn wenn schon sie nicht koordiniert arbeiten, wie sollen sie dann die anderen koordinieren?

2. Die Koordinatoren müssen gemeinsam ein Handlungs*programm* erstellen, in dem sie die Aufgaben verteilen und die Vorbereitungs- und Auswertungstreffen festlegen.

3. Die Koordinatoren dürfen die Gemeindeleiter oder die anderen Amtsinhaber in ihrer spezifischen Arbeit auf keinen Fall verdrängen, sondern haben vielmehr die Funktion eines jeden einzelnen zu *achten* und zu *schätzen*.

4. Ein besonderes *Augenmerk* sollen die Koordinatoren auf die *schwachen* oder gescheiterten Gruppen richten und sie ermutigen bzw. zu neuem Leben erwecken.

5. Von Zeit zu Zeit müssen die Koordinatoren *die verschiedenen Gruppen* in der Gemeinde *zusammenbringen*: bei Festen, bei Gebetsversammlungen, in gemeinsamen Notsituationen (drohende Vertreibung von Grund und Boden) usf.

6. *Insbesondere die Gemeindeleiter* müssen die Koordinatoren *versammeln*, um eventuelle schwierige und heikle Probleme (Streit in den Gruppen usw.) mit ihnen zu besprechen.

7. Die Koordinatoren müssen *auf Gefahren aufmerksam machen*, die der Gemeinde drohen, wie der Ansturm der Protestanten oder Vertreibung von Grund und Boden. Sie dürfen sich nicht wie »stumme Hunde« verhalten; mit diesem Wort tadelte Jesaja die ängstlichen Führer, die die Gefahr zwar sehen, aber kein Wort sagen (Jes 56,10).

8. Die Koordinatoren müssen die Gruppen darüber *unterrichten*, was an wichtigen Dingen auf der Ebene der Pfarrei oder der Kirche passiert (Verfolgungen, glückliche Ereignisse usw.).

9. Die Koordinatoren müssen dem Leiter dabei helfen, das Bewußtsein seiner Gruppen für die sozialen Belange zu *wecken*.

10. Schließlich haben die Koordinatoren ein Recht darauf, von den verschiedenen Gruppen *anerkannt* und geachtet zu werden.

Dies alles wurde auf den Boden geschrieben, weil auf der Tafel kein Platz mehr war. Bis wir zu dieser Art von »Zehn Geboten« gekommen waren, hatten wir allerdings eine Menge Schweiß gelassen. Der Boden war ganz vollgekritzelt. Ich selbst habe dann alles zusammengefaßt und ins reine geschrieben. Dabei ist das herausgekommen. Aber die Leute erkannten sich in diesem Führer wieder und nahmen ihn auf einem Blatt Papier mit nach Hause.

5. November, Samstag
Das Volk der Besiegten, aber nicht der Feigen

Heute morgen fand die routinemäßige Versammlung der Leiter (Monitoren) der Pfarrei statt. Mit den Koordinatoren, die bereits hier waren, waren etwa sechzig Personen beisammen.

Einige kamen von ziemlich weit her. Eine Frau war zwölf Stunden zu Fuß unterwegs gewesen, in Begleitung ihrer zwölfjährigen Tochter, die gerade heute Geburtstag hat. Einige waren in aller Herrgottsfrühe aufgestanden, um zur Eröffnung des Treffens um neun Uhr hier zu sein. So hatten wir den ganzen Tag für die »Arbeit am Evangelium«, wie die Leute hier gern sagen.

Da sitzen sie alle in der Runde. Ich betrachte sie und sehe die Kirche der *Armen*. In der Tat: Alle sind Landarbeiter, Gummischneider, kleine Kaufleute, Waschfrauen, Hausbedienstete usf.

Die Kirche der *Laien* sehe ich: Die Getauften machen mit ihrem Glauben und mit ihrer Kirche Ernst und betrachten beides als ihre Sache. Die Arbeitsteilung ist nicht so streng wie beim Klerus. Es gibt Verantwortliche für die Kranken, für den Zehnten, für die Katechese, für das Wort (Gemeindeleiter), für Gesang und Gebet, für die Menschenrechte usw. Aber das sind alles Funktionen, die nicht lebenslang dauern, die wenig institutionalisiert und von grundsätzlicher Gleichheit untereinander (ohne Hierarchie von oben nach unten) geprägt sind.

Schließlich sehe ich da die Kirche der *Besiegten* und der Unterlegenen, die aber weder feige noch bequem sind. Dies ist eine Kirche des Widerstandes, der Standhaftigkeit und der Hoffnung, wie die Kirche der Offenbarung des Johannes es auch war. Eine Kirche, die nicht nachgibt, sondern im Stehen stirbt.

Zugegeben: es fehlt nicht an Mängeln und Schwächen, weil die Kirche immer sündig ist. Aber als ganze und insgesamt ist sie eine heilige, treue und unbesiegbare Kirche, die »die Mächte der Unterwelt nicht überwältigen« (Mt 16,18) und endgültig zunichte machen werden. Diese Kirche hat die Zusage, daß sie am Ende siegen wird, obgleich sie manche Teilniederlage wird einstecken müssen.

Man spürt eine andere Resonanz, wenn man die Ekklesiologie in ihrer ganzen Breite auf eine Basiskirche wie diese hier bezieht. Diese Armen, die sich im Glauben zusammenschließen, Braut Christi, Volk Gottes, Mystischen Leib, Tempel des Geistes usw. zu nennen verursacht anfänglich ein Gefühl der Überraschung, um nicht zu sagen des Mißtrauens: »Das kann doch nicht wahr sein!« Dann aber muß man sich eingestehen, daß alle diese Titel die wahrste Wahrheit, die Wahrheit des Glaubens, die Wahrheit Gottes sagen. Gott selbst sieht sie so.

Deshalb spüre ich, daß von einem abstrakten und allgemeinen Kirchenbegriff her Ekklesiologie zu treiben eine Sache ist und daß es etwas anderes ist, von einem ekklesialen Phänomen her, das man direkt vor Augen hat, die Lehre von der Kirche zu entwickeln. Denn wenn sicher ist, daß jenes nicht die ganze Kirche ist, so ist es doch ebenso sicher, daß es ganz Kirche ist: eine, heilige, katholische und apostolische Kirche (*Lumen gentium* 23 und 26).

6. November, Sonntag
Leiter für liturgische Feiern

Den ganzen Sonntag haben wir mit vierzehn Personen (die das Liturgieteam bilden) geübt, wie man den Sonntagsgottesdienst gestalten kann.

Nach Brasiléia kommt der Pfarrer einmal im Monat. Sonntags leiten die Schwestern die Gottesdienstfeier mit dem Volk. Aber jetzt steht ein gutes Liturgieteam. Mit dem Team soll auch diese pastorale Aufgabe der Gemeinde übertragen werden.

Es war ein Tag harter Arbeit. Am Morgen haben wir uns Gedanken darüber gemacht, was Liturgie und Sonntagsfeier bedeuten. Als Basis für seine Tätigkeit braucht das Team ein theologisches Gespür für die Liturgie.

Am Nachmittag haben wir praktisch geübt, wie man einen Sonntagsgottesdienst mit dem Volk gestalten kann. Die Einschätzungen und Vorschläge kamen von der Gruppe selbst.

Das einfache Volk macht kaum einen Unterschied zwischen der »Messe von den Schwestern« und der »Messe vom Priester«. Mittlerweile rückt das Volk Gottes näher an den Altar heran. Dort sagt es, was es zu sagen hat, singt, betet vor und spendet gelegentlich sogar die Sakramente: Taufe und Ehe. Man kommt nicht umhin, auch an ein »Amt des Altars«, das Presbyterat, zu denken, das dichter am Volk sein müßte. Zwei Strömungen bewegen sich aufeinander zu: dem Presbyter, der sich voll unter das Volk begibt, entspricht das Volk, das zunehmend im Presbyterium zu finden ist.

10. November, Donnerstag
Besuch bei soeben eingetroffenen Parzellensiedlern aus Südbrasilien

Heute nachmittag besuchten wir – Schwester Ana Maria, Dona Zeli, Francisca, der Fahrer und ich – zwei Lager von Familien, die mit dem INCRA (Instituto Nacional de Colonização e Reforma Agrária = Nationalinstitut für Kolonisierung und Bodenreform) aus Südbrasilien gekommen waren. Beide liegen an einer Abzweigung, die von der Landstraße Brasiléia – Assis Brasil abgeht.

Den einen oder anderen der Siedler hatten wir schon in der Stadt gesehen – »auf der Suche nach Mitteln«, wie sie sagten, als sie bei den Schwestern vorsprachen. Sie rochen stark nach Schweiß, und in ihrem Gesicht lagen Züge von Angst. Dabei machten sie den Eindruck von fleißigen Leuten, die sich vor keiner Arbeit scheuen.

Bei Kilometerstein 13 bogen wir von der Straße nach Assis Brasil ab. Schon bald sahen wir das erste Lager: einen großen hallenartigen Schuppen, den das INCRA gebaut hatte. An die zehn Familien waren dort untergebracht. Für die innere Aufteilung und die Außenwände hatten die Zuwanderer selbst sorgen müssen. Das Zinkdach – hoch, weit und nicht einmal schlecht gemacht – hatte das INCRA gestellt.

Um den Schuppen herum lebten in kleinen Verschlägen noch einmal so viele Familien. Den ärmsten ließen wir einige Dinge da, die das Volk in der Stadt gespendet hatte: Öl, Mandiokamehl, Reis, Bohnen usw.

Alle diese Leute sind jetzt drei Monate hier. Die Männer hatten schon vorher auf den Ländereien, die das INCRA für sie reserviert hatte (etwa 70 ha), Felder angelegt. »Mais und Reis sind am Wachsen, daß es eine Pracht ist«, erzählen sie voller Freude. Die Entfernung vom Lager zu den Feldern beträgt nicht weniger als 30 km, wenn nicht noch mehr. Den Weg legen sie zu Fuß zurück. Annähernd einen ganzen Tag brauchen sie dazu, weil sie nicht an so große Entfernungen gewöhnt sind wie unsere Gummiarbeiter. Diese laufen drei Tage hintereinander von sechs bis sechs und finden nichts dabei.

Auf ihren Feldern verbringen die Männer also mehrere Tage und kommen nur ins Lager zurück, um nach den Familien zu schauen.

Überall sieht man Kinder umherlaufen, Kinder aller Farben und Rassen. Ein Rassenkaleidoskop schöner Kinder und kleiner Dreckspatzen wie sonst nirgends.

Das große Problem für diese Menschen ist die Ernährung. Die erste Ernte steht noch aus. Bis dahin müssen sie halt sehen.

Das INCRA leiht ihnen monatlich 30600,00 Cruzeiros.[13] Das aber reicht gerade für die ersten zehn Tage.

Die Kleinbauern und Gummiarbeiter der Gegend nehmen die Neuankömmlinge gut auf und begegnen ihnen mit der größten Gastfreundschaft und Freundlichkeit. Das wissen die Südbrasilianer zu schätzen und loben sie dafür. Viele Gummiarbeiter stellten den Leuten aus dem Süden einen Teil ihres bereits gerodeten Landes zur Verfügung, damit sie säen und pflanzen konnten. Mehr noch: Sie zeigten ihnen dies und das von der Kunst, in diesem Busch zu leben: wie man auf die Jagd geht, Wasser findet, die Möglichkeiten des Waldes nutzt usw.

Trotz allem sind die Neuankömmlinge zufrieden, weil sie ja jetzt ein Stückchen Grund und Boden haben. Dabei kommt es nicht darauf an, ob damit das Problem für mehr als eine Generation gelöst ist. Was wird aus den Kindern, wenn sie groß sind? – diese Frage ist noch nicht in ihr Blickfeld gerückt. Die Notsituation der Gegenwart verdrängt alle Zukunft, die nähere wie die weitere.

Sogar die Kinder finden es hier besser als im Süden. »Hier gibt's wenigstens Land und Arbeit«, sagen sie mit ernster Miene. In allem und bei allem identifizieren sie sich mit dem Los der Eltern. Gerade acht oder vielleicht zehn Jahre alt, helfen sie den Eltern bereits bei der Feldarbeit.

Unterwegs nahmen wir vier Jungen mit, die, nachdem sie verschiedene Tage mit Säen und Pflanzen zugebracht hatten, auf dem Heimweg waren. Sie schleppten große Säcke, in denen sie die Töpfe für das Essen hatten. Dabei wechselten sie die Last vom Kopf auf die Schultern und von den Schultern auf den Rücken. Von »Schultersäcken«, in denen die Gummiarbeiter bequem ihre Sachen transportierten, hatten sie noch nie gehört. Obwohl noch Kinder, sprachen sie von der Arbeit wie Große. Ihr Akzent – offen und klar – erinnerte deutlich an Südbrasilien. Ihr Alter schätze ich auf zehn bis zwölf Jahre. Ich hatte Spaß an ihnen: sympathisch und voller Respekt vor den »Großen«, wie es ihnen die Eltern beigebracht hatten.

Das zweite Lager, das wir besuchten, war trostlos. Die Familien wohnen in einer Art niedrigen, provisorischen Wetterschutzes, der mit einer schwarzen Plastikfolie bedeckt ist. Diese haben sie selbst aus dem Süden mitgebracht. Aber sie schafft eine Hitze in der Behausung, die – wie sie sagen – in der Hölle nicht schlimmer sein könnte. Der Wetterschutz hat keine Wände, und der Boden ist die blanke Erde.

Des Nachts schlafen sie auf Pritschen, die sie aus Stecken zusammengeschlagen haben. Auf zwei dieser Pritschen schläft eine ganze sieben-, acht- oder zehnköpfige Familie. Einige Familien schlafen direkt auf der Erde. Der kleine Herd ist aus gestampftem Lehm.

Eine Familie sahen wir, die in ganz besonders prekären Verhältnissen lebte: Sie wohnte unter einem Strohdach, das einfach aus zwei aneinandergelehnten Strohgeflechten bestand. Nicht mehr. Die (wenigen) Sachen lagerten auf dem Boden, zusammen mit den Menschen: das Ehepaar und vier Kinder. Ich kann mir nicht vorstellen, wie da nachts alle Platz hatten.

Die älteste Tochter war blond und hübsch. Zwölf Jahre mochte sie alt sein. Sie paßte auf die drei jüngeren Geschwister auf.

Unter dem engen und flachen Dach beteten wir ein Vaterunser. Dabei hielten wir alle Kinder, die wie Fliegenschwärme gekommen waren und uns überallhin begleiteten, an der Hand. Die Art, wie sie beteten, zeigte, daß sie die Worte wirklich gut kannten. Einige beteten sogar schneller als die anderen.

Sie waren fröhlich und lachten über alles, was immer wir sagten. Ein paar Jungen schaukelten in den langen Lianen, die die Natur von den großen Bäumen ringsum hatte herunterwachsen lassen. Andere Kinder spielten in einem nahen Wasserkanal. Sie kamen mir wie eine Fahne vor, die in dieser wirklich schwierigen Situation Hoffnung ankündigt.

Da taucht die Mutter auf: blond, deutschstämmig. Schmutzig und erbärmlich gekleidet, kommt sie von der Feldarbeit. Die billige, offenstehende Bluse läßt einen abgemagerten Körper erkennen: Die Brüste hängen ausgetrocknet herab. So ist sie die unterdrückte Mutter des armen Volkes, der es trotzdem nicht an Mut und Lebenskraft fehlt. Wie sie so erschöpft vor mir steht, kommt mir der Gedanke an die Pietà. Und plötzlich fühle ich einen schrecklichen Ekel vor all diesen aufgedonnerten Körpern und geschminkten Gesichtern, die für das Heilige Antlitz im heiligen Angesicht dieser Armen eine Beleidigung sind.

Schweigend legt sie etwas Holz in den Herd. Offenbar schämt sie sich ihrer Armut. In Wirklichkeit aber ist es unser Reichtum, der sie verlegen macht. Denn nicht die Armut ist schändlich, sondern der Reichtum. Reichtum beschämt einen selbst und die Mitmenschen. Reichtum demütigt die Entstellten und ihren Gott.

Bei allen Familien, die wir besuchen, das gleiche Bild. Überall zum Heulen. Trotzdem sind sie glücklich über das Stückchen Land, das ihnen bisher nie vergönnt war. Darum nehmen sie alle Leiden stolz auf sich.

»Wenn's nichts mehr zu essen gibt«, sagt uns ein junger Mann, »dann trampelt man halt mit den Beinen auf den Boden, macht sich auf die Socken und sucht überall nach was Eßbarem. Irgendwie findet sich immer was. Nur die Kinder ...«

Fälle von Malaria haben wir Gott sei Dank nicht angetroffen. Die Krankheit ist nicht mehr so schlimm. Nur dünn sind die Leute, schrecklich dünn. Ein dunkelhäutiger Mann zeigt uns seinen kleinen Sohn, der nackt auf der Erde sitzt: »Der war 'ne kleine Trommel, dick wie ein Löwe. Und jetzt gucken Sie sich ihn an!« Er hebt das Kind vom Boden auf und zeigt es uns. Aber in seiner Stimme liegt keine Bitterkeit, nur ein unbeschreibliches Mitleid.

Seine Frau und die Schwägerin waren nicht zu Hause. Sie waren mit den kranken Kindern nach Brasiléia gegangen. Nachdem die Männer acht Tage von zu Hause weg auf dem Feld gewesen waren, waren sie am Mittag zurückgekehrt. Obwohl ihnen das Getrenntsein von den Frauen nicht mehr wehtut, beschlossen sie dennoch, ihnen entgegenzugehen, um sie noch vor dem Dunkelwerden zu treffen. Und tatsächlich, als wir zurückfuhren, trafen wir die Frauen auf dem Heimweg.

Wir besuchten auch eine protestantische Familie, die einzige, die es gab. Die Frauen hatten uns gesagt: »Herr Pfarrer, gehen Sie nicht dahin; die sind protestantisch.« Um aber unter den Kindern Gottes niemanden zu diskriminieren, gingen wir dennoch. Außerdem haben alle das gleiche Leid.

Nach unserem Eindruck hatte kaum jemand ein großes kritisches oder klassenbezogenes Bewußtsein. Immer sind sie ausgebeutet und von einem Ort zum anderen getrieben worden. Wie »Schafe, die keinen Hirten haben«, haben sie voneinander isoliert gelebt.

Für die Mehrzahl von ihnen war dies die x-te Station im Laufe ihres Wanderlebens. Alle hatten sie die Hoffnung, dies sei endlich die letzte Station – wie das Volk Israel, als es ins verheißene Land einzog.

Sie kamen im Vertrauen auf die schönen Worte des INCRA, bei allem könnten sie mit Unterstützung rechnen: beim Bau des Hauses, beim Anlegen der Straße, in Sachen Medikamente, Krankenhaus, Schule, Saatgut usw. Nichts oder fast nichts davon passiert jedoch. Daran gewöhnt, sackweise zu säen, bekamen sie bei der Ankunft gerade acht oder zehn Kilo Mais und noch einmal dieselbe Menge Reis zur Aussaat.

»Wie Tiere haben sie uns am Straßenrand abgesetzt«, gestehen sie. Sie sollten selbst sehen! Am Abend seien sie hier angekommen, vielleicht sogar beabsichtigt. Die Regierung habe ihnen mehr Land versprochen, als sie dann wirklich gegeben habe.

Außerdem kommen sie aus den verschiedensten Gegenden. Erst hier haben sie sich kennengelernt und fangen an, sich zu einer Gemeinschaft zu entwickeln. Deshalb ist es auch schwierig, eine gemeinsame Arbeit zum Einfordern ihrer Rechte in Gang zu bringen. Wenn ihnen jemand vorschlägt, ein paar bärtige Männer sollten in einer Kommission zum INCRA gehen und um eine Anhebung des monatlichen Darlehens von 30600 Cruzeiros bitten, gucken sie den Gesprächspartner verständnislos an. Einer warf sogar die Frage in die Runde: »Und wenn die uns rauswerfen und verhauen?«

Es gibt nicht den geringsten Zweifel: Dies ist ein Volk von Pionieren. Es gründet hier eine neue Gesellschaft. Erst in hundert Jahren wird man seine Verdienste erkennen.

Bei solchen Menschen hat es keinen oder kaum einen Zweck, von Bodenreform oder gar erst von gesellschaftlicher Revolution zu reden, wie das die Intellektuellen in Rio Branco in ihren endlosen und unnützen Seminaren tun.

Was dagegen getan werden muß, ist der erste mögliche Schritt, freilich mit den Beinen dieser Menschen und nicht mit dem Kopf der Intellektuellen ... Der erste Schritt aber ist der, daß man von dem System, so wie es nun einmal ist, fordert, was es geben kann. Das heißt: daß es aufhört, zynisch zu sein, und diesen Menschen konkrete Mittel bewilligt: günstige Finanzierungsmöglichkeiten, technische Unterstützung usf. Da kann die Arbeit beginnen, aber immer mit ihnen und von ihnen her gedacht. Die Frage, wie es dann weitergeht und wohin es geht, kann man für später lassen.

Gestützt auf die Basis in ihren Pfarreien und auf das Engagement der CPT (Comissão de Pastoral da Terra = Kommission für die Pastoral in Sachen Grund und Boden), stellt sich die hiesige Kirche auch dieser Herausforderung.

Wissen muß man allerdings, daß – abgesehen von den Familien, die bereits in anderen Siedlungsprojekten stecken – noch Hunderte von Omnibussen aus dem Süden zu erwarten sind, die Menschen nach Acre bringen werden. Zu einem Sauerteig im Sinne einer konstruktiven und verändernden gesellschaftlichen Kraft kann dieses Volk, weil die Gewerkschaft in der Gegend ziemlich schwach ist, nur mit Hilfe der Kirche werden.

Auf dem Rückweg unterhielten wir uns im Jeep darüber, wie man einen ersten Schritt tun könne, der dann einen Prozeß auslösen würde: Leute von der CPT, die Erfahrung mit anderen Siedlerprojekten haben, müßten Anfang Dezember zum nächsten Treffen der Gemeindeleiter kommen und gemeinsam mit ihnen überlegen, wie man mit diesen Leuten Kontakt aufnehmen und sie bewegen könne, sich zu organisieren.

Man hatte uns gebeten, die in letzter Zeit geborenen Kinder zu taufen und die jungen Paare kirchlich zu trauen. Wie immer hatten wir da von Gemeinde, von Versammlung, von Diskussion usw. geredet. Auf dem Heimweg lief mir die Galle über: »Leute, um der Liebe Gottes willen! Lasten wir diesen Armen doch nicht noch mehr auf, als sie ohnehin zu schleppen haben! Geht doch mal an einem Sonntag hin und haltet einen schönen Wortgottesdienst, möglichst mit einer Prozession durch die Pflanzungen. Nachher tauft und traut ihr alles! Wenn die Kirche nicht für diese Menschen da ist, für wen ist sie dann da? Die Sakramente sind für die Menschen da, so hat alle gute Theologie immer gelehrt. Dann, erst dann könnt ihr anfangen, von Gemeinde und Evangelium zu reden. Aber bei all den Einschränkungen, die sie ohnehin schon haben, zu Anfang noch mehr Forderungen stellen – nein! Vor allem müssen wir ihnen doch zeigen, daß Gott an ihrer Seite steht, und wir auch. Alles andere kommt dann erst.« Die Begleitung war einverstanden. Es schien, als hätte ich eine Neuauflage der Rede des Petrus auf dem Konzil von Jerusalem vorgetragen (vgl. Apg 15,7–12).

Dona Zeli – ein Mensch voll Feuer des Geistes

Dona Zeli war mit uns gefahren, als wir die Zuwanderer aus Südbrasilien besuchten. Auf der Hinfahrt sprachen wir von ihnen als von »Opfern«. Da griff Dona Zeli in ihrer feinen und zugleich sicheren Art ein: »Gewiß, die Leute nennen diese Menschen Opfer. Aber für mich ist das Wort eine Demütigung. Für mich sind sie Zuwanderer oder Parzellensiedler.«

Während unseres Besuches bei den Familien in den Lagern waren mir ihr feiner Takt und die bewunderswerte Art aufgefallen, in der sie die armen Frauen ermutigte, ihnen Orientierung gab und Speisevorschläge für Kinder und Kranke machte.

Dona Zeli st verheiratet und hat eine Reihe Kinder. Außer ihrem Engagement im Lehrerverband (sie ist Lehrerin) und im PT (Partido dos Trabalhadores = Partei der Arbeiter) steckt sie bis über beide Ohren in der pastoralen Arbeit. Hier macht sie alles: Sie ist Gemeindeleiterin, Koordinatorin und Mitglied im Liturgieteam. Für eine Person an sich zuviel Arbeit. Trotzdem ist sie immer froh, hilfsbereit und aufgeschlossen. Obwohl nicht mittellos, wirft sie sich mit Leib und Seele in die Arbeit an der Seite des armen Volkes.

Menschen dieses Zuschnitts zu finden ist immer ein Trost für den eigenen Glauben. Und in den Gemeinden hier trifft man immer wieder den einen oder anderen Menschen, der aus dem Normalen herausragt und ein lebendiges Zeichen für die Gegenwart des Geistes in dieser Kirche ist.

Seelen voller Größe und Herzen voller Feuer!

VI
Die Treue der langen Wege

12. November, Samstag
Schmerz ist Schmerz – trotz aller Ideologie

Noch in der Dunkelheit traf ich, mit dem Nachtbus – der »großen Eule« – von Brasiléia kommend, heute hier ein. Ich duschte, las die Zeitung und ging schlafen. Es war bereits drei Uhr morgens.

Gleich am Nachmittag geht's in einem überfüllten Schiff weiter, nach der Kolonie Catuaba, eine Stunde von Rio Branco entfernt. Im Hafen treffe ich die Gemeindeleiterin Ivanilde. Die Fahrt geht los. Das Schiff ist überfüllt. Denn wegen der Energiekrise fahren nur wenige Schiffe.

Ein junger Mann hatte sich in der endlosen Schlange an der Tankstelle angestellt und von vier Uhr morgens bis nachmittags drei Uhr gewartet. Elf Stunden! Dann erst bekam er einen Kanister Öl, mit dem wir jetzt fahren.

Aber der junge Mann machte überhaupt kein Aufhebens von seinem langen Warten. Er erwähnte es nur. Auch die anderen fanden nichts dabei. Nur ich wunderte mich: einen ganzen Tag warten für einen Kanister Treibstoff! »Hast du denn was gegessen?« fragte ich ihn. »Nein«, antwortete er, »sonst hätte ich ja meinen Platz in der Schlange verloren.« Nichts von Bitterkeit lag in seinen Worten.

Was das einfache Volk an Leiden erträgt, ist unerhört. Anders als bürgerliche Kreise, die sich wegen des kleinsten Ungemachs in der Presse lauthals beklagen, haben diese Menschen niemanden, bei dem sie sich beklagen könnten.

Armut und Leid gehen Hand in Hand, sind Zwillinge sozusagen. Aber die Armen leiden nicht allein wegen biologischer Mängel, sondern auch aufgrund moralischer Ungerechtigkeiten: Demütigung, Druck, Unterdrückung, Verfolgung.

Die Ideologie mag die Armut mystifizieren, soviel sie will; ihren Schmerz kann sie nicht wegzaubern. Sie kann ihn allenfalls betäuben und erträglich machen. Aber Hunger bleibt Hunger, Krankheit bleibt Krankheit, und Tod bleibt Tod. Alles das ist schmerzlich und tut weh. Ideologie im Sinne eines Systems wirksamer Mystifizierung kann nichts davon außer Kraft setzen. Ideologie wirkt sich nicht auf den objektiven, vom Geist unabhängigen Stand der Dinge aus, sondern allein auf den Geist und sein Verhältnis zur Welt (obwohl auch dies objektiver Teil der objektiven Welt ist). Aus diesem Grund ist die Wirklichkeit immer eine Bedrohung für die Ideologie. Man kann die Wirklichkeit maskieren, aber nicht zerstören. Wer das vorhätte, würde das Gesicht zerstören, das die Maske trägt. Betäubung hat noch niemanden geheilt.

Gemeindeleiterin – Vestalin, die die Flamme des Gemeindelebens am Brennen hält

Ivanilde und ihr Mann sind ein Ehepaar von Grundschullehrern hier in Catuaba. Beide arbeiten in der Schule wie auch in der Gemeinde. Das Paar hat fünf Kinder, und das sechste ist unterwegs.

Ivanilde steckt voller Leben und intellektuellem Scharfsinn. Sie ist die Seele von Catuaba und der Mittelpunkt, um den sich Dutzende von Familien versammeln, die in der Umgebung und in den Kolonien wohnen. Von allen wird sie hochgeschätzt.

Die Gemeinde ist hier mittlerweile acht Jahre alt. Die ganze Zeit war Ivanilde mit ihrem Ehemann die Vestalin, die die Lebensflamme dieses Volkes am Brennen hielt.

Der Mann war Kandidat des PT für das Amt eines Stadtverordneten. Aber er bekam nicht einmal hundert Stimmen. »So ist das nun mal«, sagt er gefaßt. »Das unterdrückte Volk lebt auf der nackten Erde, allen Unbilden ausgesetzt.« So erlebt es eine Niederlage nach der anderen, aber dennoch geht es dem Sieg entgegen – wie ein berühmter Revolutionär gesagt hat.

Eine Ordnung für das Wesentliche des Lebens

Das Haus, das Ivanilde und Zé bewohnen, ist ein altes, geräumiges Gebäude. In der Vergangenheit war es schon mal Verwaltungssitz einer Gummipflanzung.

Die allgemeine Ordnung, die hier gilt, und zwar sowohl im Haus als auch in der kleinen Schule, im Gesundheitsposten wie im Gemeinschaftszentrum, ist geprägt von der ganzen Art des Ortes: Hier gilt nur das Lebensnotwendige, das Wesentlichste; für überflüssigen Kram ist kein Platz. Die Dinge sind summarisch eingerichtet und nur im großen und ganzen geregelt, gerade daß sie funktionieren. Im übrigen läßt sich die wilde Aggressivität der Natur, die jedem ausgeklügelteren und glatteren Vorgehen trotzt, nicht gänzlich bändigen.

Eleganz und Anmut sind keine Kategorien in dieser Ecke der Welt. Außer bei Kindern, Blüten und Schmetterlingen. Und im zwischenmenschlichen Umgang.

Urgemeinde: Beispiel für jede Gemeinde

Heute war den ganzen Tag Treffen. Gegen neun Uhr begannen wir mit etwa dreißig Personen. Zu Mittag waren es bereits mehr als fünfzig. Und bei der Messe am Nachmittag zählten wir zwischen fünfundsiebzig und achtzig Leute – ohne die Kinder, die immer in großer Zahl da sind.

In Absprache mit Ivanilde und Zé schilderte ich den Anwesenden das Bild der Urgemeinde, die ja die erste Basisgemeinde in der Geschichte war. Natürlich stützte ich mich auf die Apostelgeschichte, insbesondere auf die berühmten Kapitel 2 und 4. Im wesentlichen sprach ich von der »großen vierfachen Treue«:

1. Treue zum *Wort Gottes* (»Lehre der Apostel«);

2. Treue zur *Gütergemeinschaft* – hier verstanden als gegenseitige Hilfe und als Zusammenschluß aller Kräfte zum Kampf für Gerechtigkeit;

3. Treue zum *Brotbrechen* oder zur Messe. An dieser Stelle sprachen wir über den Priestermangel und die Verpflichtung der Gemeinde, sich mit dieser Frage auseinanderzusetzen, und zwar nicht nur dadurch, daß sie geistliche Berufe stellt, sondern auch dadurch, daß sie sich immer mehr den Auftrag zu Herzen nimmt, integrale und autonome Kirche zu werden;

4. Treue zum *Gebet* (Novene, Rosenkranz, Prozessionen, Gebet zu Hause usw.).

Dieses Bild vervollständigte ich durch zwei weitere charakteristische Züge der Kirche der Apostel:

5. innere und äußere *Schwierigkeiten* (Konflikte bzw. Verfolgungen); und

6. *Freude*, die sie in allen Widrigkeiten trotzdem an den Tag legte.

Essen mit dem Volk nach Art des Volkes

Zu Mittag meldete sich der Hunger. Da aber mehr Leute als erwartet gekommen waren, ließ das Essen auf sich warten. Unterdessen gönnte ich mir ein paar Kekse, etwas Ananas und ein paar Mangos. Mangos gab es in Hülle und Fülle; denn es war gerade die entsprechende Zeit. »Süß wie Honig« waren sie, wie Homer sagen würde.

Beim Mittagessen habe ich's gehalten, wie es hier üblich ist: Zusammen mit einem etwa sechsjährigen Mädchen habe ich von einem Teller gegessen. Dabei verschlang das Kind das Essen mit einer Gefräßigkeit, die beeindruckend war.

Nach dem Essen forderten mich die Kinder zum Spielen auf. »Fang mich doch!« riefen sie mir zu. Also habe ich ein bißchen mit ihnen gespielt, und das Vertrauen war hergestellt. »Seine Zeit mit Kindern vertun« ist eines der deutlichsten Zeichen für die Gnade. So verhält sich Gott, und so hat auch Jesus sich verhalten. Das Kind ist ein lebendiger Protest gegen unseren übertriebenen Ernst in Politik und Pastoral.

Auch ein Dutzend Jugendlicher nahm an dem Treffen teil. Sie machten gut mit, besonders beim Singen. Ich hatte richtig Spaß an ihnen.

Den ganzen Tag war es drückend heiß gewesen. Kein Lüftchen bewegte sich, der Himmel war verhangen. Wirklich schlimm, zum Ersticken. Während der Messe am Nachmittag fiel Gott sei Dank ein kurzer, heftiger Regenschauer. Welch eine Erfrischung, welch ein Segen!

Konflikt: Konstante in jeder Gemeinde

Um zwei Uhr ging die Arbeit weiter. Gemeinsam verglichen wir die Kirchliche Basisgemeinde in Catuaba mit der Basisgemeinde der Apostelgeschichte. Punkt für Punkt zogen wir die Parallelen.

Der Punkt, der am meisten hervorgehoben wurde, war der fünfte: Schwierigkeiten, Konflikte und Verfolgungen. Schließlich war man zu jedem Kampf bereit.

Am Ende wiederholten wir verschiedene Male und auf verschiedene Weise die sechs Merkmale der Basisgemeinde in der Apostelgeschichte. Die Punkte, die an der Tafel standen, hatten wir den Tag über besprochen. Jetzt lasen wir sie, rezitierten sie im Chor, deklamierten und sangen sie.

Ivanilde und ich hatten vereinbart, mit den Verantwortlichen für die Gemeinden auch die Rede des Paulus in Ephesus zu besprechen. Aber das habe ich schlicht vergessen. Im übrigen wäre ein weiterer Text auch gar nicht tunlich gewesen, weil der Vergleich mit der Urkirche gerade genug des Guten war.

Nicht nur aufklären, sondern auch anfeuern

Um halb vier Uhr begannen wir die Eucharistiefeier. Beim Opfergang brachten die Kinder Blumengaben, die sie im Urwald gepflückt hatten, während die Erwachsenen ihre Fürbitten vortrugen. Hinsichtlich des heutigen Treffens sprachen einige von einem »großen Tag«.

Beim Friedensgruß umarmte ich jeden einzelnen Anwesenden, einen nach dem anderen. Diese Geste bricht in der Tat die psychologischen Barrieren und schließt einen Raum von Vertrauen und Freiheit auf. So verläuft die Messe lockerer. Aus diesem Grund wäre es vielleicht gut, wenn man sich den Friedensgruß schon zu Beginn geben könnte. Dann würde die Schüchternheit gelöst, das Eis gebrochen und das Herz befreit.

Am Ende der Messe sprach ich der Gemeinde, den Gemeindeleitern und den Amtsträgern meine Glückwünsche aus und ermutigte sie ausgiebig, weiterzumachen und sich fest an die »große vierfache Treue« zu halten.

Tatsächlich überzeuge ich mich immer mehr, daß wir nicht nur die wichtige Aufgabe der Bewußtseinsbildung, sondern auch der Ermutigung haben. Der Kopf braucht Licht, aber das Herz braucht Feuer. Mit Erklären allein ist es nicht getan, wir müssen auch anfeuern. Wie Gott, der uns seine Offenbarung, vor allem aber seine Gnade gibt.

Eine Gemeinde muß nicht nur lebendig, sondern vor allem treu sein

Nach der Messe kommt eine Frau zu mir und sagt, sie habe sich von der Gemeinde entfernt gehabt, wolle aber jetzt wieder zu den Treffen kommen. Gerade das war ja auch mein Ziel hier. Ich wollte dem Volk wieder Mut machen, nicht von seinem Weg des Glaubens und der Einheit abzulassen. Ivanilde hatte mir gesagt, die Gemeinde in Catuaba befinde sich im Augenblick in einer depressiven Phase und benötige eine kräftige Spritze.

Nun, Depressionen gehören zum Lebensrhythmus einer jeden Gemeinde. Das braucht niemanden zu wundern oder mutlos zu machen. Irgendwann läßt die Begeisterung immer nach. Dann ist Treue das Gebot der Stunde. Eine Gemeinde braucht gar nicht unablässig gepackt und enthusiastisch zu sein, wohl aber muß sie treu sein. Darauf kommt es an.

Ja, jede Gemeinde kommt einmal in eine Phase von Entmutigung und Müdigkeit. Das ist nur natürlich im Leben der Kirche. Nicht ohne Grund sprachen die Kirchenväter vom »Geheimnis des Mondes«, um den »zunehmenden« und »abnehmenden« Rhythmus im Leben der Kirche zu schildern. Davon erzähle ich der Gemeinde und insbesondere Ivanilde, damit sie für ihre Arbeit wieder Mut bekommt. In solchen Situationen muß man in die Rolle des Deuterojesaja schlüpfen und das betrübte Volk »trösten«.

Im übrigen habe ich auch selbst diesen ganzen Studientag ohne jene große psychische Disposition gehalten, die man gewöhnlich als Begeisterung oder Enthusiasmus bezeichnet. Aber darauf kommt es ja auch gar nicht an, sondern auf göttlichen Glauben und göttliche Geduld. Und auf die Freude des Geistes, die wie die Tiefenströmung des Ozeans ist, die etwas ganz anderes ist als die aufgepeitschten Wellen der Meeresoberfläche.

Wo ist die Kraft der Kirchlichen Basisgemeinden?

Ein Gefühl der Zerbrechlichkeit befällt einen, wenn man sich in den Kirchlichen Basisgemeinden aufhält. Sie bewegen sich fortwährend nach dem Motto »Geht es oder geht es nicht?«, wie mir jemand hier sagte. Und nach dem, was ich kennenlernen durfte, haust das Gefühl der Schwäche in allen Kirchlichen Basisgemeinden in Brasilien und vielleicht darüber hinaus.

Ist dieser Zustand nun etwas bloß Vorübergehendes, das man in Kauf nehmen muß? Ein Zeichen dafür, daß die Gemeinden noch in den Kinderschuhen stecken und noch nicht reif sind? Eine Etappe also, die es zu überwinden gilt?

Oder handelt es sich nicht vielmehr um ein Konstitutivum der wahren Kirche Christi, die, je wahrer sie ist, um so ärmer und je ärmer, auch um so schwächer ist? »Das Schwache in der Welt hat Gott erwählt, um das Starke zuschanden zu machen« (1 Kor 1,27). Ist das Ideal der Stärke, nämlich »starke Gemeinden« zu haben, wirklich das Ideal des Evangeliums?

Trotzdem muß man genau hinschauen und abwägen. Denn diese Schwäche, Zerbrechlichkeit, ja Kurzlebigkeit – möchte ich fast sagen – der Kirchlichen Basisgemeinden ist eine zwiespältige Sache. Vielleicht muß man unterscheiden zwischen einer Schwäche, die aus dem geringen Alter, aus mangelnder Zurüstung und Erfahrung resultiert, die nur vorübergehend ist, überwunden werden und durch einen deutlichen Schritt nach vorne behoben werden muß, und einer Schwäche im Sinne des Evangeliums, die auf der Tatsache beruht, daß unsere Basisgemeinden aus Armen, Semianalphabeten, Unterdrückten und Entfremdeten besteht, die aber dennoch oder gerade deshalb die Träger der Sendung der Kirche und der Verheißung des Reiches sind. »Fürchte dich nicht, du kleine Herde!« (Lk 12,32).

Die Kraft der Kirchlichen Basisgemeinden kann nur im Glauben, aber nie in der Angst, im Bewußtsein, aber nie in der Entfremdung, im Mut, aber nie in der Feigheit bestehen.

13. November, Sonntag
Mit dem Schiff zurück

Sechs Uhr morgens. Mit dem Schiff fahre ich auf dem Rio Acre stromaufwärts nach Rio Branco. Die Fahrt wird über zwei Stunden dauern.

Wenn ich um mich herum schaue, sehe ich links und rechts Kolonien. Sie gehören den Reichen in der Hauptstadt. Hier gibt es alles im Überfluß. Das springt mir um so mehr ins Auge, als sich in meine Seele die Eindrücke von Verlassenheit und Bedürftigkeit eingeprägt haben, die ich in der vergangenen Woche bei den Parzellensiedlern in Brasiléia gewonnen habe.

Geschichte einer Gemeindeleiterin – Ivanilde

Gestern abend erzählte mir Ivanilde bei Tisch ihre Geschichte als Gemeindeleiterin und den Werdegang ihrer Gemeinde.

Fünfzehn Jahre – sagt sie – sei sie verheiratet. Bis vor neun Jahren habe sie mit Kirche und Evangelium nichts zu tun gehabt. Zu Hause habe es nur Feste und Feiern gegeben, mit Besäufnissen und Streitereien, alle vierzehn Tage.

Eine Nichte von ihr habe etwas mehr von der Kirche gehalten und sonntags in der Frühe am Radio die Messe gehört. Eines Sonntags habe auch sie, Ivanilde, einmal Lust gehabt, sich die Messe anzuhören. Da habe alles angefangen. Der Bischof von Acre und Purus, Dom Moacyr Grechi, habe gesagt: »Die Ernte ist groß, aber es gibt nur wenig Arbeiter.« Und dann habe der Bischof jeden, der Lust habe, eingeladen, sich den Gemeinden zur Verfügung zu stellen.

Das Wort »Gemeinde« sei ihr fremd vorgekommen, aber die Einladung habe sich ihrem Herzen eingeprägt. Den ganzen Sonntagmorgen habe sie daran denken müssen. Gewissensbisse über ihren nichtigen Lebensstil hätten sich eingestellt. Die Tränen seien ihr gekommen. Sie hätte dem Bischof gern geantwortet, aber mit Leuten, die mit der Kirche zu tun hatten, hatte sie keinen Kontakt. Da sucht sie ihre Schwiegermutter auf, die nebenan wohnt (und die ich als eine tiefgläubige Frau kennenlernen konnte, als eine Frau mit einem Glauben, wie er in den Halbsteppen und im wilden Hinterland des Staates Pernambuco zu Hause ist). Die alte Dame sagt ihr: »Meine Tochter, das ist Gott, der dich ruft. Du darfst dich ihm nicht verschließen.«

Also fährt sie in die Stadt, um mit dem Bischof zu sprechen. Die beiden treffen sich. Dom Moacyr unterrichtet sie darüber, wie man eine Katechesegruppe in Gang bringt; denn damit will sie erst einmal beginnen. Dom Moacyr verspricht ihr, wenn die Kinder den Kurs beendet hätten, wolle er selbst hinauskommen.

Und so kam es dann auch. Von überallher strömten die Leute zusammen. Mehr als acht Jahre war es her gewesen, daß ein Priester in der Gegend gewesen war.

Geschichte einer Gemeinde

»Dann«, fährt Ivanilde fort, »habe ich einen Kurs für Gemeindeleiter gemacht. Pater Pacífico leitete das Treffen. Vier Tage lang haben wir uns mit den ersten Christen beschäftigt. Am Ende des Kurses hatten wir den Eindruck, aus dem Paradies zu kommen. Das war die einmütige Auffassung aller.

Damals wurde die Gemeinde geboren. Zeitweise war die Beteiligung großartig, sowohl an Zahl als auch an Qualität. Während der Karwochen gestalteten wir den Kreuzweg nach, und an Weihnachten führten wir das Geschehen szenisch auf, usf.

Im Augenblick gehören fünf Gruppen zur Gemeinde – mit einem Beauftragten für die Taufen.

Die Gemeinde hat gekämpft. Schließlich haben wir die Schule und den Gesundheitsposten erreicht; und in Kürze soll auch noch Licht kommen.

Mein Mann und ich sind in der Gewerkschaft, im Lehrerverband und auch im PT tätig. (Tatsächlich fällt mir auf, daß an den Außenwänden Parolen des PT stehen; Anmerkung des Verfassers.)

Die Gemeinde hat ein informelles Koordinationsteam, zu dem alle Leiter und weiteren Amtsträger gehören. Einmal im Monat trifft es sich, um die Aktivitäten zu planen.

Können Sie sich vorstellen« – fährt sie voller Überzeugung fort –, »daß es nach einem Jahr Gemeindeleben mit den Intrigen vorbei war? Jetzt lebt alle Welt hier in der Gegend in Frieden und Freundschaft.«

Meinerseits kann ich bestätigen, daß die Gemeinde in Catuaba auf einem qualitativ hohen Niveau steht. Ivanilde selbst zeigte sich ein wenig entmutigt und meinte: »Die Gemeinde befindet sich in einer Phase geistiger ›Rezession‹.« Das sagte sie ganz deutlich, und in diesem Sinn betete sie dann auch bei der Messe gestern nachmittag.

Nach meiner Ansicht liegt das jedoch zu einem guten Teil an der psychischen Verfassung, in der sie steckt. Sie ist im neunten Monat schwanger und nervlich erschöpft. Das macht sie überempfindlich für alles, was um sie herum passiert, und alles, was sie angeht, macht sie betroffen. Das wurde mir bei einem Gespräch später am Abend deutlich.

»Sie arbeiten zuviel, Ivanilde«, sage ich ihr in einem zurechtweisenden Ton. Doch sie antwortet: »Die Gemeinde gibt einem keine Ruhe. So ist das, wenn jemand Mutter für das Leben der Kinder und Mutter für den Glauben des Volkes ist.«

Spannungen bei einem Ehepaar in der Gemeindeleitung

Gestern abend bat mich Ivanilde um ein Gespräch, an dem auch ihr Mann teilnahm. Es ging um Probleme, die wohl jedes Ehepaar kennt.

Ivanilde beklagte sich, ihr Mann habe zuwenig Einfühlungsvermögen für ihre Situation als Schwangere, und überdies sei sie erschöpft. In der Beziehung zu ihr sei er introvertiert und verschlossen.

Ich muß gestehen, daß mich dieser Ton ein wenig überraschte. Denn wie ich die Ehemänner hier mit ihrem Machismus kennengelernt hatte, war ich nicht wenig von der Aufmerksamkeit, mit der Zé – oder José Domingos, wie er mit Taufnamen heißt – seine Frau behandelt, beeindruckt. Ich hatte gesehen, wie er in der Küche mit den Töpfen hantierte und daß er vorgestern abend das Abendessen hergerichtet hatte. Am anderen Morgen war mir aufgefallen, daß er sich einen Besen griff und den Boden fegte. Und im übrigen: Arbeiteten die beiden nicht zusammen in der Schule, in der Partei, in der Lehrergewerkschaft und eben in der Gemeinde? So ein Ehepaar ist doch eine große Ausnahme. Das sagte ich dann auch Ivanilde, um den Fall zu entdramatisieren.

Zé sagte sehr wenig. Er beschränkte sich darauf zuzuhören, um schließlich zu äußern, er empfinde die Lage nicht als so dramatisch und er sei nun mal so, das habe er von seiner Familie usw.

Ich dachte: das ewige Reden der Männer. Ich merkte, daß ich ein wenig betroffen war. Dennoch war ich bei der Sache und gut aufgelegt.

Zu Ivanilde gewandt, sagte ich ein paar Worte der Ermutigung. Was Zé anbelangt, unterstützte ich seine Frau und meinte, ihre Feinfühligkeit verdiene – gerade jetzt, da sie ja in Kürze ein Baby erwarte – mehr Aufmerksamkeit und Zuwendung. Aber auch Ivanilde sagte ich, sie müsse das Naturell ihres Mannes verstehen und seine wenn auch diskreten Gesten der Aufmerksamkeit wahrnehmen.

Jetzt wurde mir klar, warum Ivanilde bei unserer Ankunft am Freitagabend und auch am Samstagmorgen mit geröteten Augen in den Wohnraum gekommen war: Sie war bei den Freundinnen gewesen und hatte ihrem Kummer Luft gemacht.

Trotzdem fand ich ihre offene Haltung und den ehrlichen Dialog mit dem Mann großartig und mutig. Für mich war das ein weiterer Beweis dafür, daß sie eine starke Persönlichkeit ist und, anders als ihr Mann, einen Geist der Initiative hat. Aber gerade deshalb kommt es ja zu solchen Spannungen, die angegangen und nicht umgangen sein wollen.

Im Grund aber sind sie ein sehr schönes Paar – ein Paar im Geist des Evangeliums.

Als wir uns heute morgen verabschiedeten, gab Ivanilde mir Grüße für Dom Moacyr mit. Wenn das Kind, das sie erwarte, ein Junge werde, werde sie den Bischof bitten, Pate an ihm zu werden. »Dom Moacyr hat mir die Methode von Billings beigebracht, und sie hat nicht geklappt«, sagte sie lachend. Einen Abbruch wollte sie nicht, das sei gegen ihr Gewissen. Diana, die jüngste Tochter, ist noch nicht einmal ein Jahr alt, und da kommt bereits wieder ein Kind!

Aber sie macht weiter, im starken und süßen Wehen des Geistes.

Die Bosheiten der Armut

Gerade ist ein älterer Mann von fünfundsechzig bis siebzig Jahren auf unser Boot gekommen. Taumelnd. Barfuß. Er sagt, er sterbe vor Hunger, seit fünf Tagen habe er nichts gegessen. Er lebe allein und sei Witwer. Jetzt sei er auf dem Weg in die Stadt, um irgend etwas Eßbares aufzutreiben. Dort habe er eine Tochter, und so fort.

Ich schaue mir seine Augen an. Sie scheinen wie erloschen. Der Bauch ist eingefallen. Hunger, wirklich Hunger – denke ich. Nur daß ich nicht verstehen, wie so etwas hier in einer Region, in der alles vorhanden ist, passieren kann. Kann nur ein merkwürdiger Zufall sein.

Ich fange ein Gespräch an mit zwei Frauen, die gerade zugestiegen sind, und mit dem Bootsführer. Die Geschichte mit den fünf Tagen nichts zu essen sei nichts als gelogen. »Bei soviel Mango, Süßkartoffeln an den Ufern und Bananen kann ein Mensch zu dieser Jahreszeit unmöglich hungern«, sagen sie skeptisch. Und der Schiffsführer: »In der Nähe dieses Kerls wohnen so viele Leute, wie soll er da Kohldampf schieben? Der will nur in die Stadt und sich ein schönes Leben machen«, gibt er lachend noch einen drauf.

Ich armer Tropf! In meinem Mitleid habe ich dem alten Halunken tausend Cruzeiros gegeben. Eigentlich wollte ich ihm sogar mehr geben. Aber jetzt tut's mir auch um die tausend leid.

Auch die Armut hat ihre Bosheiten ...

Arbeit und Religion im Leben des Volkes

Als ich am Freitag nach Catuaba flußabwärts fuhr, unterhielt ich mich mit einem alten Mann, der in dieser Gegend geboren war, als Gummischneider gearbeitet hatte, fünfzehn Jahre Bootsfahrer auf dem Acre-Fluß gewesen war und jetzt mit der Frau in einer Kolonie bei Catuaba lebt. Trotz seiner fünfundsiebzig Jahre arbeitet er nach wie vor auf dem Feld. Er führt ein eingeschränktes, aber kein miserables Leben. Armut diesseits der Grenze der Menschenwürde.

Da denke ich bei mir: Ein alter Mann, der sein ganzes Leben lang gearbeitet hat, muß noch immer arbeiten, um leben zu können ... Von seiner Arbeit sind sicher viele ganz schön dick geworden. Sinnbild für Tausende von Gummiarbeitern, die ihr Leben mit Arbeit verschlissen haben, damit sich andere ein feines Leben machen können. Aber nicht im Sinne eines freien, frohen und liebevollen Geschenks, sondern im Sinne von zwanghafter, gewalttätiger und haßgeladener Ausbeutung.

Zu meiner großen Überraschung sagt mir der Alte: »Mir macht es Spaß, mit meinem Schwungmesser Gestrüpp und Unkraut niederzumachen. Daß ich sonntags nicht arbeite, ist nur wegen des göttlichen Gebotes. Wenn's nach mir ginge, wäre ich auch sonntags auf dem Feld. Auch wenn's regnet, geh' ich ...« Auf meine Frage, ob er denn von so vielem zur Erde gebeugten Arbeiten keine Rückenschmerzen habe (eigene Erfahrung!), antwortet er, das mache ihm nichts aus. Daran sei er von Kind an gewöhnt.

Ich sage ihm: »Dann ist es aber an der Zeit, daß sie sich zur Ruhe setzen und in Frieden leben; denn Sie haben für die Welt doch schon soviel an Reichtum geschaffen.« Er aber lacht, als hätte er mich nicht verstanden. Ich also weiter: »Mit all dem, was Sie schon getan haben, müßten Sie ja in einem Palast aus Gold wohnen.« So scherze ich, er aber fängt wieder mit der Feldarbeit an und erzählt mir, wie schön der Mais, die Macaxeira und der Reis am Wachsen sind. »Wäre schön, wenn Sie mal auf mein Feld kämen und sich alles ansähen,« lädt er mich voller Zufriedenheit ein.

Schließlich kommt er damit heraus, seine Frau sei trotz ihres Alters Katechistin. Ich denke: Da hat die Frau noch Leben, das sie dem Volk geben kann.

Er selbst sei, sagt er, durchaus religiös, mit der Gemeinde habe er aber wenig Kontakt. Dem Gesicht, den Augen und der Stimme nach meine ich jedoch, er sei ein Mann mit »reinem Herzen« und im Sinne des Evangeliums ein Seliger.

Ich frage nach den Gefahren, denen er während seines Lebens im Busch und auf dem Fluß begegnet sei. »Wenigen«, lautet die Antwort. Immer hätten ihn »die Kräfte Gottes und der Jungfrau Maria beschützt.« Und jedes Mal – und es war unendlich oft –, wenn er das Wort »Gott« aussprach, blickte er zum Himmel empor und legte die Hand an die Mütze. Welch ein beeindruckender Respekt vor dem Göttlichen! Die Juden zur Zeit Jesu hätten an solch einer Geste ihre Freude gehabt.

»Was beten Sie denn?« frage ich interessiert. Als Antwort trägt er mir ein Gebet vor, das er jedes Mal spricht, wenn er in den Busch geht. »Das ist ein kräftiges Gebet«, erklärt er, »und es beschützt einen vor allen Gefahren und Tieren.« Unter seinen Augen hielt ich das Gebet, das er mir vortrug, auf einem Zettel fest:

»Sankt Benedikt, heiliger Kuhtreiber,
du gehörst dem Allerheiligsten Sakrament.
Befreie mich von Schlangen
und von allen Tieren
mit Zähnen und Giftspritzern.«

Und weiter: »Dann muß man noch ein Vaterunser und ein Gegrüßt-seist-du-Maria zu Ehren des heiligen Benedikt beten.«

Ich frage, was »Giftspritzer« sind. Doch das weiß er nicht. Zur Erklärung aber erfahre ich, der heilige Benedikt habe sich um Tiere gekümmert, und deshalb sei er ein »heiliger Kuhtreiber«.

Im Gegenzug sage ich ihm ein anderes starkes Gebet zum heiligen Benedikt, das mir einmal eine junge Frau, die sich für den geistlichen Beruf entschieden hatte, beigebracht hat. »Mein Gebet ist gegen die Gefahr von Hundebissen«, versichere ich ihm. »Es geht so:

Sankt Benedikt, Weihwasser und
Jesus Christus auf dem Altar,
macht, daß ich an diesem Hund
heil vorbeikomme.«

Der alte Mann glaubt, ich glaubte wie er fromm an die Kraft dieser Art von Gebeten. Er ist glücklich, mich sein Gebet gelehrt zu haben. Als er sieht, daß ich mir den Text auf irgendeinem Stück Papier aufschreibe, will er das Gebet noch einmal bekräftigen und sagt: »Sie werden sehen, wie mächtig es ist!«

In der Tat gehe ich davon aus, daß diese Gebete vielleicht nicht so sehr den Zustand der Dinge in der Welt verändern als vielmehr den Geist günstig beeinflussen, damit er sich erfolgreich mit dem Zustand der Dinge auseinandersetzen kann. Und wenn sie etwas in der Welt verändern, dann auf dem Weg des Geistes und möglicherweise kraft einer Wirkung, deren psychophysische Logik wir noch nicht, zumindest zu einem guten Teil noch nicht verstehen (wenn man einmal die Parapsychologie akzeptiert).

Andererseits glaube ich, daß Gott sich durch derartige Mittel nicht schrecken läßt. Seine Macht kann sich auch solcher menschlichen Mechanismen bedienen. Allerdings meine ich nicht, diese Gebete hätten eine physische Wirkung auf die physische Welt. Das wäre Magie.

Beim Verlassen des Schiffes sage ich dem Alten: »Morgen erwarte ich Sie in Catuaba.« Er sagte zu. Und er kam – samt seiner Frau, der Katechistin.

Evangelium: Sauerteig, der die ganze Existenz durchdringt

Während ich hier auf dem Schiff meine Anmerkungen aufschreibe, fällt mir ein, wie Ivanilde sich ausgedrückt hat: »Bevor ich das Evangelium kennengelernt hatte«; »Alles haben wir – ausgehend vom Evangelium – erreicht: Schule, Gesundheitsposten und manches mehr«; »Bei uns bemühen wir uns, so zu leben, wie's im Evangelium steht«, usf.

Wie großartig! Diese Menschen nehmen das Evangelium wirklich ernst. Für sie ist das Evangelium das Gesetz des Lebens, der Freiheit und der Liebe. Das Evangelium wird in den Menschen, in die Familie, in die Gemeinde und in die Gesellschaft hereingeholt.

Sollte der Grund darin bestehen, daß diese Menschen keinen anderen Bezugsrahmen, keine andere konkurrierende Weltsicht kennen? Wie dem auch sei, hier durchdringt und verändert das Evangelium wie ein Sauerteig das ganze Leben. Und das Leben wird zu einem aufgegangenen, schmackhaften Brot.

Noch einmal: Was ist das politische Kapital dieses Volkes?

Eine dringliche Frage möchte ich noch festhalten. Gestern abend, als ich – müde von dem Treffen – gerade zum Haus von Zé und Ivanilde zurückkam, hat sie mich aufgerüttelt. Mit leerem Kopf gehe ich längs der Kante des Hochufers, das sich am Acre entlangzieht. Da kommt mir, flüchtig wie eine Katze auf dem Dach, der Gedanke: »Wieweit ist dieses Volk Vorkämpfer der Veränderung unserer Gesellschaft?« Die Frage macht mich lächeln. Aber ich fasse mich und denke: So oder so, die Arbeit mit den Armen und Unterdrückten jeder Art ist immer der Mühe wert. Ja, es lohnt sich, auch die zu lieben, die politisch schwach sind. Wenn Marx dem keinen großen Sinn beimißt, Christus tut es, und zwar in erheblichem Maße. *Sub lumine Regni Dei*, im Licht des Gottesreiches betrachtet, ist die Arbeit mit den Letzten der Letzten dieser Welt auch konstruktiv: Wenn sie auch nicht das zeitliche Reich aufbaut, trägt sie doch zum Aufbau des endzeitlichen Reiches bei. Und was wäre jenes, wenn es nicht an diesem gemessen würde? Der Marxismus mit seiner Vorliebe für die arbeitenden Klassen kann es sich gestatten, die »Kleinen« – das Lumpenproletariat wie die Landarbeiter und Kleinbauern – zu mißachten, weil er nur die Geschichte des Menschen sieht. Das aber darf sich ein glaubender Mensch nie erlauben, weil er im Text dieser Geschichte einen anderen, übergeschichtlichen Sinn entziffert.

Andererseits bleibt die Frage: Wohin führt diese ganze Arbeit? Lassen sich der Sinn unseres Weges und die Umrisse der neuen Gesellschaft nicht ausmachen? Bereiten wir das Volk mit der gebotenen Umsicht auf die radikale Treue zum Glauben in der Geschichte vor, bis hin zu den letzten Konsequenzen, bis hin zum Märtyrertod? Jesus hat das mit Realitätssinn, Klarsicht und Bedingungslosigkeit getan. Ich erinnere mich, daß die heilige »Popolana« (die Volkstümliche), wie Katharina von Siena genannt wurde, das Martyrium für eine dem Glauben wesentliche innewohnende Möglichkeit hielt. Jeder Christ geht, wenn er denn treu ist, dem Martyrium entgegen.

Zuvor jedoch müssen wir uns fragen: Sind wir selbst zum Märtyrertod bereit? Bereit, wie der Meister uns im Blut taufen zu lassen?

»Sich das Martyrium wünschen, wie man sich das Paradies wünscht«, das ist Gnade, um mit Léon Bloy zu sprechen. »Der Märtyrertod ist eine Gnade, die der Vater nur für seine Lieblingskinder bereithält«, wie unser großer Dom Hélder Câmara gesagt hat.

VII
»Rat der Sektoren«: Diakonie der Befreiung

26. November, Samstag: Rio Branco
Aufbau des Leibes Christi

Heute morgen tagt hier im Bildungszentrum der »Rat der Sektoren«. Wir machen eine Auswertung der verschiedenen Dienstbereiche dieser Ortskirche: Grund und Boden, Indianer, Katechese, Ämter usf.

Gekommen sind die Beauftragten eines jeden Sektors: Laien, Ordensfrauen, Priester und der Bischof, an die fünfzig Personen insgesamt. Sektoren sind Arbeitsfelder, die nicht nur für diese oder jene Gemeinde oder Pfarrei wichtig sind, sondern für die Ortskirche als ganze. Sie sind so etwas wie »Gelenke«, von denen im Epheserbrief die Rede ist und die es ermöglichen, »daß der ganze Leib zusammengefügt und gefestigt ... und in Liebe aufgebaut wird« (Eph 4,16).

Im Folgenden notiere ich einige Überlegungen, zu denen mich dieser Rückblick veranlaßte.

1. Gesundheit: Beauftragte für die Kranken oder Gesundheitsfunktionäre?

Auf pastoraler Ebene läßt sich die Frage auf folgenden Punkt bringen: Müssen sich die »Beauftragten für die Kranken«, die ja auch »Kommunionhelfer« sind, zusätzlich um die sozialen Seiten der Gesundheit kümmern: Bewußtseinsbildung und Organisation des einfachen Volkes hinsichtlich seines Rechtes auf Gesundheit? Heiße das, daß ihnen auch der Auftrag von »Gesundheitsfunktionären« zukommt?

Nicht notwendigerweise. Die beiden Funktionen können sich zwar unterscheiden, stehen aber in Verbindung miteinander. Im Blick auf den »Beauftragten für die Kranken« liegt es auf der Hand, wie notwendig und wichtig er ist, weil der Kranke ja einer christlichen und kirchlichen Präsenz bedarf. Der »Beauftragte« soll für den Kranken und mit dem Kranken beten, ihn in seiner Prüfung ermutigen und ihm zugleich eine angemessene – sei es häusliche, sei es professionelle – medizinische Behandlung vermitteln. Niemals sollte man die beiden

Dinge voneinander trennen: Gebet und Medikament, Segen und Arzt, Trost des Geistes und Heilung des Körpers.

Bekanntlich ist die Zahl der Kranken bei uns groß. Alle müssen die Liebe Gottes zu ihnen erfahren können. Die Protestanten haben ihre »Sitzungen göttlicher Heilung«, und die Leute strömen dahin. Denn so etwas kommt einem realen Bedürfnis der Armen entgegen. Deshalb müssen sich die Gemeinden herausgefordert fühlen, sich in ihrer Liebe auch die Kranken angelegen zu sein lassen. Und zwar um so mehr, als im Gebet eine therapeutische Kraft steckt, die sich kaum bezweifeln läßt. Deshalb zielte und zielt die Krankensalbung ja auch auf die körperliche Heilung des Betroffenen ab. Die psychosomatische Medizin weist denn auch nach, welch große Rolle der Geist bei der physischen Wiederherstellung des Patienten spielt. Aus der Erfahrung von Gesundzaubern und Gesundbeten weiß das Volk seit Jahrhunderten um diesen Zusammenhang.

Was nun den Gesundheitsfunktionär anbelangt, so sieht dieser das Problem von seiner sozialen Seite her und aus der Mitte eines gesunden Gemeinwesens. Es wäre abwegig, mit einem Kranken die Ursache oder den gesellschaftlichen oder gar wirtschaftlichen Hintergrund seiner Krankheit zu diskutieren und mit ihm strukturelle Lösungen zu erarbeiten ...

Folgende zwei Ebenen der Liebe dürfen nicht verwechselt werden: die zwischenmenschliche (Mikrocaritas) und die gesellschaftliche oder politische Ebene (Makrocaritas).

2. Ämter: Die große Frage ist nicht Priester, sondern Eucharistie

Die Arbeit in diesem Sektor braucht eine sichere und umfassende theologische Begründung, wie einige Priester in der Runde betonen.

So müssen zum Beispiel der Auftrag und die Konturen des Priesters theologisch bedacht werden, ohne daß man ihn gleich in die geltende kirchliche Disziplin preßt, die ja voraussetzt, daß er eine bestimmte philosophisch-theologische Ausbildung hat, zölibatär lebt usf.

Wenn es keine mündige Gemeinde ohne Eucharistie gibt, wie soll man dann die Gemeinden begleiten, die dabei sind, mündig zu werden, ... wenn man ihnen nicht die Möglichkeit eröffnet, die ihnen entsprechenden Amtsträger oder Beauftragten (ministros) zu haben, wie etwa den »Beauftragten für das Herrenmahl«?

Die große Frage in diesem Punkt ist nicht der Priester, sondern die Gemeinde. Mit anderen Worten: In Wirklichkeit geht es nicht darum, mehr Priester zu haben, sondern darum, daß die Gemeinden das Herrenmahl feiern können. Man wird sich doch eine Gestalt des Vorsitzenden beim Mahl denken können, die nicht zwangsläufig der Priester oder besser die uns gegenwärtig bekannte Gestalt des Priesters ist. Sie sähe anders aus: Sie wäre der »Pater« aus der eigenen, mithin kleinen Gemeinde, in der er in angemessener, nicht unbedingt offizieller Form den Vorsitz bei der Eucharistie führte.

Wenn die Kirchlichen Basisgemeinden eine »neue Art von Kirchesein« ausmachen, dann tragen sie auch eine »neue Art von Presbytersein« in sich.

3. Theologiekursus und Ämter

Der »Rat der Sektoren« bat darum, diese beiden Sektoren dichter miteinander zu verknüpfen. Die Verbindung könnte wie folgt formuliert werden:

Die Gemeinden schicken Leute in den Theologiekurs, damit sie sich qualifizieren und ein entsprechendes Amt übernehmen können;

die Professoren und theologisch ausgebildeten Studenten betätigen sich als Multiplikatoren in den verschiedenen Sektoren, einschließlich des Bereichs der Ämter.

4. Indianer: »Bußschweigen« für ihre Evangelisierung

Der CIMI (Conselho Indigenista Missionário = Indianischer Missionsrat) leistet eine sehr gute Arbeit an der Seite der eingeborenen Bevölkerungen.

Trotzdem muß das »MI« des CIMI diskutiert werden: Was tut der Missionsrat im eigentlich missionarischen Sinn? Sehr wenig. Was er tut, liegt einfach auf der Ebene der allgemeinen Pastoral, unabhängig vom CIMI – wenn die Priester die »Entpflichtungen« halten usw.

Lori, eine lutherische Pastorin, die zusammen mit ihrem Mann, dem Pastor Roberto, unter den Marinawa-Indianern arbeitet, diskutiert in ihrer Zulassungsarbeit für die Ordination die Frage der Evangelisierung der Indianer. Sie arbeitet einige ausgezeichnete Punkte heraus. So sagt sie zum Beispiel, die Evangelisierung der Indianer müsse sich eine Zeitlang auf das Minimalprogramm beschränken, von dem Dietrich Bonhoeffer 1944 im Gefängnis unter den Nazis spricht: »Beten und kämpfen für die Gerechtigkeit«. Ausdrückliche Evangelisierung? – für den Augenblick nicht. Die pastorale Strategie sei ein

»Bußschweigen«, damit die Kirche Buße für die Sünden tun könne, die sie im Namen der Evangelisierung begangen hat. Auf diese Weise könne sie mit der Zeit ihre Kompetenz wiedergewinnen, im Namen des Evangeliums zu reden und Gehör zu finden. Erst dann und aus der Tiefe dieses langanhaltenden »Bußschweigens« könnten die Worte des Glaubens die ihnen eigene Ausstrahlung und Kraft wiedergewinnen. Übrigens hatten das in den sechziger Jahren bereits die Vertreter der »Gott-ist-tot-Theologie« vorgeschlagen.

Nach meinem Dafürhalten gilt das insbesondere für die Indianer, die man im Namen des Glaubens kulturell und physisch vernichtet hat. Deshalb muß der Glaube durch folgende doppelte Dosis zu seiner Glaubwürdigkeit zurückfinden: durch Gebet und Gerechtigkeit. Beides ist wesentlich, nicht nur die Gerechtigkeit. Denn Bonhoeffers Vorschlag könnte jemand auch zum Alibi nehmen, um in pastoraler Hinsicht nichts zu tun. In der Tat: Die Spannung in Richtung auf eine zukünftige Evangelisierung hat nur dann Bestand, wenn wirklich gebetet wird. Das Gebet bewahrt das Wort des Glaubens, wie der Boden das Samenkorn in sich birgt, bis es sprießt.

Andererseits ist nicht von der Hand zu weisen, daß einige Stämme den Priester und die Sakramente wünschen. Da darf nicht gezögert werden.

Und die Stämme, die nichts wollen? Warum sollte diesen die »Fülle der Menschlichkeit« vorenthalten werden, die ihnen der Glaube bringen will? Natürlich: Wenn Indianer positiv in Opposition gehen und Widerstand leisten, darf man nichts tun, als ihre Haltung zu respektieren. Dann liegen wahrscheinlich gute Gründe dafür vor, daß die Bonhoeffersche Formel zur Anwendung kommt. Aber wenn nichts davon zutrifft, warum dann nicht evangelisieren? Kann man auch dann sagen, hier würde »kulturelle Kolonisierung« oder »ideologische Besetzung« betrieben?

Die Frage ist hier nicht, ob ja oder nein, sondern *wie* das Ganze zu geschehen habe. In der Tat gibt es eine rationale Begründung dafür, daß man anderen seinen Glauben predigt. Und diese lautet: Durch kulturellen Dialog und Austausch werden die Kulturen reicher. In einer Welt, die inzwischen zu einem »Weltdorf« geworden ist, wird auch niemand so etwas verhindern können. Im übrigen ist es ein »Menschenrecht«, das auch die UNO anerkennt, daß man seine religiösen Überzeugungen verbreitet.

Darüber hinaus kann und will sich christlicher Glaube in die Erwartungen des Menschen hineinbegeben, ohne daß er ihnen widerspricht; vielmehr will er sie potenzieren, läutern und im Unendlichen erfüllen. Damit sind wir aber schon beim *Wie* der Evangelisierung. Diese kann sich nur unter der Bedingung authentisch realisieren, daß alle echte Kultur des Indianers, einschließlich ihrer religiösen Formen, zur Geltung gebracht wird. Diesem Punkt muß sich die offizielle Kirche stellen, und sie muß ihre Missionspastoral überprüfen. Denn eine Sache sind die *inneren* Erfordernisse von Glauben und Evangelium, und eine andere Sache sind die *kulturellen*, stets relativen Erfordernisse, unter denen die Glaubensgemeinschaft, das heißt, die Kirche, steht.

5. CPT: Die Erfordernisse der Agape

Auch hier sind die Aktivitäten nahezu ausschließlich sozialer Art, obwohl die Pfarrer immer auch die Dimension des Glaubens ansprechen; und das tun sie sowohl bei den Kursen der Kommission als auch bei deren Tätigkeiten vor Ort.

Einrichtungen wie die CPT und andere bringen die christliche Agape zu den Unterdrückten zum Ausdruck. Wollten wir es jedoch nur bei der Agape belassen, ohne auch die Seele der Agape, nämlich den Glauben selbst, weiterzugeben, so würden wir das Volk noch einmal als *Objekt,* wenn auch als Objekt unserer Agape, behandeln. Denn dann hätten wir noch nicht erkannt, daß auch der andere seinerseits Subjekt der Agape ist; und das kann er nur sein, wenn er Glauben hat, weil dieser ja die Wurzel der Agape ist.

Zugegeben: Das Befreiungsengagement braucht nicht notwendigerweise Agape zu sein – Agape im Sinn von Praxis aus dem Evangelium oder im Sinn einer bewußten und vom und durch expliziten Glauben motivierten Praxis. Aber zu ihrer Fülle findet die Befreiung nur in der Agape, das heißt im Glauben. So hat Gott es gewollt, und so ist sein Heilsplan. Und so ist der Mensch angelegt

6. Verwaltung der Finanzen: Wie soll die Basis beteiligt werden?

In diesem Sektor wurde angemerkt, daß manche Entscheidungen individualistisch getroffen werden, über das zuständige Gremium, sprich: den Finanzrat, hinweg oder an ihm vorbei.

Nach meiner Ansicht jedoch müssen wir da noch radikaler sein: Die Verwaltung muß demokratisiert werden! Dabei liegt die Demokratisierung selbstverständlich auf der politischen Ebene, auf der Ebene der großen Richtlinien; die technische Ebene (Durchführung und spezifische Verfahrensweise) bleibt der technischen Kommission überlassen. Bei Perikles heißt es: »Wenn nicht alle Politik machen können, so können alle sie doch beurteilen.«

Vorgesehen ist, den Jahreshaushalt dem Pastoralrat vorzulegen und von ihm diskutieren zu lassen. Und das gilt auch für die Bilanz. Aber wieweit ist das nicht reine Schaustellung und bloße Formalität? Denn bis zu welchem Punkt nimmt die Vollversammlung an solchen Dingen wirklich Anteil?

Vielleicht nimmt sie keinen Anteil, weil im Hintergrund ein noch grundlegenderes und offensichtlicheres Faktum steht: Die Mittel der Ortskirche stammen nämlich gar nicht von ihr selbst und ihrem Schweiß. Was aber nichts kostet, interessiert auch nicht.

Hier aber wird das Volumen der Mittel, über die die Prälatur verfügt, zum Problem. Sie sichern die wirtschaftliche Infrastruktur für den großen pastoralen Apparat der Prälatur ab. Gewiß. Nur: Entspricht solch eine Grundlage einer Pastoral, die wirklich vom Evangelium her inspiriert sein will?

Müßte die Kirche nicht ärmer sein, auch in ihren Mitteln? Kämen wir so nicht näher an das Volk heran, und wären wir dadurch nicht gezwungen, mehr auf das Volk und auf seine eigenen Reichtümer zu vertrauen?

Was Innozenz III. geträumt hat, war nicht, daß ein reicher und mächtiger Papst die zusammenbrechende Kirche mit seinen Schultern stützte, sondern der Poverello.

»Ohne Armut kein Wohlstand«, pflegte Antonio Pucci, der Heilige aus dem Servitenorden, zu sagen. Das ist die Logik des Evangeliums, die der Logik des Kapitals in der Tat absolut zuwiderläuft.

Ob es in unserer Pastoral nicht einen Widerspruch gibt zwischen einer starken und soliden wirtschaftlichen Basis und dem Projekt oder dem Prozeß einer »armen Kirche« bzw. einer »Kirche der Armen«?

Auf jeden Fall muß eine solche Fragestellung als eine vom Evangelium her motivierte Anfrage und nicht als eine mosaische (legalistische) Vernehmung verstanden werden. Sie hat ihren Ort im Horizont der evangelischen Freiheit und der tiefen Bewegung durch den Geist, nicht aber im Reich von Verordnung oder Gesetz. Sie verweist auf die prophetische Radikalität Jesu von Nazaret, ohne dem Radikalismus der Nötigung zu verfallen. Die Kirche ist die Gemeinschaft der Kinder Gottes, freier Kinder – und frei, sowohl diese Welt zu gebrauchen, als gebrauchten sie sie nicht, als auch frei, sie »nicht zu gebrauchen«, als gebrauchten sie sie.

7. Erwachsenenkatechese?

Brauchen wir eine Erwachsenenkatechese, oder brauchen wir sie nicht? – darum ging die Diskussion. Am Ende kam man zu einer doppelten Erkenntnis: Einerseits ist die am Evangelium orientierte Reflexion in den Kirchlichen Basisgemeinden schon »Erwachsenenkatechese«. Denn ist das Evangelium nicht das älteste Katechesebuch der Kirche?

Andererseits haben die Laien das Bedürfnis nach einer systematischen oder organischen Darstellung des Glaubens. Unter diesem Gesichtspunkt ist das Büchlein ›Abre a porta‹ (Öffne die Tür) ein Versuch, der dieser Forderung ein gutes Stück entgegenkommt. Auf Bundesebene sind Überlegungen im Gang, ob es möglich sei, einen »Volkskatechismus« zu erarbeiten.

Im übrigen heiße das »Kerzen für einen nichtsnutzigen Toten verschwenden«, murrte der Bischof neben mir.

27. November, Sonntag
Qualifizierte Mitarbeiter:
Glaube als persönliche Überzeugung

In der Vollversammlung tauchte die Frage auf: Wie kommt es, daß sich kirchlich engagierte Leute von der Regierung vereinnahmen lassen und zu Strohmännern werden? Ein Beispiel: Fast die ganze neue Leitung des DCE (Diretório Central dos Estudantes = Zentrales Studentendirektorium) im Staat Acre hat eine kirchliche Vergangenheit und ist jetzt auf die Linie der Regierungspolitik eingeschwenkt. Warum steigen Pastoralträger, wenn sie den pastoralen *Dienst* verlassen, auch aus dem Rahmen des kirchlichen *Lebens* insgesamt aus? Warum geben sie, wenn sie aus der pastoralen Arbeit ausscheiden, auch das sakramentale Leben auf? Eine wichtige, allerdings noch keine schwerwiegende Frage.

Allem Anschein nach gilt der Glaube bloß aufgrund seines politischen Potentials, und unabhängig von ihm und ohne es verliert er seine menschliche Relevanz oder Bedeutung.

Nun hat aber das politische Engagement seine relative politische *Autonomie.* Bis zu einem gewissen Punkt hat es auch ohne Bezug zum Glauben seine Gültigkeit. Damit jemand sich der Arbeit an der Seite des Volkes hingibt oder für Gerechtigkeit eintritt, braucht er nur humanitäres oder ethisch-politisches Empfinden, wie es etwa auch im Marxismus zum Ausdruck kommen kann.

Aber die Autonomie ist nun eben *relativ:* Radikal und letztlich gründet sie in einer transzendenten oder »religiösen« Sicht von Welt und Geschichte. Ohne Offenheit für Transzendenz – auch wenn es nicht die Offenbarung oder das Christentum ist – mangelt es der Politik an hinreichend stabilen Grundlagen, und sie verfällt leicht der Perversion und Manipulation durch den Menschen. Paul VI. hat das klar gesehen, und zwar sowohl in der Enzyklika *Populorum progressio* (ein geschlossener Humanismus ohne Gott wendet sich am Ende gegen den Menschen, um mit de Lubac zu sprechen) als auch in seinem Apostolischen Schreiben *Evangelii nuntiandi* (Kap. III.: eine Befreiung ohne transzendente Perspektive wird letzten Endes zur Sklaverei).

So wird sichtbar, daß der Glaube eine Kraft ist, die die Politik davor bewahrt, sich zu entfremden.

Was aber ist zu tun, daß der Glaube zum Sauerteig nicht nur für das Engagement, sondern auch für das Leben; zum Salz für die Gesellschaft, aber auch für den einzelnen; zur Revolution, aber auch zur Überzeugung wird?

Ohne Verwurzelung in der Person verflacht die christliche Befreiung und wird leicht zur Ideologie: zum Marxismus oder zum Liberalismus. Ein Glaube, der über die »Option für die Armen« hinaus nichts mehr bedeutet, und eine Theologie, die nur der Statthalter einer – liberalen oder marxistischen – Ideologie ist, richten sich am Ende selbst zugrunde und geben genau dem Raum, wofür sie stehen.

Was also gilt es konkret zu tun? Wir müssen den Pastoralträgern, insbesondere den qualifizierten, eine *spezifische Glaubensbildung* ermöglichen. Und zwar durch eine seriöse theologische Kultur (Lektüre, Diskussion usf.), durch besondere Gottesdienstfeiern, Exerzitien, Disziplin im persönlichen Gebet usf. Kurz: Es geht darum, eine *christliche Spiritualität* zu entwickeln, die unserer Situation entspricht.

Mit Studium und Organisation der Arbeit allein ist es nicht getan; hinzukommen muß eine Vertiefung des Glaubens als solchen, will heißen: Schaffung und Verdichtung der Mystik des Christentums.

Kirche und Volksvereine

Die Vereine von ländlichem Nießbrauch, die im Augenblick wie Pilze aus der Erde sprießen, brauchen keinen konfessionellen Anstrich. Wohl aber müssen sie von der Ethik der Menschenrechte geprägt sein. Christen haben sich dort als verantwortliche Bürger einzumischen, *einzeln* oder als *Gruppe,* aber nicht als *Institution,* das heißt: als Sauerteig, mit ihrem Glauben, aber nicht als Kirche.

Aus dieser Konzeption, über die wir noch weiter nachzudenken haben, müssen wir (auch um sie zu verifizieren) alle pastoralen und politischen Konsequenzen ziehen, die in ihr stecken. Dazu aber braucht es Zeit und Verstand.

Revoluzzertum: Kleinbürgerliches Laster

Verschiedene Äußerungen, die heute im Plenum getan wurden, hätte man gut als radikal oder gar links bezeichnen können. So sagte jemand: Was das INCRA mit seiner Landverteilung treibt, ist keine Bodenreform. Weg damit! Wir brauchen eine echte Landreform, die das Volk selbst macht. Oder: Die Direktwahl des Bundespräsidenten [14] ist eine bürgerliche Lösung. Weg damit! Was wir wollen, ist eine andere Macht, die Macht des Volkes. Oder: Das Problem der Parzellensiedler aus Südbrasilien kann mit Kommissionen und irgendwelchen Verbesserungsmaßnahmen nicht gelöst werden. Das ist alles nur Behelf. Die Lösung ist eine gleichmäßige Verteilung der Ländereien und eine soziale Revolution. Nur gut, daß das vereinzelte Stimmen sind, die, weil sie nicht sehr vernünftig sind, auch nicht ganz ernst genommen werden.

Trotzdem tauchen in größeren Versammlungen derartige Revolutionsidealisten immer wieder auf. Diese Revoluzzer haben keinen Blick für die Schritte und notwendigen Momente des globalen Prozesses gesellschaftlicher Veränderung. So kann etwa die Landverteilung des INCRA ein Schritt in Richtung auf die richtige Landreform sein; und so kann die Direktwahl des Bundespräsidenten günstige Voraussetzungen dafür schaffen, daß eine Macht des Volkes entsteht. Warum sollte man damit nicht anfangen können? Das Revoluzzertum verwechselt den umfassenden Prozeß der Revolution mit einem ihrer Momente, mit dem Moment des Bruches.

Aus diesem Grund zeitigt der revolutionäre Immediatismus – »Revolution jetzt!« – böse Folgen:

ein Vorhutgebaren, das das Volk am Zaum voranziehen will, wie man einen Esel zieht;

ein Putsch- oder Konspirationsdenken, für das – in der Definition von Marx – »die Bedingungen der Revolution die Vorbereitung der Konspiration sind«.

Hier herrscht eine Unfähigkeit, das umfassende Projekt mit partiellen Strategien und Taktiken sowie langfristige (historische) Vorschläge mit kurz- und mittelfristigen (konjunkturellen, vorübergehenden) Vorschlägen zu verbinden.

Einige behaupten: Die Lösung ist die Revolution; und sie meinen, damit den Weg ausgemacht zu haben, während sie doch nur das Endziel gefunden haben.

Als diskutiert wurde, wie man den Parzellensiedlern aus dem Süden helfen könne, schlug ich gegen die Propagandisten der unverzüglichen Landreform und der sofortigen Sozialrevolution vor, man solle zu konkreten Maßnahmen greifen, weil es sich ja auch um ein konkretes Problem handle, und vom System das fordern, was es zu leisten vermöge. Nach der Versammlung geht jemand an mir vorbei und »putzt mich runter«: »Du bist ein Reformist!«

Das ist es also: Was dem revolutionären Immediatismus bleibt, ist allein die Konspiration, sofern er überhaupt zu mehr als nur zu seinem idealistischen Wortschwall Mut hat.

Nicht jede Reform ist Reformismus. Eine bescheidene Maßnahme und ein kleiner Schritt haben dann revolutionären Gehalt und revolutionäre Bedeutung, wenn:

a) die *Unterdrückten selbst* als Subjekte oder möglicherweise gar als Protagonisten sie ergreifen bzw. ihn tun;

b) wenn die *Richtung stimmt,* das heißt, wenn die Maßnahmen und der Schritt als Momente eines Prozesses auf die Veränderung des gesellschaftlichen Systems abzielen oder – anders gesagt – wenn sie die geltende Ordnung als Ganzes hinterfragen.

Der revolutionäre Immediatismus ist eine Krankheit des Kleinbürgers, der Bauch und Mund voll, aber Kopf und Hände leer hat. Projekt ist etwas anderes als Prozeß! Zu heilen ist die Krankheit nur durch eine tiefe und dauerhafte Verwurzelung in der Arbeit mit dem Volk und in der Schule der Armen.

Basisarbeit und Massenarbeit miteinander verbinden

Überdies werden Fragen diskutiert wie die zur Zeit laufende Kampagne zur Bodenreform und die Direktwahl des Bundespräsidenten.

Ohne Zweifel machen diese Fragen eine Basisarbeit auf der untersten Ebene des Volkes notwendig. Das aber reicht noch nicht. Darüber hinaus bedarf es einer Massenarbeit, die das Volk insgesamt mobilisiert, einschließlich weiter Kreise des Kleinbürgertums und guter Teile des Bürgertums.

Dazu braucht man freilich Medien, die für Massenkundgebungen geeignet sind. Daher ist es wichtig, daß sich die freien Berufe, Studenten und Politiker mit dem Volk solidarisieren, auch wenn sie selbst nicht aus den Klassen des einfachen Volkes stammen.

Wer die Gesellschaft bewegen will, muß die Masse bewegen. Und um die Masse zu bewegen, muß man nicht nur die Basis bewegen, sondern auch die großen Medien, muß man Demonstrationen organisieren usf.

Räume innerhalb des Systems nicht aufgeben, sondern erweitern

Hier sind wir an einem ganz wichtigen Punkt. Wie müssen sich Christen im offiziellen Raum, das heißt in den Einrichtungen des Systems, verhalten: in Rundfunk, Presse, Schule, Universität und auch in der Regierung?

Die befreiende Pastoral unter dem *Volk,* wo die Armen selbst den Ball haben (oder haben können), ist eine Sache; die befreiende Pastoral im *offiziellen* Raum, wo die herrschenden Klassen das gesellschaftliche Spiel kontrollieren, eine andere. Wie aber verhalten sich der offizielle und der außeroffizielle Bereich zueinander?

Die Volksstrategie ohne weiteres in den offiziellen Raum zu tragen heißt, es an politischem Gespür fehlen zu lassen. Mit prophetischen Worten in einem Hörsaal das System anzugreifen bedeutet, sich ohne entsprechendes Mandat der Schicksalswende auszusetzen, wie Amos sie erlebte (Kap. 7); bedeutet, aus dem Katheder des Professors die Tribüne des Revolutionärs zu machen, wie Max Weber sagen würde (und davor hatte er die größte Angst). Dasselbe gilt für unsere Sendungen im Rundfunk, aus denen wir mitunter Kanzeln wie in der Kirche machen wollen. In der Kirche befinden wir uns auf eigenem, beim Rundfunk jedoch auf fremdem und bisweilen gar feindlichem Gelände.

In diesen Dingen brauchen wir eine sachgerechte Theorie und eine gründliche Erarbeitung des Problems. Folgende Elemente können vielleicht zur Erhellung der Frage beitragen:

Nicht selten haben wir nur ungenaue Vorstellungen von offiziellen oder öffentlichen Einrichtungen: von Schulen, Gerichten und Zeitungen, von der Polizei, vom Rundfunk und insbesondere von der Regierung. En bloc halten wir sie für Instrumente der herrschenden Klasse, fertig; und schon stehen sie »auf der anderen Seite«.

Damit fallen wir in den gegenteiligen Fehler derer, die in ihrer Naivität alle diese Institutionen für Förderer von Ordnung, Fortschritt und Wohlergehen des »Volkes« halten. Wer dagegen sagt, dies sei bloße ideologische Maske, sagt mehr als die halbe Wahrheit, aber nicht die ganze Wahrheit.

Wir müssen begreifen, daß der offizielle Bereich nicht monolithisch ist. Auch dort gibt es Widersprüche und Breschen.

Gewiß, die herrschenden Klassen haben ihn in der Hand und kontrollieren ihn, und ihnen hat er zu dienen: Polizei, Schule, Regierung usw. Aber Herrschaft ist nicht Ausschluß. Herrschende Macht ist nicht ausschließende Macht. Auf dem Feld der gesellschaftlichen Beziehungen spielt nicht nur die eine, wenn auch immer siegreiche Mannschaft, sondern auch die andere, die allerdings schwächer ist.

So gibt es im offiziellen Bereich Nischen, in die die Unterdrückten schlüpfen können und die sich durchaus erweitern lassen. Wer sich für die Befreiung des Volkes einsetzt, darf sich nicht auf ein Feld beschränken, nur auf das Feld des Volkes oder nur auf das Feld des Offiziellen. Denn das Volk und seine Sache (Gerechtigkeit) sind hier wie dort anzutreffen. Allerorten geht es um das Problem des Volkes: in Regierung, Universität, Forschung, Kirche und anderem mehr. So befindet sich das Volk überall.

Der Streit oder der Konflikt besteht also nicht zwischen zwei *Blökken* von monolithischen Einrichtungen, sondern zwischen zwei *Kräften,* die sich durch diese Einrichtungen hindurchziehen und um sie streiten. Kräfte der Befreiung sind durchaus auch im offiziellen Raum zu finden, wie sich Kräfte der Unterdrückung (durch ihre Agenten und ihre Ideologie) im Raum des Volkes eingenistet haben. Die sozialen Klassen stehen nicht einander gegenüber, sondern überlappen sich.

Deshalb wartet eine doppelte Arbeit auf uns, die abgestimmt, und zwar genau abgestimmt sein muß:

1. eine Arbeit im *popularen Raum,* die diesem den Vorrang einräumt. Es gilt, selbständige Organe zu schaffen, in denen das Volk das Sagen hat. Dabei können wir sehr weit gehen, weil es sich hier um ein relativ »jungfräuliches« Feld handelt. Samenkörner einer neuen Gesellschaft, einer neuen Macht, einer neuen Wirtschaft, eines neuen Wissens und auch einer neuen Form, Kirche zu sein, werden hier gelegt und können sich hier entwickeln. Von hier gehen der entscheidende Bruch und der todbringende Stoß für das geltende Herrschaftssystem aus.

2. eine Arbeit im *offiziellen Raum.* In ihn müssen wir eindringen, um den Anteil der Unterdrückten an der Macht zu vergrößern. Natürlich ist das Unternehmen hier schwieriger, weil wir auf fremdem und oft genug gegnerischem Feld kämpfen, das der Unterdrücker unter Kontrolle hat. Deshalb muß man hier besonders gerissen sein und mit

verdeckten Karten spielen. Dabei geht es nicht darum, die unterdrükkerische Macht zu vernichten, sondern zu schwächen, nicht darum, die Wende zu schaffen, sondern vorzubereiten, also nicht den Anteil des Volkes an der Herrschaft *aufzugeben,* sondern *zu erweitern.*

Das große Problem besteht freilich darin, die befreienden Kräfte, die außerhalb der offiziellen Institutionen operieren, mit denen, die in ihnen am Werk sind, zu *verbinden* und in Einklang zu bringen. Das *Ziel* der einen wie der anderen ist dasselbe: die Befreiung der Unterdrückten. Aber die *Strategie* muß verschieden sein: Im offiziellen Bereich muß es eine Strategie des *Ein- und Durchdringens* sein, im popularen Raum dagegen eine Strategie des *Schaffens.*

Die im System arbeiten, kommen nur dann weiter, wenn sie sich auf die, die draußen am Werk sind, stützen können. Und denen, die draußen arbeiten, wird dadurch geholfen, daß ihnen die, die drinnen operieren, Informationen und Mittel zukommen lassen.

Diese Konzeption macht es möglich, verschiedene Probleme denkerisch zu erfassen:

1. die Art unseres Verhältnisses zur Regierung und zu den offiziellen Regierungsorganen – insbesondere jetzt in der Phase der Liberalisierung;

2. die Form, in der ein katholisches Gremium seine »Option für die Armen« verwirklichen kann;

3. und vielleicht auch die Art und Weise, wie wir ein sachgerechtes Verhältnis zur großen institutionellen Kirche (so wie sie historisch gewachsen ist) entwickeln können.

Diese Gedanken kamen mir bei der Lektüre einer Diskussion zwischen *N. Poulantzas* und *H. Weber,* die mir dieser Tage in die Hände fiel und die in der Zeitschrift ›Teoria e Política‹ (Nr. 4, 1982, 129–147) veröffentlicht ist.

Im übrigen müßte ich noch erheblich gründlicher über die Frage nachdenken. Für unsere Arbeit mit dem Volk wird sie immer wichtiger.

VIII
Exerzitien: Auf dem Weg zu einer fleischgewordenen Spiritualität

28. November, Montag: Rio Branco
Die neue, befreiende Spiritualität

Alle Priester unserer Kirche, einschließlich des Bischofs Dom Moacyr Grechi, sind zu viertägigen Exerzitien zusammengekommen. Kein einziger fehlt. Insgesamt sind wir sechzehn Priester. Wir tagen im Bildungszentrum, das außerhalb der Stadt liegt.

Bei der Sitzung am Abend ging es um den Sinn der Exerzitien: Wir wollen unsere Glaubensüberzeugung vertiefen, das Bewußtsein unserer Sendung von den Wurzeln her beleben und uns immer mehr zum Evangelium und seinen Forderungen heute bekehren.

Gemeinsam einigten wir uns auf die Dynamik des Treffens: ein paar Ausführungen von Dom Moacyr und mir, Stille oder Gespräche zu zweit oder zu dritt (die aber nicht die Atmosphäre der Sammlung beeinträchtigen sollten) und gemeinsamen Austausch.

Die Exerzitien begannen mit dem Referat eines Artikels von *Gustavo Gutiérrez,* An der eigenen Quelle trinken, in: Concilium 18 (1982) 640–648.[15] Der Verfasser beschreibt dort das Spezifikum der Spiritualität, die in Lateinamerika im Entstehen begriffen ist, das heißt: den »Brunnen«, an dem wir unseren Durst stillen.

Durch zwei Linien läßt sich diese Spiritualität charakterisieren:

1. Es ist eine gemeinschaftliche, *kollektive* Spiritualität, die in diesem Sinn nicht privatistisch ist und sich nicht in den Grenzen der individuellen »Seele« abkapselt. So spiegelt sie die Erfahrung einer ganzen Kirche und eines ganzen Volkes wider, das seinen besonderen geschichtlichen Weg geht, den der Befreiung. Auch wenn diese Spiritualität kollektiv ist, ist sie dennoch nicht weniger persönlich.

2. Es ist eine *fleischgewordene*, konkrete, historische, politische und letztlich für das »materielle« Leben des Volkes offene und mit seinem effektiven Kampf in Verbindung stehende Spiritualität. In diesem Sinn ist sie nicht etwas bloß Innerliches, das sich im Herzen des Menschen und in seinen »geistig-geistlichen« Erfahrungen einschlösse – wobei wir »geistig« im griechischen Sinn des Wortes nehmen: als Gegensatz zum Äußeren und zur Materie. Auch wenn unsere Spiritualität Fleisch geworden ist, ist sie dennoch nicht weniger geistig.

Mit einem Wort gesagt: Es handelt sich um eine Spiritualität, die zwar im Tiefsten der Person, ihres Herzens und ihres Geistes wurzelt, die aber zugleich für das Volk und seine Geschichte offen ist.

Die persönliche Begegnung mit dem Herrn geschieht also in der Begegnung mit dem Armen und in der *Annäherung* an seine Welt, wiewohl diese letztlich unerreichbar bleibt.

29. November, Dienstag: Rio Branco

Die Begegnung mit dem Armen – eine geistig-geistliche Erfahrung

Am Ende des Morgens kamen wir zusammen, um auszutauschen, was wir überlegt und erlebt hatten.

Pater José, Pfarrer an der Kirche von der Unbefleckten Empfängnis (Rio Branco): »Das Volk ist unterdrückt, vor allem aber voller Hoffnung. Unter den Bedingungen des Todes, unter denen es lebt, bewahrt es sich immer die Hoffnung auf das Leben. Um sich davon zu überzeugen, braucht man nur einmal die Leute sonntags bei der Messe anzuschauen. Diese Menschen leiden unter äußerster Armut, aber dennoch singen sie mit lauter Stimme. Das ist für mich immer wieder tief beeindruckend. Und ich habe nicht den Eindruck von Entfremdung oder Flucht, sondern von Eintauchen bis ins Herz der Wirklichkeit, und das ist Leben und Freiheit.«

Pater Paolino, Pfarrer von Sena Madureira: »Im Kontakt mit dem Volk wächst der Priester im Glauben. Die ›Entpflichtungen‹ sind für mich wahre Exerzitien, bei denen das Volk der ›Exerzitienmeister‹ ist.

Das Volk gibt uns Lust am Leben und mir persönlich Freude am Priester- und Ordensleben. Die Menschen bestätigen mich unentwegt in meiner Hingabe und Sendung. Würde ich ihnen untreu werden, verriete ich das Volk. Deshalb pumpen mich die Entpflichtungen auch nicht aus, sondern bereichern mich.

Der Friede, den man am Ende eines arbeitsreichen Tages im Busch spürt, wiegt alles Gold der Welt auf. Fünf Minuten dieses echten inneren Friedens nähren den Geist für zwanzig Jahre apostolischer Arbeit. Und das Herz kommt immer wieder an diesen Punkt zurück und bleibt seiner eingedenk, um sich zu stärken und weitermachen zu können.«

Pater Paolino ist ein alter Acre-Missionar, eine Mischung aus Paulus, wegen seiner langen apostolischen Märsche, aus Franziskus, wegen seiner Armut und Treue zum Evangelium, und aus Padre Cícero, wegen seines Zusammenlebens mit der Urwaldbevölkerung. Er erzählt davon, welch starken Glauben das Volk habe. So habe es in

Zeiten schrecklicher Dürre mit seinem eindringlichen Beten tatsächlich vom Himmel Regen erreicht. Aber zu erklären, ob zwischen Gebet und Regen eine (ursächliche, zufällige, rückschauende oder irgendeine andere) Verbindung besteht, interessiert ihn nicht. Nur die Tatsache stellt er fest, und die bezeugt er.

Pater Luciano, aus der Pfarrei Xapuri: »Die Erfahrung, die Pater José schildert, habe ich auch häufig machen können. Da bricht man zu einer Entpflichtung nur besorgt und pessimistisch auf. Wenn sich dann aber die Gemeinden treffen, faßt man wieder Mut, und die Hoffnung kommt wieder. Mit ihrer Lebenskraft stecken sie einen an.«

Pater Mássimo, Pfarrer an der Kirche St. Agnes (Rio Branco): »Die Armen sind wirklich eine ganze Welt für sich. Wir müssen immer zu schätzen wissen, was sie an Positivem haben, so armselig es auch scheinen mag. Jesus, der Knecht Jahwes, wußte die Senfkörner, die Samenkörner des Glaubens, des Lebens und der Befreiung, die er bei den Kleinen sah, anzuerkennen. Aus diesem Grund tut unsere Kirche sehr gut daran, die Kultur des Volkes aufzuwerten: seine Briefe, Gedichte, Lieder, ja sogar Bücher – wie das von *Bacurau,* ›À Margem da Vida‹ (Am Rande des Lebens), und das von *Maria Lúcia,* ›A Coragem de Viver‹ (Mut zu leben), beide aus der Feder von Leprosen und veröffentlicht im Verlag Vozes, Petrópolis.

Die Armen evangelisieren uns, gerade uns Priester, besonders durch ihren Sinn für konkretes Teilen.« Und Mássimo erzählt den Fall einer armen Frau, die von einem Bettelgang für ihre vielen Kinder aus der Stadt zurückkam und nichts als drei große Bananen in der Hand hatte. Nur das hatte sie bekommen. Da nahm sie eine Banane und bot sie dem Pfarrer an. »Ein Abbild der kleinen Witwe aus dem Evangelium«, schließt Mássimo, »die noch von ihren paar Habseligkeiten abgab.«

Pater Paolino berichtet seinerseits von einem Erlebnis: »Einmal«, so beginnt er, »kam ich patschnaß vom Regen in einer Stellung an. Die Hausfrau war nicht auf mich eingestellt. Obwohl sie nur ein Hühnchen und ein Hähnchen hatte, faßte sie eines von den beiden und machte mir ein Abendessen. Da griff ich ein: ›Aber Frau, warum tun Sie das denn? Sie ruinieren sich doch ganz. In einem Jahr hätten Sie doch mehr Hühner haben können.‹ Aber nein. Derartige Dinge sind für das Volk unwichtig. Die Großzügigkeit der Leute ist grenzenlos.«

Pater Roberto, Pfarrer von Boca do Acre (Staat Amazonas): »Ich ärgere mich jedesmal, wenn ich dem Volk aufgrund der kirchlichen

Normen (Beteiligung am Gemeindeleben usw.) ein Sakrament verweigern muß. Wie paßt denn das zusammen: Liebe zu den Armen, ein offenes Ohr für ihr Schreien und solche Bestimmungen, die einen kindlichen und abhängigen Glauben überwinden helfen sollen? Wie liebt man den Armen wirklich?‹

Pater Sírio, von der Pfarrei St. Agnes, ein mehr als sechzigjähriger Herr, der gerade erst aus Italien gekommen ist, trägt aufgrund seiner Erfahrungen, die sich von dem Leben hier abheben, einige Überlegungen vor: »Einfache Leute beten gern gemeinsam und schlicht. Nur die Reichen beten lieber allein und mit gebildeten Worten.

In den Ländern des Ostens, die ich verhältnismäßig gut kenne, ist von der Freude und Hoffnung, die das Volk in Lateinamerika auszeichnet, nichts zu sehen. Das ist das Traurigste, was ich je gesehen habe. Den einzigen Funken Hoffnung, auf den ich gestoßen bin, hatte ein Journalist der jugoslawischen KP.

Die Gefahr besteht für uns darin, nur einmal für kurze Zeit zu den Armen zu gehen, um dann in unsere nichtarme Welt zurückzukehren. Das bringt uns unter pastoralem und auch spirituellem Gesichtspunkt in eine problematische Lage.«

Eine Spiritualität mit historischer Dimension

Wir diskutieren darüber, ob die lateinamerikanische Spiritualität (der Befreiung) nur für eine bestimmte Zeit gilt. Dabei wurde folgendes deutlich:

Wir haben es weder mit einer konjunkturellen Interimsspiritualität zu tun, die möglicherweise in einigen Jahren ausgedient hat, noch mit einer bleibenden, ewigen oder überzeitlichen Spiritualität. Vielmehr handelt es sich um eine Spiritualität, die für eine *historische Epoche* gilt. Und historische Epochen sind lange Perioden, die sich über Jahrhunderte erstrecken.

Wenn diese Epoche vorbei ist, geht die Befreiungsspiritualität in den Schatz der Glaubenserfahrung über. Später kann sie dann wieder aufgegriffen und genutzt werden. Sie zeitigt Ergebnisse, die in gewisser Weise endgültig sind, wie vor allem die Entdeckung der gesellschaftlichen, geschichtlichen und politischen Dimension des Glaubens. Und das ist Gemeingut jeder Spiritualität.

Was ergibt sich für die Kirche daraus, wenn das Problem der Armut behoben sein wird? Antwort: Die Gestalt des »Armen« ist eine Konstante in der Verwirklichung des Glaubens. Bedürftige, Leidende und Hilflose gibt es immer. Was sich ändert, sind die *historischen Kon-*

turen des Armen. Heute trägt die historische Gestaltwerdung des Armen vor allem *kollektive* und *konfliktive* Züge: Arme sind heute die ausgebeuteten und an den Rand gedrängten Massen und Klassen in der Gesellschaft. Wenn es auch Arme im allgemeinen Sinn von Bedürftigen »immer geben wird«, können und müssen sie jedoch als Massen und Klassen verschwinden. Und zwar im Namen des Evangeliums, das uns ja aufträgt, den Hungernden zu essen zu geben.

Nun ist aber die Frage der Armut, so wie sie sich heute darstellt, weder ein rein konjunkturelles Problem (keine vorübergehende Krise des Hungers) noch ein ewig bleibendes Problem, mit dem wir es seit Anfang der Welt zu tun hätten. Armut ist vielmehr eine historische Frage. Wie sie in der Geschichte aufgetreten ist, so wird sie auch aus der Geschichte wieder verschwinden. Und solange es soziale Armut gibt, wird es auch einen Glauben und eine Mystik der sozialen Befreiung geben.

Wie Jesus von Nazaret gelebt hat

Anhand der Geschichten von der Kindheit Jesu trägt Dom Moacyr ein paar Gedanken vor und hebt folgende Züge des Lebens Jesu hervor, die uns heute noch aufrütteln können:

1. Jesus wird in *Armut* geboren und verbringt seine Kindheit in Armut. Armut begleitet ihn bis ans Ende: Er stirbt nackt – abgewiesen von den Seinen, von seiner »Kirche«, von seinem Volk, von seinen Freunden, ja von seinem Vater.

2. Jesus lebt in *Namenlosigkeit.* Er unterwirft sich dem Gesetz. Bis zum Beginn seines »öffentlichen Lebens« fällt er in nichts auf. So teilt er das Schicksal der Geschichtslosen, derer, die weder Vorrecht noch Hausrecht haben. Genau wie unser Volk, das in den Unfallkrankenhäusern liegt und dessen Leben in den Augen der Großen nichts wert ist. Diese Menschen können keinen Titel vorweisen und noch weniger sagen: »Weißt du eigentlich, mit wem du sprichst?« Wie die drei Millionen Nordostbrasilianer, die im kommenden Jahr an den Folgen der Dürre sterben werden und unter denen mit Sicherheit kein Bischof, kein Priester und keine Ordensfrau sein wird.

3. Jesus wird – von der Kindheit bis zum Tode – von der politischen und religiösen Macht *verfolgt.*

Zum Schluß benannte Dom Moacyr die Herausforderung: Sind wir wie der Papst, der bei der Ankunft in Brasilien Ende Juni 1980 neben den Teppich trat und den Boden küßte, bereit, unsere Privilegien aufzugeben und uns auf die Wirklichkeit des Volkes einzulassen?

Das Leben des Volkes teilen

Von unserem Austausch konnte ich folgende Äußerungen festhalten:

Pater Asfury, Pfarrer an der Kirche »Der Auferstandene Christus« (am Rande von Rio Branco): »Als Priester sind wir ständig im Streß: Versammlungen, Treffen, Auswertungssitzung und tausend Dinge mehr, so daß wir für nichts mehr Zeit haben. Das Volk ist einfacher und lebt sorgloser. Und deshalb sind die Leute auch glücklicher.«

Pater Luciano aus der Pfarrei Xapuri: »Sonntags ist es für mich immer eine Freude, mich mit den Leuten zu unterhalten. Aber da passiert etwas Blödes: Eine alte Frau nimmt mich beiseite und bittet um etwas Reis, weil sie zu Hause nur Bohnen habe. Dinge dieser Art von Leuten, die in Not sind, passieren in einem fort. In endlosen Schlangen stehen die Bettler an: Kranke, Hungernde usw. Was soll man da machen?«

Pater Manoel aus der Pfarrei Boca do Acre (Staat Amazonas): »Fälle von Elend – ich spreche nicht von Situationen der Armut – dürfen in einer so reichen Gegend, wie das Amazonasgebiet es ist, nicht vorkommen. Um aus dieser Lage herauszufinden, vertraue ich auf den Wert von kleinen Aktionen – von kleinen Initiativen, die einen Weg eröffnen und einen Befreiungsprozeß in Gang setzen. Zum Beispiel: Wenn es einem gelingt, einen Aberglauben auszumerzen, den die Leute mit dieser oder jener Speise oder mit dieser oder jener Kombination von Früchten und ähnlichem verbinden.«

Dom Moacyr, Bischof von Acre und Purus: »Ich verspreche mir nicht viel davon, daß Gummiarbeiter der Regierung ihre Forderungen vortragen. Das kommt mir gar zu idealistisch vor; denn es fehlt an objektiven Bedingungen dafür, daß sie in die Stadt kommen, und auch dafür, daß die Regierung in zufriedenstellender Weise antwortet. Wichtiger als solch eine Forderungsaktion wäre mir eine Initiative in Richtung auf *autonomes* Handeln. Wir müßten also das Volk einladen, das zu tun, was es aus eigenem Vermögen zu tun imstande ist, und das Leben selbst in die Hand zu nehmen, ohne die Lösung der Probleme anderen zuzuschieben.«

Pater Aurélio aus der Pfarrei Xapuri: »Wir müssen die Gemeinden dahingehend erziehen, daß sie selbst ihre Probleme anfassen, und sie daran gewöhnen. Andernfalls schaffen und unterstützen wir Bequemlichkeit und Abhängigkeit.«

Ich selbst, *Clodovis*, der ich Berater für die Pastoral dieser Ortskirche bin, äußere mich auch, aber nicht als Berater, sondern einfach als ein Mitglied des Presbyteriums unter anderen. Als solcher dachte ich folgendes sagen zu sollen:

»Normalerweise müssen wir *mit* jemandem arbeiten. In dringenden Fällen oder in Fällen äußersten Elends jedoch führt kein Weg daran vorbei, *für* jemanden zu arbeiten. Wenn jemand auf dem Boden zusammengebrochen ist (und nicht bloß schläft), hat es keinen Zweck zu schreien: ›Steh auf!‹ Da muß man zupacken und ihn aufrichten.

Die Armen kommen zu uns, vielleicht weil wir haben und weil wir können. Wenn wir aber so wären wie sie, hätte dieses Betteln ein Ende. Vielleicht wollen die Leute mit ihrem Betteln ja gerade auch erreichen, daß wir so werden wie sie. Oder vielleicht wäre die Wirkung ihrer Bitte, wenn wir auf sie eingingen, eben die: daß wir arm werden, wie sie arm sind.

Sind wir nicht ständig – vor allem wenn wir auf Reisen sind und gewisse Bequemlichkeiten genießen – von einem ›unruhigen Gewissen‹ besessen? Fragen wir uns dann nicht, ob es nicht an der Zeit ist, mit allem zu brechen und unter den Armen zu wohnen?

In Anbetracht der Unbilden des Volkes beziehen wir am Ende aber eine Position der Verteidigung und panzern uns ein: Augen zu und weitermachen! Darin steckt ein schmerzliches Eingeständnis, daß wir angesichts des ungeheuren Elendes des Volkes doch ohnmächtig sind. Warum trennen wir dann zwischen der (mitleidsvollen) Liebe der Krankenpflegerin und der (kühlen) Liebe des Arztes? Die Teilnahmslosigkeit und den Zynismus derer, die sich an das Leid der anderen gewöhnt haben, dürfen wir nicht nachmachen. Wir müssen ein Herz wie Christus haben: ›Als er die vielen Menschen sah, hatte er Mitleid mit ihnen; denn sie waren müde und erschöpft wie Schafe, die keinen Hirten haben‹ (Mt 9,36).«

30. November, Mittwoch
Die Utopie Jesu:
Das Gottesreich als radikale und umfassende Befreiung

Ich trage den Priestern einige Überlegungen zum Gottesreich vor:

1. Das Reich ist die Utopie oder das letzte Ideal Jesu. Utopie bedeutet hier: *absolute Revolution* all der Dinge, die den Menschen bedrücken, und Erfüllung all seiner Hoffnungen, so groß sie auch sein mögen (*pleroma*). In diesem Sinn hat das Reich eine ungeheure, transzendente Tragweite. Es ist ein »Geheimnis«, das man allenfalls andeuten, aber nie beschreiben kann. Deshalb spricht Jesus auch vom Reich in der Sprache von Gleichnissen und Zeichen (Wundern).

2. Das Reich ist Wiederherstellung, Rehabilitation, Gerechtigkeit. Es kommt in eine böse Welt hinein. Aus diesem Grund sind es gerade die *Verlorenen,* Unterdrückten und Armen, die sich ihm öffnen. Für sie ist es bestimmt.

3. Drei Dimensionen umfaßt das Reich: die *personale* Dimension (Gnade), die *geschichtliche* Dimension (soziale Gerechtigkeit) und die *endzeitliche* Dimension (Auferweckung der Toten). Oder anders ausgedrückt: die Befreiung von der persönlichen *Sünde* (Anfangsphase), die Befreiung von gesellschaftlichen *Unterdrückungen* (mittlere Phase) und die Befreiung vom *Tode* (Endphase). Jesus ist in der Tat der Messias im umfassenden Sinn: der leidende Gottesknecht, der Sohn Davids und der Menschensohn.

Anforderungen des Gottesreiches an unsere Pastoral

Pater Mário aus Sena Madureira: »Man hat uns für die personale Dimension des Reiches erzogen. Als Vervollständigung kam noch die endzeitliche Seite hinzu. Aber von der geschichtlichen Dimension hat man uns kaum etwas erzählt, obwohl diese doch als integrierender Bestandteil zum umfassenden und ganzheitlichen Reich dazugehört. Und in diesem Punkt – spüre ich – müssen wir uns noch bekehren.«

Pater Mássimo, Pfarrer an der Kirche St. Agnes in Rio Branco: »Was die persönliche und geschichtliche Dimension anbelangt, scheitern wir immer wieder. Manchmal trägt und stützt uns nur der endzeitliche Aspekt in unserem Kampf. Dann gilt nur die theologale, göttliche Hoffnung.

Das spürt man besonders bei gewissen ›Entpflichtungen‹. Stundenlang ist man unterwegs, um dann zu erfahren, daß nach jahrelangem Arbeiten alles am Boden liegt. Manchmal trifft man nicht mal mehr die Leute an: abgewandert sind sie. In solchen Fällen kann sich unsere Spiritualität nur noch auf die Perspektive von Tod und Auferstehung Jesu stützen.

Ich bewundere manche revolutionären atheistischen Bewegungen, wie sie kämpfen und wie sie sich bis zum Ende geben. Welche Hoffnung trägt die eigentlich? Wofür so viel Einsatz?«

Pater Manoel aus Boca do Acre (Staat Amazonas): »Die Vorstellung des Reiches steht in Verbindung mit der Idee der Macht. Aber das Reich Gottes ist eben *Gottes* Reich. Wenn wir uns dessen bewußt sind, werden wir frei vom Willen zur Macht. Das macht den Kampf nicht überflüssig, wohl aber vermittelt es im Kampf ein gewaltiges Gottvertrauen, weil Gott uns sein Reich ja als Gnade *schenkt.*«

Dom Moacyr, Ortsbischof: »Einerseits stelle ich fest, daß manche Protestanten die unmittelbare, personale Dimension des Reiches überaus ernst nehmen und ein aufrechtes, ja, beispielhaftes Leben führen, daß sie aber die politische oder geschichtliche Dimension vergessen. Andererseits sehe ich, daß viele Politiker für eine neue Gesellschaft kämpfen, aber immer noch den alten Lebensstil haben. Mehr noch: Ich kenne Pastoralträger, die auf den gesellschaftlichen Kampf fixiert sind und mitunter jeden Bezug zur personalen Dimension, zu Glauben, Bekehrung usw., verlieren.«

Pater Aurélio aus Xapuri: »Das Problem, das Dom Moacyr anspricht, daß Pastoralträger die persönlichen Erfordernisse des Reiches vernachlässigen, beruht vielleicht darauf, daß ihnen die Bindung an eine Gemeinde fehlt, in der es Gemeinschaft gibt, der Glaube gepflegt wird usf. Priester und qualifizierte Pastoralträger müßten in Gemeinschaft leben, einen Lebensrhythmus haben, der sich am Evangelium orientiert, und möglichst in Verbindung mit dem Leben des Volkes stehen.«

Zurück zum ursprünglichen Kerygma Jesu: zum Gottesreich

Pater Asfury wirft eine überaus wichtige Frage auf. Er meint, das Volk spreche nicht die Sprache des Reiches. Trotzdem seien die Briefe, die es an das kleine Blatt ›Nós Irmãos‹ (Wir Geschwister) schreibe, gespickt mit Zeichen des Reiches: wie sich eine Gruppe entwickelt, wie sich die Leute mit Ungerechtigkeiten auseinandersetzen usw.

Auch wir Priester benutzten kaum das Wort »Reich«, ebensowenig wie die Sprache, die darum entstanden sei. Sei das nicht Intellektuellen-, Theologenjargon?

Meine Antwort: Richtig, aber man brauche nicht an Wörtern zu kleben, auf die Inhalte komme es an. Auch Johannes und Paulus sprächen wenig vom Reich. Statt dessen brächten sie Übersetzungen wie: Leben, Gnade, Vergebung, Rechtfertigung und ähnliches mehr. Was zähle, sei die Botschaft und nicht die Sprache.

Trotzdem gelte es zu beachten, daß – erstens – Reich die *Grundmetapher* und das Urkerygma Jesu von Nazaret sei. Deshalb müßten wir immer zu diesem Quelldatum zurück, wenn wir die Idee übersetzen und diese Übersetzungen bewerten wollten.

Zweitens eigne der Vorstellung vom Reich eine *theoretische Weite,* die sonst keine andere Idee in der Botschaft Jesu aufweise. In der Tat bringe »Reich« die verschiedenen Dimensionen des Glaubens angemessen zusammen und halte einer Auseinandersetzung mit unserer heutigen Problematik stand, insbesondere mit der sozialen und politischen Frage. Ohne die theologische Spannweite im Begriff »Reich« laufe man immer Gefahr, den Glauben auf eine seiner Dimensionen zu verkürzen oder auf eine jener sekundären Kategorien festzulegen, die ihn bereits übersetzen sollen, wie: Gnade oder Leben (personale Dimension) und ewiges Heil oder Auferstehung (endzeitliche Dimension). »Umfassende (integrale) Befreiung« sei freilich aus heutiger Sicht eine gute Wiedergabe des neutestamentlichen Begriffs vom Reich; so habe Gutiérrez sie auch von Anfang an definiert, und so könne man sie in den Puebla-Texten[16] wie auch in der Enzyklika *Evangelii nuntiandi* nachlesen.

Persönliche Gemeinschaft mit Christus: Erfahrung »um die zehnte Stunde«

Am Nachmittag spricht Dom Moacyr ein subtiles Thema an: unsere persönliche Bindung an Christus. Denn eine Spiritualität, die für das Volk und für den politischen Kampf offen ist, erübrigt nicht, ja fordert gebieterisch ein tiefes, personales Verhältnis zum Geheimnis, das ja auch personal ist.

Selbstverständlich muß auf dieser Ebene jene Scham gewahrt werden, die die erhabensten und wertvollsten Dinge des Glaubens fordern. Von Erfahrungen, die Gutiérrez in Anspielung auf die Zeit, zu welcher Andreas und Johannes Jesus zum ersten Mal treffen (Joh 1,35–39), Begegnungen »um die zehnte Stunde« – um vier Uhr nachmittags – nennt, kann man nicht in irgendeiner Sprache und noch weniger in Begriffen ohne Feingefühl sprechen, im »Bettgeflüsterton«, wie mir ein Freund einmal sagte. »Heilige Dinge wollen heilig behandelt sein.«

In seinen Ausführungen ging der Bischof von verschiedenen Texten des Neuen Testamentes aus, um zu zeigen, wie wichtig die persönliche Bindung an den Auferstandenen ist: Röm 14,7–8, Gal 2,20 u. a.

Die persönliche Gemeinschaft mit Christus verband er sodann mit dem Engagement an der Seite der Armen. Jesus habe gerade die Ärmsten unter den Armen und die Kleinsten unter den Kleinen geliebt:

1. die *Frauen,* die in der damaligen Öffentlichkeit überhaupt nicht als Persönlichkeit galten. Nach Matthäus wirkt er eines seiner ersten Wunder für eine Frau, für eine alte Frau. »Aber von alten

Frauen wollen viele von uns nichts wissen, obwohl sie uns sehr mögen und in den Gemeinden beträchtliche Arbeit leisten«, sagt Dom Moacyr;

2. die *Kinder,* die in der jüdischen Gesellschaft als Nichtpersonen galten; und

3. die *Leprosen,* die zur Zeit Jesu die absolut Letzten waren. In Mt 8 ist das erste Wunder die Heilung eines Aussätzigen.

»Von unserer Liebe zu den Armen hängt die Glaubwürdigkeit der Kirche ab«, sagt der Bischof. Und er fährt fort: »Jesus bezeichnet die Evangelisierung der Armen als ein Zeichen für das Kommen des Messias.« Dann erzählt er, als eine Kommission der argentinischen Regierung eine Liste mit den Namen der Verschwundenen übergeben und die Regierung die Kommission nicht empfangen wollte, sei die Anregung laut geworden, die Kirche um Vermittlung zu bitten. Aber das ganze Volk habe da geschrien: »A los curas no! A los curas no! Keine Priester! Keine Priester!« In den Augen des Volkes habe die Kirche, da sie mit der Militärregierung gemeinsame Sache gemacht habe, ihre ganze Glaubwürdigkeit verloren.

Zum Abschluß seiner Meditation formulierte Dom Moacyr einige Anfragen an unsere Bindung an Christus und an die Armen:

1. Zum *Gebet in der gegenwärtigen Zeit.* Gewiß: Es gibt keine rechtliche Verpflichtung mehr dazu; dennoch legt die Kirche Wert darauf, daß wir uns an das neue »Brevier« halten. Die Frage ist, ob wir der Zeit, dem Inhalt aus Bibel, Vätertheologie usf. und dem entsprechenden Rhythmus, wie die Kirche ihn wünscht, folgen.

2. Zur Feier der *Eucharistie.* Wenn wir sie nicht immer feiern können, halten wir uns dann die entsprechende Zeit für Gebet, Schriftlesung oder Anbetung frei?

3. Was die Zuwendung zu den *Armen* angeht, sagt der Bischof, er sei erbaut (und beschämt), wie viel jeder einzelne seiner Priester da tue. »In diesem Punkt brauche ich niemanden zu belehren; wohl aber muß ich von euch allen lernen«, schloß er.

Die Revolution muß noch revolutionärer sein

Während der Nachmittagspause unterhalte ich mich mit Pater Sírio über Osteuropa und den »realen Sozialismus« dort. Er war ja da und weiß Bescheid.

Pater Sírio erzählt mir von der Machtkonzentration und von der Kontrolle über das gesamte gesellschaftliche Leben, von der Selbstherrlichkeit der Bürokraten, von dem allgemeinen Klima der Verdächtigung, von einer widerwärtigen Unlust im gesellschaftlichen Leben insgesamt und schließlich von einer lähmenden Atmosphäre, die man in diesen Ländern, die sich »kommunistisch« nennen, atmet.

Andererseits gibt er zu, daß es dort nicht die miserable Armut gibt, die in Lateinamerika zu sehen ist, sondern eine diffuse und ehrbare Armut.

Das alles berührt die Träume, die man bezüglich seines eigenen Kampfes an der Seite der Unterdrückten hat, zutiefst. In der Tat ist die materielle Grundlage (Befriedigung der Grundbedürfnisse: Essen und Trinken, Wohnung, Lesenkönnen, Kleidung usw.) lediglich *Bedingung* für etwas Größeres. Sie ist *Mittel* und nicht Zweck. Der Zweck der Wirtschaft ist vielmehr der, daß der Mensch sein Menschsein in Kultur, menschlichen Beziehungen und Religion verwirklichen kann. Das alles aber der Wirtschaft zum Opfer bringen hieße Mittel und Zweck verwechseln.

Aus diesem Grund muß die Revolution in Lateinamerika viel radikaler sein als die marxistische Revolution.

Erstens hat sie im *umfassenden Sinn sozial* und nicht bloß ökonomisch zu sein. Deshalb muß sie Politik, Familie, Kultur, Religion, mit einem Wort: *das Soziale als Ganzes*, beinhalten.

Zweitens – und das ist eine Folge aus dem ersten Punkt – kann die Revolution nicht bloß von den Arbeiterklassen gemacht werden, sondern sie muß auch die Frauen, die Schwarzen, die Indianer, das Lumpenproletariat, das *ganze Volk* erfassen.

Der Veränderungsprozeß, so wie er heute auf der Ebene des einfachen Volkes – vor allem im Bereich der Kirche – in Lateinamerika zu beobachten ist, geht in diese Richtung. Deshalb reden wir ja auch von »integraler Befreiung«. Auf all seinen Ebenen und mit allen seinen Kreisen ist das Volk in Bewegung. So erlebt es eine »Molekularrevolution«. Die Zellen der Gesellschaft erneuern sich, damit ein neuer Organismus entstehen kann.

Vielleicht hat die Religion ja gerade auch die Tugend, den Prozeß der Revolution (immer verstanden als gesellschaftliche Veränderung) menschlich zu totalisieren. So geht die Revolution durch das Herz des einzelnen, durch Familie, Schule, Stadtteil, Firma und Pfarrgemeinde und reißt Industrie- und Landarbeiter, Frauen und junge Menschen, Arbeitslose und Behinderte, Kinder und viele andere mit. Eine »integrale Revolution« meinen wir also.

Natürlich bleibt noch die ungeheure Frage, wie alle diese Ebenen und Momente des Prozesses miteinander zu verbinden seien; die

Frage, wie diese ganze Menschenmasse in Fronten, Hilfsgruppen u. ä. zu organisieren sei, bis sie die tonangebende Gruppe ist. Aber das alles darf die Globalintention der Revolution, mehr Menschlichkeit freizusetzen, nicht verdunkeln. Und mehr Menschlichkeit heißt mehr Freiheit, mehr Mitsprache und Mitbestimmung, mehr Brüderlichkeit, mehr schöpferische Entfaltung. »Wenn es nicht darum geht, den Menschen zu ändern, dann interessiert mich die Revolution nicht« (Ché).

Deshalb muß die Revolution, die wir wollen, nicht bloß mehr Brot, sondern auch mehr Mitsprache und Mitbestimmung bringen. Gleichheit und Freiheit gehen Hand in Hand. Gewiß: Zuerst Brot, aber nicht mit dem Opfer des Glaubens. So absurd die Alternative ist, vielleicht ist das Volk – falls es entscheiden könnte – sogar eher bereit, das Brot zu opfern.

In seinem Buch ›O tempo da ação‹ (Die Zeit des Handelns) sagt *Joseph Comblin* (auf den Seiten 340–341), Sozialismus sei für viele nicht nur eine Alternative zum Kapitalismus, sondern die Alternative einer ganzen Gesellschaft. Sozialismus bedeute eine neue Kultur, eine *neue Lebensart* und nicht nur ein neues Wirtschaftssystem. Sozialismus habe also utopische Züge im besten Sinn des Wortes.

Damit stellt der »reale Sozialismus« keine echte Alternative zum Kapitalismus mehr dar. Dafür ist er mit zu vielen Makeln behaftet: mit Autoritarismus, Industrialismus, Konsumdenken, kurz Materialismus.

Wer weiß, vielleicht ist das lateinamerikanische Volk – gerade aufgrund seiner christlichen Tradition – dazu bestimmt, die Welt mit dem Modell einer neuen, alle mitreißenden Gesellschaft zu beschenken, die aber kein »dritter Weg«, sondern die wahre Alternative zu den beiden bestehenden Systemen ist, die sich in ihrer lähmend materialistischen Sicht und ihrem geschlossenen Humanismus festgefahren haben. Und das scheint der gegenwärtige Papst auf seine Weise gespürt zu haben.

Christen in der »Schußlinie« der Geschichte

Pater Cláudio, Pater Asfury und ich sitzen unter dem großen Mangobaum im Hof des Bildungszentrums. Wir fangen ein Gespräch an über das vom Glauben motivierte Eintreten der Kirche an der Seite der Armen. Irgendwann kreist die Diskussion um folgende Frage:

»Wenn man«, sagt Cláudio, »die großen politischen Kampfesfronten in der Welt von heute untersucht – dort, wo die Linie der Zukunft ansetzt und vorwärtsdrängt –, dann sieht man, daß sich die Christen da fast ganz zurückhalten. Diese Fronten sind vor allem von marxistisch und nicht durch den Glauben geprägten Strömungen besetzt.«

Asfury antwortet, in letzter Zeit sei aber zu beobachten gewesen, daß die »Religion« dem Volk einen mächtigen Impuls für seinen Befreiungskampf gegeben habe. Man denke etwa an Polen, an den Iran und an Mittelamerika im allgemeinen. So gehe doch am Horizont der Geschichte eine neue Sonne auf, wohingegen die gealterte marxistische Sonne rasch an Kraft verliere.

Auf jeden Fall kann man die Frage stellen, ob der Glaube nicht die Christen (also nicht die institutionelle Kirche) in die »Schußlinie« oder in die Kampfesfront, dorthin wo die Gefahr am größten ist, führe. Ist nicht die Perspektive der Prophetie, des Martyriums und der Letzthingabe an den Bruder Teil des Glaubens? Und zwar auch im Bereich der Politik?

Ist die Kirche als Institution heute dabei, die Christen als Motor der Geschichte zu bremsen und ihnen die Berechtigung für ihre geschichtliche Initiative abzusprechen? Um dem entgegenzuwirken, müssen wir zwei kombinierte Aufgaben angehen:

1. Die theologische Kritik muß in Anbetracht der Dringlichkeit des historischen Augenblicks die Möglichkeiten oder Chancen des Evangeliums deutlich machen (in der Vorhut der Geschichte stehen, gewiß, aber nicht um die Herrschaft zu übernehmen, sondern um zu dienen und – falls nötig – mit dem eigenen Leben zu dienen, usw.).

2. Die institutionellen Möglichkeiten der Kirche müssen sichtbar gemacht werden – in dem Sinn, daß herausgearbeitet wird, wieweit sich die kirchliche Institution konkret für die gesellschaftliche Veränderung einzusetzen vermag.

Die Verbindung dieser beiden Momente macht es möglich, mehr »Salz für die Erde« und mehr »Licht für die Welt« freizusetzen.

Theologischer Chauvinismus

In gewissen Kreisen, wie auch während unserer Exerzitien, ist häufig die Rede von einer »Theologie unter den Bedingungen Lateinamerikas«, von der »lateinamerikanischen Spiritualität«, von »Pastoral der Befreiung« usw.

Der lateinamerikanische Akzent ist, geschichtlich gesehen, begreiflich und sogar notwendig. Allerdings darf er nicht zu einem theologischen, pastoralen oder spirituellen Chauvinismus werden. Eine Mentalität, die nicht über die eigene Kirchturmspitze hinausblickt, ist nicht gut, erst recht nicht für die Theologie. Sie vermauert Möglichkeiten und verpestet die Luft.

Lateinamerika braucht – und zwar sehr – Universalität und kulturellen Dialog. Wir müssen unseren Horizont erweitern, natürlich nicht, um uns einer neuen Herrschaft zu unterwerfen, sondern um uns zu bereichern. Und dafür haben wir mittlerweile die notwendige kirchliche Reife.

Selbstverständlich müssen wir fest in unserer Erde verwurzelt sein. Aber unser Geäst mit seinen Blättern, Blüten und Früchten müssen wir dem großen Wind der Geschichte und der Welt aussetzen.

Ohne Zweifel ist jede Theologie an einem bestimmten Ort *angesiedelt,* aber sie muß nicht jedesmal auf diesen Ort *abzielen.* Eine lateinamerikanische Theologie ist nur dann berechtigt, wenn sie Entfaltung und »Anwendung« der christlichen Theologie ist, die wesentlich universal oder katholisch ist. Das Verhältnis zwischen einer »Theologie 1« (Th_1) und einer »Theologie 2« (Th_2), das ich in meiner Dissertation[17] zu beschreiben und zu begründen versucht habe, scheint mir immer wichtiger zu werden.

Die Th_1, obwohl stets an einen Ort gebunden, zielt auf Universalität ab. Sie wendet sich an alle Menschen, insofern alle Menschen zu Umkehr, Glauben und Gottesreich eingeladen sind. Die Th_2 dagegen ist eine kontextuelle, situierte und historische Theologie. Ihr eignet eine bewußte und programmatische sozio-historische Ausrichtung. Dazu aber setzt sie die vorige (Th_1) voraus und stützt sich auf sie.

Dieselbe Zuordnung gilt auch in der Pastoral. Auch hier gibt es eine P_1, die es mit den Grundgeheimnissen des Glaubens zu tun hat: Christus, Gottesreich, Gnade, Sünde, Sakramente, Kirche usw. Natürlich begegnen wir all dem nur in spezifischen kulturellen Formen; aber diese bergen einen Kern von Universalität. Auf der anderen Seite gibt es auch eine P_2. Diese läßt sich bewußt die kulturelle und sozio-historische Problematik eines bestimmten Volkes angelegen sein.

Wer die Pastoral als Ganzes (wie auf anderer Ebene die Theologie) in eine »lateinamerikanische Perspektive« zwängen wollte, würde sich in eine sektiererische Kirche einsperren, die nicht mehr katholisch ist, und würde, noch grundsätzlicher, die Qualität und die Kraft des Geistes, der ja Offenheit und Transzendenz in Richtung auf das Ganze ist, nicht mehr ernst nehmen.

Lateinamerika an der Wurzel, ja; aber die Krone muß sich öffnen für die großen Winde der Geschichte und auch des Geistes!

Dieser Tage habe ich mir ein Büchlein zur »befreienden Katechese« kritisch vorgenommen. Der Ton hob mir zu nachdrücklich den Aspekt der sozialen Verpflichtung des Glaubens hervor. In der Sprache kam mir gar zu oft »Befreiung« vor, und der Horizont schloß sich bald zu einer pragmatischen, wenn nicht moralisierenden Sicht. Diese Art von »Katechese 2« ist heute noch möglich und wenig problematisch, weil sie sich aus einer Theologie speist, die in der Vergangenheit zusammengetragen wurde und die wir noch in Reserve haben. So stützt sich die »Pastoral 2« auf eine »ursprüngliche pastorale Ansammlung«, aus der sie gespeist wird. Aber wenn sie nicht darauf achtet, die verborgenen Quellen dieser Theologie und Pastoral zu pflegen, die ja die alte »christliche Lehre« ausmachen (und die hinreichend rein sind), trocknet die »befreiende Pastoral« allmählich aus und geht ein.

Aus diesem Grund müssen wir immer wieder zu den biblischen Quellen des Glaubens zurück, und zwar nicht nur im Interesse einer »befreienden Pastoral«, sondern auch um diese der Kritik zu unterziehen und sie schließlich überwinden zu können.

Natürlich gelten diese Überlegungen nur für die »befreiende Pastoral«, nicht aber für eine Pastoral, der die politische Dimension des Glaubens noch verborgen ist. Auch wenn die Synthese der These ähnlich sieht, kommt sie erst nach der Antithese.

1. Dezember, Donnerstag
Freude am Dienst

Eine weitere Meditation. Diesmal geht es um das Thema »Dienst«. Dom Moacyr betont, daß wir einen angeborenen Hang zur Herrschaft haben. Auch bei den Aposteln zeigt er sich. So sieht sich Jesus gezwungen, gegen ihr Machtstreben entschieden Position zu beziehen (vgl. Mk 10,41–45).

Ein weiterer Punkt, den der Bischof nachdrücklich unterstrich, war die Freude am Dienst. An verschiedenen Stellen verbindet das Neue Testament Freude mit Dienst. Joh 13,17: »Selig seid ihr, wenn ihr das (die Wichtigkeit des gegenseitigen Dienstes) wißt und danach handelt«; Hebr 13,17: Die Vorsteher sollen ihren Dienst tun »mit Freude und nicht mit Seufzen«; Röm 12,8: »Wer Vorsteher ist, setze sich gern ein«; Apg 20,35: »Geben ist seliger als nehmen«.

Und Dom Moacyr schließt: »Freude gibt, und Geben erfreut.«

Freude erleben im Dienst am Volk

Kurz vor Mittag setzten wir uns alle unter einem riesigen Mangobaum zusammen, um uns über das Thema des Tages auszutauschen: Freude am Dienst. Das Gespräch lief frei und locker und brachte eine Lebenserfahrung von hoher Qualität zutage. Im wesentlichen lauteten die Beiträge wie folgt:

Pater José, Pfarrer an der Kirche der Unbefleckten Empfängnis (Rio Branco): »Ich frage mich, ob der Priester nur zum Dienen da ist. Hat er nicht auch ein Recht auf persönliche Verwirklichung? Warum darf er nie tun, was ihm Spaß macht?

Gewiß: Ich bin mir dessen bewußt, daß Selbstverwirklichung nie eigentlich das Ziel, sondern immer eher das Ergebnis ist. Selbstverwirklichung gehört zu den Dingen, die man nicht anstreben kann, sondern die man dazu erhält. Wenn man andere glücklich macht, fühlt man sich auch selbst glücklich.

Priester sind dann bitter frustriert, wenn sie in ihrer Arbeit beim Volk keine Freude und Verwirklichung finden. Priester, denen das nicht begegnet, kann man für die gescheitertsten Leute dieser Welt halten.«

Pater Paolino, Pfarrer von Sena Madureira: »Freude verspürt man nur, wenn man seine Arbeit getan hat. Das merke ich nach einem Kurs oder nach einer Novene, die mir Sorge gemacht hat. In diesem Augenblick fühlt man sich erleichtert und genießt eine Ruhe und einen Frieden, die alle Anstrengung und alle Sorge zuvor reichlich wieder wettmachen.«

Ich selbst, *Pater Clodovis,* Berater der Ortskirche, sage: »Aber es gibt auch die Freude der Erwartung: des Vortages eines Festes, des Wartens auf einen Freund, eines Samstagabends. Das ist die Freude *ante festum,* die andere ist die Freude *post bellum.*

In Wirklichkeit hat man beim Dienen selbst keine so große Freude, weil man sich dazu ja oft genug manches versagen oder in Kauf nehmen muß. Freude empfindet man vielmehr dann, wenn man gedient oder einen Dienst getan hat. Es ist wie mit der Freude über eine Geburt, von der Jesus spricht: Bei der Geburt ist alles Schmerz, dann aber kommt die Freude (Joh 16,21).«

Dom Moacyr, Ortsbischof: »Aber das Neue Testament kennt auch eine Freude im Schmerz, in der Verfolgung und in der Armut. Das ist dann ein ganz tiefes Gefühl; es geht noch tiefer als der Schmerz selbst. Diese Art von Freude überwindet Traurigkeit und Verzweiflung, aber nicht den Schmerz. Der Schmerz kann sogar ihr Begleiter sein. Das ist die Freude der Seligpreisungen. Eine österliche Freude. Die ›wahre Freude‹, von der Franziskus spricht. Das ist der Blick eines Kranken, der voller Hoffnung ist. Das verklärte Lächeln einer kleinen Therese vom Kinde Jesu oder eines Charles de Foucauld.«

Pater Heitor aus Sena Madureira: »Natürlich gibt es eine Freude im Dienst; eine Freude darüber, daß man dienen kann. Wenn man nicht dienen kann, wenn man unnütz ist, wenn man nichts Schönes aufbauen kann ..., das tut weh, das bedrückt, und das macht einen unglücklich. Das ist doch das Los so vieler kranker und alter Menschen.

Helfenkönnen, das verschafft einem *in actu* Freude. Das konnte ich bei jungen Menschen in Fortaleza spüren, die mit mir in einer Favela gearbeitet haben.«

Dienen, ja – aber wie?

Nach einer halben Stunde verschob sich das Thema unseres Gespräches. Jetzt lautete die Frage, wie wir dienen können. Gemeinsam versuchten wir, uns über die Schwierigkeiten eines echten Dienstes auszutauschen und die Kriterien dafür zu finden. Pater Heitor griff den Ball auf.

»Manchmal fühlt man sich beim Dienen ausgebeutet. Alle Welt fällt über einen her. Dann soll man hier jemandem einen Dienst erweisen und dorthin laufen. Man hat den Eindruck, als fräße einen das Volk auf. Ist das dann aber nicht ein schlechter Dienst, ein paternalistischer Dienst? Und wenn man sich zurückzöge und zurückhielte, wäre das dann keine Flucht? Was ist dann überhaupt echter Dienst?«

Pater Asfury, Pfarrer an der Kirche »Der Auferstandene Christus« (Rio Branco): »Manchmal will das Volk Dienste, die nur Abhängigkeit schaffen. Vor einigen Tagen zum Beispiel rief mich jemand an, ob ich nicht einen Kranken mit Problemen an den Geschlechtsteilen ins Krankenhaus bringen könnte. Ich lehnte ab, mit dem Argument: ›Aber muß denn das unbedingt der Pfarrer sein, der einen Kranken ins Krankenhaus bringt? Kann sich denn da nicht die Gemeinde rühren und was unternehmen?‹ und legte auf. Dann bekam ich Gewissensbisse. Ich konnte nicht anders: Ich setzte mich ins Auto, fuhr zu der Person, die mich angerufen hatte, und bat um Verzeihung für meine barsche Antwort am Telefon.

Nach meiner Ansicht besteht das Problem des ›echten Dienstes‹ nicht so sehr darin, einer Bitte seitens des Volkes nachzukommen oder sie abzulehnen. Das auch, aber vor allem geht es darum, *wie* man ja oder nein sagt. Um die Art und Weise, das heißt um Liebe und Höflichkeit, geht es. Dienen ist mehr eine Sache der Form als des Gegenstandes.«

Pater Sírio, der erst vor kurzem aus Lucca (Italien) gekommen ist und jetzt in der Pfarrei St. Agnes arbeitet: »Warum tun wir uns mit dem Dienen so schwer? Weil wir an dem kleben, was wir haben. Wir haben keine Freiheit gegenüber den Dingen. Am Ende schlägt doch unser Besitzstreben, unser bürgerliches Denken, unsere Harpagon-Seele[18] wieder durch.

Die Erklärung liefert das zweite Kapitel des Philipperbriefes. Paulus sagt dort, Christus sei in radikaler Weise Sklave geworden, weil er sich nicht an seine göttliche Natur geklammert habe, wie man ein Beutestück an sich zieht.

Möglicherweise werden wir erst im Tode die Radikalerfahrung machen, alles loszulassen. Dann werden wir unseren größten Akt radikaler Armut und endgültiger Freiheit tun.«

Pater Cláudio, Pfarrer von Xapuri: »Wirklich dienen ist immer *dienen-mit*. So hat auch Christus gedient, der die anderen in ihrem Wert anzuerkennen und in ihnen stets Energien zu wecken wußte, indem er Glauben von ihnen forderte.

Statt dessen praktizieren wir nicht selten immer noch ein *dienen-für*. Daher rühren dann die Abhängigkeiten.«

Dom Moacyr, Ortsbischof: »Aber wie kann man denn ›helfen‹ unter Einbeziehung derer, denen ›geholfen‹ werden soll? Es gibt doch Fälle, in denen man im Interesse der Betroffenen unmittelbar und sofort eingreifen muß. Das wäre ein *dienen-für.* Wenn man nicht eingreifen würde, würden die Leute sterben. Dann handelt es sich um unaufschiebbare Fälle mit unumkehrbaren und bisweilen nicht wiedergutzumachenden Wirkungen. Aber wie läßt sich hier derjenige, dem man ›hilft‹, mit in das Geschehen hineinnehmen? Der liegt doch – wie im Gleichnis vom guten Samariter – halbtot am Wegesrand. Der ist doch wie ein verwundeter Soldat, der auf der Trage abtransportiert werden muß.«

Pater Luís, Pfarrer von Plácido de Castro: »Für mich ist eine der Regeln für richtiges Helfen die, daß man immer zusammen mit anderen, gemeinschaftlich anfaßt, daß man die anderen um Rat und Unterstützung bittet, damit man zu einem vernünftigen Urteil kommt.«

Ich selbst, *Pater Clodovis,* Berater dieser Ortskirche, meine: »Heute dienen erfordert – besonders auf sozialem Gebiet – angesichts der komplexen Lage, in der wir leben, ein sehr sauberes Urteil. Einfach der Intuition oder der Wallung des Gefühls zu folgen kann zum Dienst der Sklaverei und nicht der Befreiung führen. Deshalb ist es wichtig, gründlich zu überlegen, wie wir es hier gemeinsam tun.

Ich werde nie vergessen, was mir Mutter Theresa aus Kalkutta sagte, als ich im vorigen Jahr auf dem Flug Salvador–Brasília neben ihr im Flugzeug saß. Ich hatte sie gefragt, wie sie die Frage der Evangelisierung der Reichen sehe. Ihre Antwort: ›Wir müssen den Reichen dienen, aber nicht ihrem Reichtum.‹ Und ich würde hinzufügen: ›Und wir müssen den Armen dienen, aber nicht ihrer Armut.‹«

Gruppe im Dialog: der »kollektive Intellektuelle«

Mir geht auf, daß meine Funktion inmitten der Priester nicht die eines Beraters, sondern einfach die eines Weggefährten ist. Was ich sage, ist weniger beratend (als sollte es die Diskussion auf den Weg bringen, die Debatte verlebendigen, Zusammenfassungen festhalten, die Frage vertiefen oder ähnliches), sondern trägt schlicht zum gemeinsamen Dialog bei, obgleich ich zwangsläufig von meiner besonderen Warte her spreche.

Tatsächlich ist das Presbyterium als Ganzes so etwas wie ein »kollektiver Intellektueller«. Eine Frage wird, ausgehend von der von jedem einzelnen gelebten und reflektierten Erfahrung, reihum besprochen. So treiben wir hier eine Art handwerklicher Theologie. In kleinen Schritten und kleinen, bisweilen minimalen Akzentverschiebungen, die aber immer bedeutsam sind, kommt die Reflexion voran.

Und diese Arbeit bewirkt mehr konkrete Veränderungen als manche vermeintlichen »Entdeckungen« und theoretischen »Revolutionen« der Theoretiker.

Das Evangelium der Dienst-Macht

Am Nachmittag soll ich die Meditation leiten. Mir scheint es wichtig, das Thema »Dienst« noch zu vertiefen und zu aktualisieren. Also halte ich mich an eine Arbeit, die ich für die CRB (Conferência dos Religiosos do Brasil – Brasilianische Konferenz der Ordensleute) gemacht und die ich im Juli vor der Vollversammlung dieses Organs vorgetragen habe. Die Studie soll veröffentlicht werden; aber für unsere Exerzitien möchte ich ein paar Punkte unterstreichen:

1. Dienst-Macht, so wie sie im Evangelium dargestellt wird, ist vor allem *Ermunterung*. Also nicht so sehr Zurechtweisung oder Tadel, sondern vielmehr Tröstung und Ermutigung im Blick auf Mitsprache und Mitbestimmung. *Parakaleo* – ermutigen – ist in der Tat

das Wort, das das Neue Testament am häufigsten verwendet, um zu beschreiben, wie die Beziehung zwischen den Verantwortungsträgern in der Gemeinde und der Gemeinde selbst aussieht oder auszusehen hat.

2. Aber die persönliche und geschichtliche Erfahrung der Menschen zeigt, daß Macht – sich selbst überlassen – zu *Herrschaft* wird. Die Bibel (Daniel, Offenbarung des Johannes usf.) kennt die Vorstellung des *Satanismus* der Macht, und das Volk hat die Mentalität: »Politik ist ein schmutziges Geschäft«.

3. Der satanische oder herrschsüchtige Aspekt der Macht zeigt sich nicht nur im Autoritarismus, sondern auch im *Paternalismus*. Und das vor allem in religiösen Dingen. Der Paternalismus unterdrückt den anderen nicht mit Gewalt, sondern durch (moralische, psychologische, religiöse usw.) *Abhängigkeit*. Dienst-Macht hingegen bestärkt den anderen in seiner Selbständigkeit.

4. Damit die Dienst-Macht (und der Dienst der Ermutigung) nicht zur Ideologie wird, sondern sich in der Dynamik einer ständigen Umkehr hält, muß sie sich einer *permanenten Beobachtung* unterwerfen. Mögliche Mittel dazu sind:

a) Selbstkritik oder Gewissensprüfung,

b) Fremdkritik oder brüderliche Zurechtweisung und

c) institutionelle Mechanismen – wie: Wahlen durch die Basis, Rotation der Ämter, regelmäßige Kontrolle der Macht, Geltenlassen von Pluralismus, Verteilen von Verantwortungen, Verzicht auf Vorrechte usw.

Über zwei Anfragen sollte in persönlicher Besinnung nachgedacht werden:

1. Wie reagieren wir, wenn bezüglich unserer Autorität und der Art, wie wir sie praktizieren, Anfragen und Kritiken kommen oder wenn wir Zeichen der Unzufriedenheit mit ihr oder gar des Widerstandes gegen sie erkennen?

2. Unterstützen wir Fremdkritik, oder lassen wir nur schwer jemanden an uns heran und sind wenig »hörbereit«?

Das heikle Verhältnis zum Volk: machen oder lassen?

Das Rundgespräch am Abend war mühsam. Eine halbe Stunde lang saßen wir einfach fest. Nichts bewegte sich. Nichts fand Beachtung oder Interesse. Alles nur Schüsse aufs Geratewohl. Schließlich konzentrierte sich das Gespräch auf die ewige Frage der Volksbildung;

besonders die Kritik am Abhängikeit schaffenden Paternalismus stand im Vordergrund.

Einige Äußerungen dazu:

Pater Manoel, aus der Pfarrei Boca do Acre (Staat Amazonas): »Das Volk schleppt an Leib und Seele Jahrhunderte von Abhängigkeit mit sich. So kann man doch nicht erwarten, daß es über Nacht den Mund aufmacht und mitbestimmt. Die Armen darf man nicht zwingen. Damit würde man sie nur – wenn auch mit dem Vorwand, sie zu befreien – noch einmal unterdrücken. Es geht also darum, herauszufinden, ob man sie lassen oder treiben soll.«

Dom Moacyr, Ortsbischof: »Ich halte es für falsch, alles in die Hand des Volkes zu legen. Manchmal muß man auch nachhelfen. Das lehrt einfach die Erfahrung. Sie zeigt, daß dieses Verhalten, das vielleicht autoritär scheinen mag, tatsächlich etwas bringt.«

Ich selbst, *Pater Clodovis Boff,* Berater der örtlichen Kirche: »Die Alternative ist nicht lassen oder zwingen, sondern *gemeinsam tun, bis man lassen kann.* Das scheint mir die Formel eines guten pädagogischen Verhältnisses zu sein. Unter Gleichen allerdings gibt es keinen anderen Ausweg als lassen.

›Nachhelfen‹ ist eine delikate Taktik, mit der man sicher manchmal eine positive Wirkung erzielen kann. Bisweilen, besonders am Anfang, braucht es wirklich gelegentlich eine Art Schock, damit die Leute wach werden. Viele Gemeindeleiter erzählen, sie seien Gemeindeleiter geworden, weil man sie ›ein bißchen gezwungen‹ habe, sich dem Marsch der Gemeinden anzuschließen. Und dafür sind sie dankbar.

In der Pädagogik besteht die Vorgehensweise auf jeden Fall in ›Versuch und Irrtum‹. Niemals kann man im voraus wissen, welcher Weg der richtige ist. Mut zum Wagnis! Erfahrung und Reflexion helfen viel, lösen aber nicht alle Probleme.«

Pater José, Pfarrer an der Kirche von der Unbefleckten Empfängnis in Rio Branco: »Ich denke, es ist wichtig, zusammen mit unseren Mitarbeitern herauszufinden, ob unser Dienst am Volk echt ist. Wir müssen sie einfach um ihre Meinung fragen, damit wir hören, welche kritischen Dinge sie an uns beobachten. In der Tat: Manchmal ist es wichtiger, daß wir einfach unter dem Volk da sind, als daß wir ihm direkt helfen. Aber das ist gegen unsere übliche Hast. Um mit diesem Aktivismus Schluß zu machen, haben meine direkten Mitarbeiter und ich beschlossen, uns immer wieder zu treffen, damit wir unsere Terminkalender überprüfen und uns gegenseitig zurechtweisen können.«

Pater Paolino, Pfarrer von Sena Madureira: »Ja, ›nachhelfen‹ – ein bißchen, wenn man etwas erreichen will. Die Erfahrung habe ich mit Indianern gemacht. Aber das muß man immer sehr *geschickt* machen, und *gemeinsam* mit den Betreffenden. ›Etwas nachhelfen‹, ja, aber mit Takt und zusammen mit den Leuten.

Eine Erfahrung in diesem Sinn habe ich bei den Maronawa-Indianern gemacht. Die waren völlig heruntergekommen, hatten keine Felder mehr und hungerten. Also bin ich zu ihnen gegangen. Mit tausend Mitteln, ja, sogar mit Spielereien habe ich es schließlich erreicht, daß sie auf den Acker gingen. Natürlich habe ich den Stamm nicht allein arbeiten lassen. Ich habe mir das Hackmesser geschnappt und kräftig zugeschlagen, bis die Hände voller Blasen waren.

Der Erfolg war so groß, daß später dann etwa zwanzig Kulina-Indianer kamen und mich baten, auch mit ihnen auf ihrem Feld zu arbeiten ...

Ich denke, dieses Verhalten ist keine Geste der Unterdrückung, wohl aber der Befreiung. Das sieht man an den Früchten.«

2. Dezember, Freitag
Priester sind immer Mit-Priester[19]

Heute morgen habe ich ein paar Gedanken über die Brüderlichkeit unter den Priestern vorgetragen. Die Ausführungen sollten eine Hilfe sein, über das gegenseitige Verhältnis unter den Priestern nachzudenken. Folgende Punkte habe ich angesprochen:

1. Modell des Presbyteriums sind die »Zwölf«. Diese bilden eine Gemeinschaft, die sich um Christus schart.

Die Gemeinschaft der »Zwölf« hat eine doppelte Dimension, wie Mk 3,14 zeigt: bei Jesus sein und von Jesus gesandt werden. So sind die »Zwölf« in einem »Jünger« und »Apostel«. Sie sind eine Lebensgemeinschaft (Brüder untereinander) und eine Arbeitsgruppe (Kollegen).

Diese doppelte Dimension macht das sogenannte »apostolische Leben« aus. So war es auch in der Urgemeinde. Die »Zwölf« bilden eine zusammenhängende Gruppe, in der das, was zählt, nicht so sehr die einzelnen sind (von einigen Aposteln wissen wir nichts oder nahezu nichts), sondern die Zugehörigkeit zur Gruppe.

2. Auch heute liegt die Verantwortung für die kirchliche Gemeinschaft nicht so sehr bei den einzelnen Priestern als vielmehr beim Presbyterium. Es handelt sich also um eine kollegiale Macht. Ein Priester außerhalb des Presbyteriums ist ein Nullpriester. Gemein-

sam bilden die Presbyter den »apostolischen Senat«, wie Ignatius von Antiochien und Hieronymus sagen (vgl. *Presbyterorum ordinis* 8 und Anm. 42).

Die Ordination ist Eingliederung in ein Kollegium, Aufnahme in eine »Ordnung«, Inkorporation in die presbyterale Korporation. Aus diesem Grund ist die Priesterweihe ein ausgesprochen brüderliches Sakrament. Es begründet eine »sakramentale Brüderlichkeit«. So sind die Priester in Wirklichkeit immer Mit-Priester.

Zum Ausdruck kommt diese Einheit bei der Weihe eines Presbyters, wenn ihm alle anwesenden Presbyter die Hand auflegen. Auch in der eucharistischen Konzelebration wird sie sichtbar.

So zeigt sich, daß die Brüderlichkeit unter den Priestern weder nur auf einfachem – wenn auch pastoral gemeintem – Zusammenleben noch auf bloßem Gefühl beruht, sondern ein inneres *Erfordernis* des Sakraments der Priesterweihe ist.

3. Praktische Konsequenzen:

a) Auf der Ebene des *Bewußtseins* gilt es anzuerkennen, daß die Ortskirche nicht nur dem Bischof und die Pfarrei nicht nur dem Pfarrer überantwortet ist, sondern daß die eine wie die andere kollegial geführt werden will. Es gibt nicht »meine Kirche«, sondern nur »unsere Kirche« und ebenso wenig »meine Pfarrei«, sondern nur »unsere Pfarrei«.

b) Auf der Ebene des *Zeugnisses* ist die priesterliche Brüderlichkeit »ein *per se* evangelischer Faktor« (*Puebla* 663), ein »Element der Evangelisierung« (*Johannes Paul II.*, Eröffnungsansprache in Puebla). »Alle sollen eins sein ..., damit die Welt glaube« (Joh 17,21.23). Die Praxis der Urkirche bestand darin, gemeinsam mit jemand anderem zu predigen, als Zeichen der Einheit (Paulus und Barnabas, Paulus und Silas, Paulus und Titus, Petrus und Johannes, die beiden Propheten in Offb 11; Lk 10,1 und Mk 6,7: »Er sandte sie aus, jeweils zwei zusammen«; darin spiegeln sich Gepflogenheiten der Urkirche wider).

c) Auf der Ebene des *Zusammenlebens* verlangt das Zweite Vatikanische Konzil »eine Art von Lebensgemeinschaft« bezüglich Wohnung, Verpflegung, Begegnung usf. wie auch im Blick auf pastorale Arbeit, Studium, Gebet, Freundschaft und Freizeit (vgl. Mk 6,31!). Puebla rät, isolierte »Priester zusammenzuführen« (750). So wird deutlich, daß das »gemeinsame Leben« auch als »Wert in sich« kein Monopol der Ordensleute, sondern ein Wert für alle Christen ist.

d) Auf der Ebene der *Pastoral:* Daß Zusammenarbeit und organische Pastoral, so wie sie im Priesterrat und im Pastoralrat zum Ausdruck kommen, eine Konsequenz aus der Priesterweihe sind, liegt mehr als deutlich auf der Hand.

Ausgehend von diesen Punkten hätten wir uns Gedanken zu folgenden zwei herausfordernden Fragen machen können:

1. Wie schätzt das Volk das Verhältnis zwischen uns Priestern ein? Inwieweit wirkt sich unsere Einheit bzw. Spaltung auf das Volk aus? Ist davon auch etwas in der Gemeinde zu spüren?

2. Wie lassen sich Formen einer größeren Annäherung in Leben und Pastoral unter den Priestern schaffen oder verbessern?

Exerzitien: Abstand nehmen, um Einsatz zu wagen

Unsere Exerzitien gehen zu Ende. Am späten Vormittag feierten wir die Eucharistie. Nachmittags ging es um konkrete Probleme, und wir hielten einen kurzen Rückblick.

Negative Punkte: Die Themen hätten von den Priestern mit ausgesucht und nicht bloß von den Vortragenden bestimmt werden sollen. Abends wäre statt der Austauschrunde eine gemeinsame Anbetung oder ein gemeinsamer Wortgottesdienst besser gewesen.

Positive Punkte: Die Atmosphäre der Stille, die sehr dichten Austauschrunden, die liturgischen Feiern.

Tatsächlich trug die Liturgie dazu bei, daß die meditierten Themen in dichter und brüderlicher Weise verarbeitet und erlebt wurden. Sie war abwechslungsreich und entfaltete sich in einem freien und zwanglosen Rhythmus. Und das war entscheidend.

Die Exerzitien mit ihrer Zurückgezogenheit waren so etwas wie das Sammelbecken eines ganzen Weges. Alle Widerfahrnisse und Probleme des Alltags flossen hier nämlich zusammen. Zugleich waren sie aber auch die Quelle für einen neuen Aufbruch im Glaubensleben und in der Arbeit an unserer Sendung.

Wenn sie uns einerseits Abstand von dem täglichen Kampf brachten, lassen sie uns andererseits doch mit vermehrter Kraft den Einsatz wagen. Das ist die Dialektik dieser fleischgewordenen Spiritualität, wie auch Jesus sie hatte. Auf Momente der Zurückgezogenheit folgten bei ihm Momente um so größeren Aufbruchs (vgl. Mk 1,12–15. 35–39).

Gute Exerzitien weihen das Leben und widmen es dem Dienst am Evangelium.

Wer hat Angst vor einer fleischgewordenen Spiritualität?

Ich spüre, daß die Exerzitien alle Priester – einschließlich des Bischofs – wirklich gestärkt haben. Aber alles war ganz einfach, überhaupt nicht hochtrabend, absolut schlicht, eben fleischgeworden in Armut. So hatten wir es auch gewollt. Alles ging ganz natürlich vonstatten, ohne künstlichen Aufwand und ohne irgendwelches Bemühen, anders zu sein oder Neuerungen einzuführen.

Wenn ich noch einmal Revue passieren lasse, was wir erlebt haben, dann habe ich den Eindruck, daß wir doch sehr traditionelle Exerzitien hatten, traditionell freilich, wie das Evangelium – die ewige Neuheit – traditionell ist. Von Gebet, Begegnung mit dem Herrn, von Sendung, Leid, Brüderlichkeit und anderem mehr war die Rede. Wir hatten Gebet, Anbetung, Beichte, Stille, Meditation und alles, was eben Exerzitien ausmacht.

Übrigens: Was ist eine »fleischgewordene« oder »befreiende« Spiritualität? Sie ist die einzige wahre Spiritualität. Wenn eine Spiritualität nicht inkarniert ist, ist sie dann überhaupt noch christlich? Sie kann buddhistisch, hinduistisch, griechisch, Zen oder sonst etwas sein, aber biblisch und evangelisch ist sie nicht.

Von einer »inkarnierten« oder »befreienden« Spiritualität reden ist – christlich betrachtet – also ein Pleonasmus. Attribute dieser Art sollen nur an die besondere Qualität der christlichen Spiritualität erinnern, weil diese in Vergessenheit geraten oder verdunkelt ist. Sie bringen uns also nur zu den spezifischen Quellen der christlichen Mystik zurück, die ja nie Weltflucht, sondern Weltverantwortung und Erlösung der Welt war.

Wir haben während dieser Tage nicht so sehr versucht, die Spiritualität Fleisch werden zu lassen. Vielmehr haben wir die Dynamik des Geistes und des Wortes Gottes erlebt, die notwendig zu Leben, Befreiung, Umkehr und Agape führen.

Auch die konkreten Fragen, die Dom Moacyr ansprach (Brevier, tägliche Messe usw.), wurden mit allem Ernst und in einem weiten, offenen und freien Geist vorgetragen: *more evangelico,* nach Art Jesu Christi, und nicht *more pharisaico,* auf legalistische Art.

Wer kann vor einer solchen Mystik und Kirche Angst haben? Mit Sicherheit der Teufel und außerdem weltlich eingestellte Menschen. Darüber hinaus auch die, deren Überlieferung nur bis zum Mittelalter und nicht bis zur Urkirche, bis zu den Vätern und den Aposteln Jesu Christi zurückreicht.

3. Dezember, Samstag: Rio Branco
Pater Paolino: *Vir evangelicus et apostolicus*

In der Frühe habe ich mich heute morgen, nicht ohne Rührung, von Pater Paolino verabschiedet – jenem mageren, kleinen Priester in seiner abgewetzten Soutane, ohne die man ihn nie sieht.

Monatelang lebt er im Busch, unter Gummiarbeitern und Indianern. Mehr als achtzigmal hat er schon Malaria gehabt, aber es ficht ihn nicht an. Mit seinen Gesten und Ausdrücken ist er wirklich ein Mann des Waldes, ein echtes Kind aus dem Busch. Der Urwald ist seine Welt, sein natürlicher Lebensraum. So erinnert er mich an einen hochgewachsenen Baumstamm voller Lianen und Schmarotzer, aber auch voller singender Vögel.

Sein grobes Gesicht strahlt einen dermaßen menschlichen und freundschaftlichen Glanz aus, daß von »Sympathie« zu sprechen völlig unzulänglich wäre; eher liegt es da schon nahe, an die *philanthropia* von Titus 3,4 zu denken – an die Menschenfreundlichkeit, die in Jesus von Nazaret sichtbar geworden ist.

Denn hinter seinen derben Zügen und durch sie hindurch strahlt eine Seele voller Sonne, das Herz eines Kindes, der geheime Glanz eines Menschen, der von Menschlichkeit erfüllt ist. Pater Paolino gehört zu jenen wenigen Menschen, bei denen nicht der Körper die Seele in sich trägt, sondern die Seele den Körper umarmt und verschwinden läßt. Alles, was an ihm rauh, klein und körperlich schwach ist, wird von einem edlen, großen und unerschrockenen Geist erhellt und verklärt. So wird die Bescheidenheit der körperlichen Züge bei ihm zum Ausdruck von Güte und Schönheit.

Seine Anwesenheit bei den Exerzitien während dieser Tage war wirklich prägend. Alle waren beeindruckt von dem Realitätssinn und von der bewegenden Transparenz, die in seinen Beiträgen lagen. An vielen seiner Erfahrungen hat er uns teilnehmen lassen. Allesamt ganz echt, materiell und gewichtig: Arbeit auf dem Feld, endlose beschwerliche Märsche, dichte und dramatische Begegnungen ... So floß ein ganzes Leben dahin – voller Kraft, aber nahezu ohne Worte, ohne Schmuck oder Interpretation. In seiner ganzen Länge und Breite, wie der harte Stamm eines Eisenbaumes.

Seine Arbeit tut er allein. Einen priesterlichen Gehilfen hat er nicht, obgleich er zu den »Entpflichtungen« immer jemanden mitnimmt. Aber mit Individualismus hat das nichts zu tun. Vielmehr handelt es sich um eine Einsamkeit, die durchaus Hunger nach Gemeinschaft hat, um eine Einsamkeit, die den Glaubensbruder und Weggefährten im Herzen, in der Erinnerung, im Gebet und in der Sehnsucht trägt.

So erzählt er uns, wie sehr es ihn freue, sonntags morgens tief im Urwald am Radio die Messe des Bischofs zu hören; während der Woche bei dieser oder jener Sendung die Stimme des einen oder anderen Priesters zu vernehmen und bei den wenigen, aber kostbaren Versammlungen im Laufe des Jahres die Brüder wiederzusehen.

Wenn er dann nach langer Zeit einen der Gefährten im Amt wiedersieht und in die Arme schließen kann, ist das ein richtiges Fest für ihn. Obgleich er der Priester ist, der sich am längsten von zu Hause entfernt tief im Busch aufhält, ist er es auch, der – wie der gute Hirt, der auf die Suche nach den entlaufenen Schafen geht – am dichtesten die brüderliche Gemeinschaft spürt und lebt, und zwar sowohl was das Presbyterium als auch was den Orden anbelangt. Wenn er auch kein Mann des Zusammenlebens unter einem Dach ist, so ist er doch ohne Zweifel ein Mann der Gemeinschaft; und das ist es, was vor allem zählt. In diesem Sinn ist er ein *vir fraternus,* ein brüderlicher Mensch. Er besitzt die Fähigkeit, das, was er tut, von den Brüdern beurteilen zu lassen, wie er auch durchaus imstande ist, zuzugeben, daß er gewisse autoritäre Angewohnheiten hat, die noch aus der Schule unter dem Faschismus stammen.

Sein Engagement an der Seite des Volkes ist bedingungslos und unwiderruflich. Mit den Menschen lebt er in einer Armut und einer Strenge, die der der Gummiarbeiter in nichts nachsteht.

In dem Büchlein ›Abre a porta‹ (Öffne die Tür), einer Art christlicher Fibel, fand er eine Reihe volkstümlicher und folkloristischer Lieder. Die wollte er sofort lernen, um sie dann seinen Gemeinden im Urwald beizubringen. Besonders gefiehl ihm ein Lied zur heiligen Lucia[20] (»Bendita e louvada seja Senhora Luzia«). Das mußte ich ihn lehren und in sein Notensystem umschreiben, damit er es auch ja nicht vergäße ...

In Pater Paolino findet das Evangelium zu seinem lebendigen und konkreten Ausdruck. Mehr brauche ich nicht zu sagen. Wer ihn kennt, kommt zu dem Schluß: Es gibt sie noch, die Rasse der *viri evangelici et apostolici!*

IX
Gemeinschaft und Mahl wie in der Apostelgeschichte

3. Dezember, Samstag: Vila Capixaba
Ein gutgestelltes, aber engagiertes Ehepaar

Ich soll hier die örtliche Gemeinde besuchen. Die Eheleute Eleutério und Nilza hatten mich in ihrem Kombi, der mit Säcken voller Grassamen beladen war, mitgenommen. Da die Fahrbahn in sehr schlechtem Zustand war, gab es ständig Erschütterungen, die Klappen öffneten sich, und etliche Säcke flogen auf die Straße.

Vila Capixa[21] ist 68 km von Rio Branco und 120 km von Xapuri entfernt. Hier leben mehr als dreihundert Familien, die mehrheitlich aus Südbrasilien, insbesondere aus dem Staat Espírito Santo kommen. Daher der Name.

Nilza und ihr Mann sind ein Ehepaar mit offenen Augen und einem scharfen Blick für alles Soziale. Seu Eleutério, der »Gaúcho«[22] – wie ihn die Leute nennen –, macht alles, was er tut, bemerkenswert gut. Er besitzt ein kleines Landgut: »Campo Grande« mit etwa 300 Hektar. Dort hat er 250 Kopf Vieh, 4000 Kaffeesträucher, 20000 Gummibäume (rationell angepflanzt) und mehrere Dutzend Hektar Reis, die ihm im vorigen Jahr mehr als tausend Sack[23] Reis brachten. Das Ehepaar selbst bereitet den Kaffee und den Reis auf, um ihn sodann in der Stadt zu verkaufen. Auch unsere Ordensgemeinschaft in Rio Branco trinkt den reinen und wohlduftenden Kaffee von »Campo Grande«.

»Gaúchos« Haus ist geräumig und offen. Große Bäume, auch Obstbäume, umgeben es und spenden ihm Schatten während des Tages.

Unter einem Dach sehe ich verschiedene Landmaschinen stehen: Trecker, Kaffeeröster und sogar eine Dreschmaschine, wie sie in meiner Kindheit in Planalto (Staat Santa Catarina) zum Schälen von Reis und Weizen benutzt wurde.

Eleutério und Nilza sind mit ihrem Kind eine mittlere Bauernfamilie, gutgestellt und im Aufsteigen begriffen. Sie haben nur einen Adoptivsohn. Sie haben vor, ein weiteres Kind zu adoptieren.

Diese gesellschaftlich-wirtschaftliche Situation hätte sie normalerweise eine eher konservative, wenn nicht reaktionäre Position einnehmen lassen. Nichtsdestoweniger setzt sich das Paar ganz entschieden für die Gemeinde und ihre Kämpfe ein. In der Gemeinde sind die beiden eines der dynamischsten Elemente. Und dabei spielt der Glaube eine große Rolle.

Nilza: eine Kämpferin

Nilza ist die Hauptverantwortliche für die ganze Capixaba-Gemeinde. Was Ivanilde für Catuaba ist, ist Nilza für Vila Capixaba. Hier wie dort sind die Ehemänner die ersten Mitarbeiter und Helfer. In diesem Punkt wurde nicht Eva Adam zur Gehilfin gegeben, wie es in der Bibel heißt, sondern umgekehrt: Adam dient Eva als Gehilfe.

Im übrigen sind Nilza und Ivanilde eng befreundet. Gemeinsam kamen sie irgendwann einmal im Bildungszentrum zu mir, um mich einzuladen, ihre Gemeinden zu besuchen. Die beiden Frauen zählen zu den zuverlässigsten Animateurinnen der Pfarrei von der Unbefleckten Empfängnis in Rio Branco, zu der die zwei Gemeinden gehören.

Nilza ist eine sehr junge Frau, so gegen dreißig. Überdies äußerst kämpferisch. Sie versammelt die Bevölkerung des Dorfes und diskutiert mit den Leuten, wie man dies und das verbessern könne. Dann setzen sie Kommissionen ein, fahren nach Rio Branco und tragen den Behörden ihre Forderungen vor.

Auf der Fahrt hierher erzählte mir Nilza heute im Kombi, in der vorigen Woche sei eine Kommission von acht Frauen bei verschiedenen Regierungsabteilungen gewesen: beim Wasseramt sowie beim Gesundheits- und Erziehungsministerium des Staates Acre, damit sie entsprechende Maßnahmen für das ganze Dorf träfen. Vor einiger Zeit habe man die Wasserleitung bekommen; da aber die ärmeren Straßen nicht berücksichtigt worden seien, habe man gefordert, das Leitungsnetz auch dorthin zu erweitern.

Aber Nilza ist nicht nur in den Kirchlichen Basisgemeinden und in der Landarbeitergewerkschaft engagiert, sondern auch im PT. Bei der letzten Wahl hat sie für den Gemeinderat kandidiert. Aber obwohl sie nicht durchkam, kämpft sie unermüdlich weiter.

Südbrasilianer, die ihre Gewohnheiten mitbringen

Zu Mittag aß ich heute bei einem jungen Ehepaar. Er ist Capixaba und sie Acreanerin. Sie haben drei Töchter. Das Essen war sehr gut und abwechslungsreich.

Die beiden erzählen, in Vila Capixaba vermischten sich die unterschiedlichsten Menschenschläge. Was Rasse und Herkunft aus den verschiedenen Bundesstaaten angeht, ist das Dorf hier ein getreuer Ausschnitt aus der Gesamtwirklichkeit Brasiliens.

Die Menschen, die von außerhalb, insbesondere aus Südbrasilien, gekommen sind, haben ihre Arbeitsfreude, ihre Häuslichkeit, ihre Sauberkeit, ihre Ehrlichkeit im Geschäft, ihre Liebe zur Familie und vor allem ihre tiefe Religiosität und ihren lebendigen Katholizismus mitgebracht. Die Protestanten haben hier sozusagen keine Chance, obschon sie wie allerorten auch hier ihr Gottesdienstgebäude haben.

Starke Frauen eines starken Volkes

Am Nachmittag brachte mich Nilza zu verschiedenen Familien des Ortes. Wie überall viele Kinder. In einem Haus waren neben den sechs eigenen Kindern noch sieben Kinder einer anderen Frau untergebracht.

Auch bei Dona Chiquinha waren wir. Dona Chiquinha ist aktives Mitglied der Evangeliumsgruppe, die Nilza leitet. Auch als arme Frau ist sie von großer Weisheit. Sie weiß, was sie will, und hat ein feines Gespür für die eigene Würde. Das fiel mir an ihrem sicheren, klaren und freien Sprechen auf. In solchen Augenblicken frage ich mich, woher das Volk diesen ganzen moralischen und geistigen Reichtum nimmt.

Ich sagte: »In Ihrem Alter sind Sie aber noch gut dabei. Gott erhalte Sie und gebe Ihnen ein langes Leben.« Und sie: »Siebenundsechzig bin ich. Aber ich will noch lange leben, um auf meine Enkel aufpassen zu können.« In der Tat: Um uns herum stand eine ganze Meute von Kindern: lustig, spielend, aber ziemlich schmutzig und nicht gerade gut gekleidet. Um es deutlich zu sagen: arm. Aber überraschenderweise ist die Vitalität dieser Kinder immer noch größer als alles Elend.

Ich frage, ob sie einen Mann habe. Der sei schon gestorben, antwortet sie. Und da sei ein anderer Mann in ihrem Leben »aufgetaucht«. »Aber der«, fährt sie fort, »ist Gott sei Dank wieder weg.« Und sie schließt: »Alles das tut Gott. Wenn Gott einem Frieden geben will, dann kommt der Friede wirklich. Ich hab' mich nie zufriedener gefühlt als damals, als der Kerl gegangen ist. Das war wie eine schwarze Wolke, die sich verzog. Jetzt fühle ich mich erleichtert, Gott sei Dank.«

Das sind die *anawim,* von denen die Bibel sagt, sie lebten aus Gott.

Menschen, die sich für ihre Arbeit und ihre Gemeinde einsetzen

Das Abendessen gibt es bei Seu Caboclo, dessen Familie auch aus dem Süden kommt, und zwar aus Mato Grosso do Sul. Seu Caboclo hat eine gutgehende Sägerei und beschäftigt ein halbes Dutzend Arbeiter.

Auch er hat einen Bauernhof. Unveränderlich jeden Morgen melkt er mit einem seiner Kinder seine vierzig Kühe. Die Milch verkauft er an die CILA, eine Firma, die Rio Branco und andere Städte mit Milch beliefert.

Gegenwärtig baut er an einem riesigen Haus, das die Kinder und Enkelkinder »Arche Noahs« nennen.

Offensichtlich handelt es sich um eine gutsituierte Mittelschichtfamilie. Die Gesamtheit der Angehörigen und Verwandten bringt die Geschäfte voran. Hier ist die traditionelle, patriarchalische Familie noch immer die Produktionseinheit.

Im Haus wimmelt es von Menschen. Mit den Kindern saßen am Abendbrottisch mehr als zwanzig Personen. Alles einfache Leute von ländlichen Sitten und asketischem Lebensstil. Und äußerst fleißig sind sie.

Alle nehmen aktiv am Gemeindeleben teil, vor allem Seu Caboclo, der ein unternehmungslustiger Mann voll weiser Worte ist.

Vorbild der Kirchlichen Basisgemeinden: die Kirche der Apostel

Nach dem Abendessen gingen wir gegen sieben Uhr alle zum Bildungszentrum. Aber dieses hat sich schon als zu klein erweisen für die Menschen, die aus allen Häusern herbeiströmen. Deshalb wird nebenan bereits an einer neuen Kirche gebaut. Die ganze Gemeinde faßt bei den Arbeiten mit an, und die Wände sowie das Dach sind schon fertig. Das ist das Wichtigste.

Das alte Zentrum ist voll. Mehr als hundert Leute sind zu dem Vortrag gekommen. Nilza und Eleutério hatten mir den Vorschlag gemacht, darüber zu sprechen, wie die ersten Christen lebten. Die Gemeinden haben ein großes Interesse an diesem Thema. Der Grund ist vielleicht der, daß sie sich mit der Urkirche und ihrer Einfachheit, Armut, Gleichheitspraxis, Verfolgung usf. sehr identifizieren.

Natürlich bediene ich mich der Apostelgeschichte und entwickle – möglichst pädagogisch vorgehend – vier Punkte:

1. Die ersten Christen waren *unerschütterlich* in folgenden Dingen: im Hören auf das Wort Gottes, in der Feier des Mahles sowie in den Gebets- und Gottesdienstversammlungen (vgl. Apg 2,42). Be-

sonders wichtig seien die Versammlungen gewesen, hob ich hervor. Als Beispiel nahm ich die Gemeinde von Troas, die zunächst das Wort Gottes hörte und sich darin vertiefte und dann das Herrenmahl hielt: eine Basisgemeinde zur Zeit des Apostels Paulus. Die Atmosphäre, in der wir uns befanden, war, was die Einfachheit und Armut der Versammelten wie auch ihren schlichten und ursprünglichen Glauben (und selbst manche Einzelheiten: Leute saßen in den Fenstern) anbelangt, der Situation in der Apostelgeschichte so ähnlich, daß ich mich in die Zeit der Apostel versetzt fühlte.

2. Die ersten Christen »hatten *alles gemeinsam*« (vgl. Apg 4,42f). An dieser Stelle rückte ich das Projekt einer brüderlichen Gesellschaft in den Vordergrund, die wir schaffen müssen, und daß wir ab sofort unser Hab und Gut, vor allem aber unsere Kräfte, in den sozialen Kämpfen zusammentun müssen. »Gütergemeinschaft« in Gegenwart und Zukunft ist Teil unseres Glaubens.

3. Die ersten Christen hatten aber auch ihre *Fehler.* So wollten etwa Hananias und Saphira die Gemeinde hinters Licht führen (Apg 5,1–11); zwischen den verschiedenen Gruppen und Tendenzen gab es in der Frage der Versorgung der Witwen den einen und den anderen Zwist (6,1); wegen der Christen, die aus dem Judentum stammten und noch an ihren alten Überlieferungen hingen, brach ein Konflikt aus (15,1–29); Paulus und Barnabas stritten sich um Markus, den der eine auf die bevorstehende Reise mitnehmen und der andere nicht mitnehmen wollte (15,36–41), usw.

4. Die ersten Christen hatten *Verfolgungen* zu erleiden (vgl. Apg 4,1–22; 5,17–42; 6,8–15; 7,54–60; 8,1–3; 9,1–2; 11; 12 usw.).

Ich ziehe die Parallele zur Lage der Kirche heute und vor allem zur Bewegung der Kirchlichen Basisgemeinden. Diese »neue Art des Kircheseins« ist also so neu gar nicht. Sie ist keine Erfindung in den Köpfen von Bischöfen oder Priestern, sondern eine Neugestaltung der Basisgemeinden der ersten Christen. Damit kehren wir nur zur Apostelgeschichte zurück. Wir sind nichts anderes als die apostolische Kirche.

Ich hatte so richtig »meinen Tag« und sprach ganz frei und locker. Bis zum Ende (gegen zehn Uhr) folgten die Leute mit der größten Aufmerksamkeit.

Nach meiner Meinung hat es sich gelohnt. In dem Augenblick spürte ich ganz klar und lebendig, daß unsere Kirchlichen Basisgemeinden heute ein Rückgriff auf die Urkirche sind – die Kirche des Petrus und der Apostel, die Kirche der Jungfrau Maria und der anderen heiligen Frauen. Also: eine einfache, volksnahe, uneigennützige und arme Kirche; eine menschliche Kirche, die zugleich voll des Heiligen Geistes ist; und besonders eine Kirche der Laien, in der die Priester die ersten Diener sind; und schließlich eine missionarische und verfolgte Kirche, die gleichwohl voller Freude ist.

Diese *forma Ecclesiae* (Weise des Kircheseins) ist nach wie vor das Paradigma für jede Kirche, so wie – in der Ausdrucksweise des Franziskus – die *forma Sancti Evangelii* es für das Christsein ist.

Am Ende des Treffens standen wir auf, um zu beten. Bei den spontan vorgetragenen Anliegen, die in reicher Zahl flossen, wurde Gott vor allem für die »Form des Kircheseins«, die jetzt im Entstehen sei und die der Kirche der Apostel so sehr ähnele, gedankt. Aber es wurde auch darum gebetet, daß die örtliche Gemeinde dem Vorbild der ersten Christengemeinde folge, vor allem was die »Gemeinschaft der Güter und der Kräfte«, aber auch was den Mut in den Verfolgungen angehe.

Nach der Versammlung kam Seu Caboclo zu mir und sagte: »So hätten wir auch die ganze Nacht ausgehalten, wie bei Paulus in der Geschichte, die Sie uns vorgelesen haben.«

Doch ...

Wir gingen hinaus in die kühle Nacht von Samstag auf Sonntag

Wir waren zu sieben oder acht Personen: das Ehepaar, bei dem ich untergebracht war: Eleutério und Nilza, Seu Caboclo und Frau und noch ein paar Leute vom Koordinationsteam der Gemeinde.

Wir gingen in eine kleine offene Kneipe, um etwas Erfrischendes zu trinken. Draußen war viel Volk, wie jeden Samstagabend. Überall standen kleine Gruppen von Leuten, vor den Häusern, in den Kneipen, auf den Straßen. Man flanierte und lachte, und da und dort wurde auch gesungen.

Die Stimmung war gelöst, volkstümlich und sehr liebenswürdig. Der eine kennt hier den anderen. Man achtet sich.

Über uns ein sternenübersäter Himmel. Und die Nacht überaus milde. Da faßt Nilza mich am Arm, zeigt mit der Hand zum Himmel und sagt: »Clodovis, das ist der Himmel von Vila Capixaba!« Halb stolz, halb im Scherz, legt sie den Akzent auf »das«.

Eine friedliche und versöhnte Atmosphäre: Menschen, die sonst hart arbeiten, geben sich am Samstagabend der Muße und dem Beisammensein hin.

Der Geist bewegt sich frei im Körper. Die Welt ist gut und hat es verdient, daß sie existiert.

4. Dezember, Sonntag: Vila Capixaba
Der Mensch ist dem anderen kein Wolf, sondern Freund

Früh morgens. Ich liege noch im Bett. Da höre ich von meinem Zimmer aus, wie sich Nilza mit jemandem, der in dieser Frühe gekommen ist, unterhält. Soviel verstehe ich, daß er ein paar Auskünfte und Empfehlungen will, damit er nach Rio Branco fahren kann.

Ich höre, daß Nilza ihm eine Tasse Kaffee anbietet und ihm versichert: »Sie brauchen keine Angst zu haben. Es wird schon klappen.« Obwohl ich das Gespräch nicht ganz mitbekomme, spüre ich, daß in der Stimme des Besuchers ein Gefühl großer Achtung für Nilza und großen Vertrauens mitschwingt. Der Grund ist sicherlich der, daß sie die geborene Leiterin der örtlichen Gemeinde ist.

Beim Hinausgehen beruhigt sie ihn noch einmal, es werde schon gutgehen. Und als der Gast bereits vor der Tür steht, fügt sie noch deutlich hinzu: »Wenn's ein Problem gibt, sagen Sie Bescheid.«

Ich muß Nilzas Zuvorkommenheit und feine Art bewundern. Sofort denke ich an das fürsorgliche Wort des barmherzigen Samariters: »Sorge für ihn, und wenn du mehr für ihn brauchst, werde ich es dir bezahlen, wenn ich wiederkomme« (Lk 10,35). Und wie sollte man nicht auch an das Wort des Paulus denken: »Einer trage des anderen Last; so werdet ihr das Gesetz Christi erfüllen« (Gal 6,2)?

Ich überlege, was das Evangelium in Sachen Humanisierung des Menschen und der Beziehungen der Menschen untereinander alles bewirken kann und tatsächlich bewirkt. Allein der Glaube vermag die Menschen in ihrem Innersten und Tiefsten miteinander zu verbinden. Ob der Marxismus das auch kann, möchte ich bezweifeln. Damit aus dem Wolf ein Mensch wird, sollte man auch Franziskus fragen.

Keine Produktionsweise kann aus sich heraus das Bemühen ersetzen, an der Vermenschlichung der menschlichen Beziehungen zu arbeiten. Möglicherweise erleichtert oder begünstigt sie es, aber »produzieren« wird sie es nie können. Das ist Werk der Freiheit und des Geistes.

Seu Eleutério: ein Gaúcho wie der Befreier Plácido de Castro[24]

Nach dem Frühstück zeigt mir Seu Eleutério seinen Bauernhof. Wir gehen durch die Kaffee- und Gummipflanzung und durch die aufgescheuchten Büllchen hindurch bis zu dem Feld, auf dem noch Reis gepflanzt werden soll.

Aus allem spricht Liebe, Verstand und Fleiß. »Gaúcho« erzählt mir von seinen Erfahrungen und von den Lektionen, die er daraus gezogen habe. Er kritisiert die staatliche Hilfsbehörde für die Landwirtschaft EMATER, weil sie kaum etwas von der Natur und den Möglichkeiten des Landes hier verstehe und weil sie dem örtlichen Landwirt kaum technischen Beistand leiste.

So erklärt er mir zum Beispiel, daß es gut ist, zwischen die Reihen der Gummibäume Kaffeesträucher zu pflanzen. Das bekomme beiden vorzüglich. Aber die EMATER unterstütze weder diese Methode, noch finanziere sie sie.

Ein anderes Beispiel: Eleutério läßt die Kälber zwischen den Reihen der Gummibäume weiden. Dort fressen sie das Gras und helfen so dabei, den Raum dort sauberzuhalten. Den Gummibäumen tut das nichts, weil sie zu dieser Zeit (das heißt nach vier Jahren) schon ausreichend Widerstandskraft haben. Und so weiter.

»Gaúcho« hat wie jeder, der von anderswoher gekommen ist, seine Fähigkeiten und sein rationelles Denken mitgebracht. Das fördert natürlich die wirtschaftliche Entwicklung.

Dagegen ist der Gummiarbeiter an eine andere Art von Leben und Arbeit gewöhnt. Wenn er nicht das rationelle Arbeiten des Südbrasilianers hat, so hat er doch eine Widerstandskraft und einen Mut, die ihresgleichen suchen. Tatsache jedoch ist, daß sich seine Methoden und Techniken beim Ernten des Gummis seit Anfang des Jahrhunderts fast nicht verändert haben. Im übrigen bietet ihm der Wald, was er braucht. Für ihn ist der Busch Vorratskammer, Kühlschrank, Markt und alles andere. Daher rührt es, daß er kaum vorsorgt und wenig von technischer Rationalität weiß.

Darüber unterhalte ich mich mit »Gaúcho«. Er sagt, er verstehe sich gut mit den Leuten von hier (übrigens sei Nilza, seine Frau, ja auch Acreanerin). Allerdings gehe bei den Leuten hier alles auf der Basis des »Schon-Hinkriegens«, irgendwie – heiße es – arrangiere man die Dinge.

In der Tat fällt mir auf, daß sich die Menschen hier irgendwie immer zurechtfinden: um ein Stück Vieh oder einen Wagen zu transportieren, um das Auto über die Straßen voller Löcher und Schlamm zu chauffieren, um ein Plätzchen oder eine Art und Weise zu finden, wie bzw. wo man die Nacht verbringt usf. Offenbar ist unter diesen Bedingungen alles unvorhergesehen und jede Lösung provisorisch. Man kriegt die Dinge schon hin, und irgendwie geht's weiter, mal so, mal so. Wozu denn alles so genau nehmen, die Dinge so säuberlich herrichten und die geeigneten Werkzeuge finden? Paßt denn nicht alles zu allem? So kommen wir doch auch weiter!

Ein Mahl wie zu Zeiten der ersten Christen

Gegen zehn Uhr gingen wir alle zum Gemeindezentrum, um die heilige Messe zu feiern.

Als wir ankamen, fiel mir ein, daß ich alles, was man zur Eucharistiefeier braucht, völlig vergessen hatte. So sah ich denn das Zentrum vor mir – voller Menschen, die darauf warteten, daß die Messe begänne.

Also rief ich rasch die Koordinationsteams zusammen, und wir kamen zu dem Schluß, daß die Messe stattfinden solle, so gut es gehe.

Der eine rannte hierhin, der andere dorthin, um wenigstens das, was für das Sakrament unerläßlich ist, zu suchen: Brot und Wein. Jemand brachte – als Kelch – das schönste Glas, das er zu Hause fand, mit drei Goldstreifen ringsum.

Der versammelten Gemeinde erklärte ich, wir würden jetzt das Mahl des Herrn feiern, ungefähr so wie Paulus in Troas und wie wir es am Vorabend besprochen hatten.

Den ersten Teil der Eucharistie gestalteten ganz die örtlichen Gemeindeleiter, so wie sie normalerweise ihren sonntäglichen Wortgottesdienst hier halten. So achtet und anerkennt man, was sie bereits seit langem tun.

Dona Rosária erwies sich als eine sehr tüchtige Gemeindeleiterin. Die Gemeinde machte mit wie stets. Ich hielt mich diskret im Hintergrund, damit sich die Dinge normal entwickeln konnten. Auf der Grundlage der Lesungen entstand ein freies Gespräch. Das Thema war die Vorbereitung auf das Kommen des Messias; denn es war der zweite Adventssonntag. Ich erinnere mich, daß jemand sagte: »Wir fordern von der Regierung, daß sie endlich die schrecklichen Löcher in der Straße ausbessert. Aber heute kommt Johannes der Täufer und fordert von uns, daß wir auf der Straße unseres Lebens alle Löcher ausbessern, damit der Messias, wenn er kommt, auf einer ebnen, glatten und tipp topp hergerichteten Straße kommen kann.«

Ich selbst griff erst am Ende ein, um diesen ersten Teil abzuschließen. So führte ich ein Gespräch mit der Gemeinde über die »Löcher«, die die Gemeinde zu füllen habe, damit die Straße wieder glatt würde. Die »Löcher« waren die bekannten Sachen: Fernbleiben von den Versammlungen, von den gemeinsamen Kämpfen usw.

Dona Rosária stimmte auch noch das Glaubensbekenntnis und die

Fürbitten an. Ich selbst trat erst als Vorsitzender des gemeinsamen Gebetes ab der Gabenbereitung in Aktion. Man brachte »normales« Brot und »normalen« Wein. Ich erklärte, was das bedeutet: Gott nimmt unsere Erzeugnisse entgegen. Dabei erschien mir dieses »unsere« in dem Augenblick dichter und sinnträchtiger als sonst, obgleich das Weizenbrot und der Traubenwein nicht in dem Maße »unser« waren, wie Mandiokabrot und Açaiwein es zum Beispiel gewesen wären. Aber auf jeden Fall war es ein aufrichtigeres »unser« als das, das der »Hostie« oder dem likörartigen »Wein« gegolten hätte, die der Priester im Koffer mitbringt, wenn er kommt, und deren Herkunft vom Blickpunkt der Volkskultur aus doch ein ziemliches Geheimnis ist.

Beim eucharistischen Hochgebet hielt ich mich an das Blatt, das die Gemeinde sonst beim sonntäglichen Wortgottesdienst benutzt. Nur schoben wir viele Refrains und auch einige Phasen der Stille ein.

Zum Brechen des konsekrierten Brotes, das bei der Kommunion ausgeteilt werden sollte, lud ich Dona Nilza und Dona Rosária ein, die der Gemeinde auch sonst das Brot des Wortes austeilen.

Über vierzig Personen kommunizierten von dem geweihten Brot, das sie auch in den heiligen Wein eintauchten. Alles geschah mit der größten Ehrfurcht und Sammlung. Es war eine Lust zu sehen, wie diese einfachen Menschen kamen, die geöffnete und so oft schwielige Hand ausstreckten, voller Ehrfurcht das heilige Brot nahmen und es andächtig in den gläsernen Kelch tauchten, während sie die geöffnete linke Hand unter die rechte hielten, um in dem Fall, daß ein Tropfen fiele, diesen aufzufangen.

Alles lief sehr erfurchtsvoll ab. Nur einen kleinen Zwischenfall gab es, der aber auch bei jeder anderen Messe hätte passieren können. Während ich die Kommunion austeile, kommt von der Seite Marcinha heran, die vierjährige Enkeltochter von Seu Caboclo, ein äußerst lebhaftes Ding: »Padre, gib mir auch ’n Brot mit Limo!« In Wirklichkeit ein ebenso reizvoller wie niedlicher Zwischenfall.

Das Mahl dauerte etwas über eine Stunde. Die Gemeinde war begeistert. Niemand nahm an irgend etwas Anstoß.

Äußerlich betrachtet, lag die Feier zwischen einem sonntäglichen Wortgottesdienst, den die Gemeinde jede Woche hat, und der »kanonischen Messe«, wie sie sonntags die Priester feiern. Durch die Art und Weise, wie wir sie gestaltet hatten, wurde das, was das Volk bereits selbst tut, aufgewertet. Die Gemeindeleiter hatten ja einerseits den ganzen ersten Teil übernommen, und andererseits war in den üblichen Ablauf die Eucharistie eingefügt worden, die damit näher an die Gemeinde und ihre Welt herankam.

Vielleicht müßte die Kirche verschiedene Modalitäten der Feier des Herrenmahles bereithalten: von der Messe mit dem Volk Gottes, wie sie die traditionelle und heute praktisch einzige Formel ist, bis hin zum »Brotbrechen«, wie die ersten christlichen Gemeinden – etwa in Troas – es hielten. In diese Richtung scheint übrigens auch das Dokument der CNBB (Conferência Nacional dos Bispos do Brasil = Nationalkonferenz der Brasilianischen Bischöfe) aus dem Jahre 1977 zu gehen, über das in Rom allerdings noch beraten wird.

Doch der liturgische Pluralismus, der im Blick auf die bekannten Riten bereits akzeptiert wird, ist eine Forderung, die am Pluralismus in den »Formen des Kircheseins« hängt. Denn wie sollte eine Kirche, die aus dem Erdboden wächst und die sich die Kultur des Volkes auf katholische Weise zu eigen machen will, um darin im Sinne der Inkarnation eine Kirche der Beteiligung, der Mitsprache und der Mitbestimmung zu werden, sich nicht in der Eucharistie unter Zuhilfenahme dessen zum Ausdruck bringen, was sie ist und was sie sein will: eine »Kirche der Armen«, eine »Kirche als Volk Gottes« und in diesem Sinn eine »Volkskirche«?

Nur eine »Volkskirche« kann eine »Volkseucharistie« schaffen, so wie nur eine »Volkseucharistie« eine »Volkskirche« schaffen kann.

X
Von Protestanten und von Gerechtigkeit

5. Dezember, Montag, Brasiléia

Der ungestüme Schrei der Armen

Zu viert sind wir nach Brasiléia gekommen, um bei der Schulung der hiesigen Gemeindeleiter mitzuwirken. Wir sind Schwester Sandra, Novizin der »Marienschwestern von der Wiedergutmachung«; Isaías, Student der Theologie und Priesteramtskandidat; Pater Asfury, Pfarrer der Pfarrgemeinde vom »Auferstandenen Christus« (Rio Branco), und ich.

Das Thema, das das Volk gewählt hat, lautet: die Protestanten. In der Tat sind Protestanten inzwischen überall anzutreffen und treiben eine aktive Proselytenmacherei. Das Verhältnis der Gemeindeleiter zu ihnen ist immer äußerst problematisch. So muß das Thema unbedingt in einem Kurs behandelt werden.

Das Treffen wird fünf Tage dauern. Natürlich beginnt es mit einem Gebet. Wenn man sieht, wie die fünfzig, sechzig oder siebzig Gemeindeleiter die Hände zum Himmel erheben und das Vaterunser beten, kann man sich vorstellen, was Gott empfindet, wenn er sie hört. Das ganze Leben liegt in ihren Stimmen. Es ist ein »beeindruckendes Rufen«, der »Schrei eines leidenden Volkes«. Es ist der »deutlich vernehmbare, wachsende, ungestüme und bedrohliche« Schrei, wie sich Puebla in einem seiner nachhaltigsten Texte ausdrückt (Nr. 87–89).

In solchen Augenblicken gibt es keinen Zweifel daran, daß Jahwe, der Vater, seine Ohren diesen seinen leidenden Söhnen und Töchtern zuwendet, die um Hilfe flehen. Wie sollte er sie nicht hören (vgl. Lk 18,7–8)?

Dabei hängt der Wert dieses Gebetes gar nicht so sehr von der mentalen oder psychischen Verfassung ab, in der sich die Gruppe befindet – sie kann ja gerade müde sein oder keine Inspiration haben –, sondern von der umfassenden Lebenseinstellung, von dem Geist, mit dem sie die objektiven Bedingungen ihres zertretenen Lebens angeht.

Es ist die reine Wahrheit: Wenn Arme beten, erhört Gott mit Sicherheit ihr Gebet. »Da ist ein Armer; er rief, und der Herr erhörte ihn. Er half ihm aus all seinen Nöten« (Ps 34,7).

Die Gemeindeleiter stellen sich vor

Einige Anmerkungen zu dem, was ich mitbekommen habe:

Die Leute stammen aus allen Bundesstaaten. Wie Vieh, das man hin und her jagt, hat sie das Kapital hierher getrieben. Sie haben Wege gebahnt, Felder gerodet und Böden bewirtschaftet, und Äcker haben sie hergerichtet, bearbeitet und bestellt – und das alles für andere. Sie sind diejenigen, die das Land wirklich urbar machen und erschließen; aber sie sind keine Unterdrücker, sondern die Unterdrückten.

Das Volk hat eine feine Art, sich vorzustellen. Es zeigt dann eine Haltung und eine Sprache, die zeremoniell wirken. Aber immer ist es einfach, rücksichtsvoll und bescheiden. Einige gebrauchen noch die Ehrerbietungsformel: »Ich, so und so, Ihr Diener«.

Immer wieder hört man: »Ich bin ganz glücklich, hier bei euch sein zu können.« Solche Worte sind keine Formeln des Protokolls, sondern sie drücken ein ehrliches Empfinden aus. Eine Frau sagt: »Ich war eine Woche krank, und ich hatte große Sorge, daß ich an diesem Kurs nicht würde teilnehmen können. Aber Gott sei Dank bin ich gesund geworden, und jetzt bin ich hier. Ich bin glücklich darüber.«

Eine andere Frau bekennt, daß sie »an Stelle ihres Mannes«, eines Gemeindeleiters, hierher gekommen sei, um zu lernen, weil er krank sei und nicht persönlich kommen könne. Und sie schließt: »Ich bitte den göttlichen Heiligen Geist um ein gutes Gedächtnis; wissen tu' ich fast nichts; aber ich will mich bemühen, damit ich dann meinem Mann möglichst viel mitteilen kann.«

Viele Gemeindeleiter berichten, sie arbeiteten mit einem Hilfsgemeindeleiter zusammen. Das ist sehr gut. Ich erinnere an den Text: »Zwei sind besser als einer allein, falls sie nur reichen Ertrag aus ihrem Besitz ziehen. Denn wenn sie hineinfallen, richtet einer den anderen auf. Doch wehe dem, der allein ist, wenn er hineinfällt, ohne daß einer bei ihm ist, der ihn aufrichtet. Außerdem: Wenn zwei zusammen schlafen, wärmt einer den anderen; einer allein – wie soll er warm werden? Und wenn jemand einen einzelnen auch überwältigt, zwei sind ihm gewachsen; und eine dreifache Schnur reißt nicht so schnell« (Koh 4,9–12). Wenn ich diesen schönen, in volkstümlicher Sprache gehaltenen Text den Gruppen zur Reflexion vorlese, hat das immer seine Wirkung.

Es melden sich auch zwei Frauen, Mutter und Tochter, aus der Gruppe derer, die erst vor kurzem aus Südbrasilien gekommen sind, Parzellensiedler. Beide arbeiteten bereits im Staat Paraná als Gemeindeleiterinnen, Monitorinnen (dort werden sie allerdings »Koordinatorinnen« genannt). Die Mutter ist 36 und die Tochter 16 Jahre alt. Beide machen einen guten Eindruck.

Eine Freude ist es, junge Menschen als Gemeindeleiter oder Hilfsgemeindeleiter zu sehen. Besonders deshalb, weil man überall scharenweise junge Burschen Fußball spielen sieht, samstags nachmittags, sonntags, ja selbst wenn sich die Gemeinde zum Evangelium, zum Wortgottesdienst oder zur Messe versammelt. Eine Krankheit, die eine Sache des Alters oder der Zeit ist und die vorübergeht? Das Leben selbst zwingt ja den Menschen gewöhnlich dazu, sich früher oder später mit dem Geheimnis auseinanderzusetzen.

Fast nur Leute vom Lande oder selbständige Handwerker aus der Stadt sind in der Lage, so einen Kurs zu machen, bei dem es eine ganze Woche um Lernen geht. Auch aus diesem Grund stammen die Gemeindeleiter aus diesen Kreisen. Lohnabhängige gibt es sehr wenige. Dennoch sprechen wir Kursleiter – aus purer Gewohnheit und gar nicht einmal absichtlich – von niedrigen Löhnen, während die Mehrzahl der Teilnehmer doch von einem Einkommen lebt, das mit Lohn nichts zu tun hat.

Auffällig ist, daß auf der Ebene der Gemeindeleiter Männer und Frauen in etwa gleich stark vertreten sind, obwohl an der Basis bekanntlich mehr Frauen als Männer bei den Gruppen mitmachen. Ein Zeichen dafür, daß auch in der Arbeit der Kirchlichen Basisgemeinden noch ein gewisser Machismus herrscht.

Was wissen die Gemeindeleiter von den Protestanten?

Die Methode der Basisgemeinden ist induktiv. Eingesetzt wird stets beim »Sehen« – bei dem, was das Volk sieht. Also läßt Pater Asfury ein »brainstorming« über das machen, was man von den Protestanten weiß. Hier einige Äußerungen:

Die Protestanten suchen die Leute zu Hause auf. Zuerst bemühen sie sich, die Frauen zu erobern, um dann die ganze Familie herumzukriegen. So bringen sie's sogar fertig, unsere Evangelisierungsgruppe kaputtzumachen.

Die reden viel vom Heiligen Geist und meinen, nur sie hätten den Heiligen Geist bekommen.

Sie sagen, daß es Ordensfrauen und Priester besser nicht gäbe.

Prozessionen sind für sie Götzendienst.

Sie sagen, daß die Kirche dem Volk die Augen öffnet, sei etwas Weltliches, und so etwas habe mit Religion nichts zu tun.

Sie denken, Krankheit sei eine Art Kette, die die Leute fesselt, weil sie noch nicht in deren Glauben sind.

Wenn wir Katholiken unsere Prozessionen haben, gehen sie herum und verteilen Zettel, auf denen steht: *Die Mehrheit ist im Irrtum.*

Sie kritisieren die Gemeindeleiter, weil sie nicht die ganze Bibel lesen, sondern nur das Neue Testament.

Sie glauben nicht an Maria als an Unsere Liebe Frau, Jungfrau und Muttergottes, und sagen, Maria habe außer Jesus Christus noch andere Kinder gehabt.

Sie verbreiten, die Gemeindeleiter seien blind und führten andere Blinde.

Sie zweifeln die Kindertaufe in der katholischen Kirche an.

Nur die Taufe im Wasser lassen sie gelten.

Sie sagen, nur sie würden gerettet, weil nur sie Jesus annähmen und sich ihm hingäben.

Daß Katholiken das Kreuz verehren, sich segnen, das Kreuz schlagen und Kerzen anzünden, davon halten sie nichts. Für sie ist das Kreuzzeichen das Zeichen des großen Untiers.

Wenn ein Katholik im Sterben liegt, kommen sie an sein Sterbebett, beschwören ihn und sagen, wenn er nicht Protestant werde, werde er verdammt. (Es werden konkrete Fälle berichtet.)

Sie erpressen die Leute und jagen ihnen Angst ein, indem sie sagen, das Untier komme schon bald und präge denen, die keine Protestanten seien, sein Zeichen auf die Stirn. (Ein Gemeindeleiter erzählt, er habe eine Frau beruhigen müssen, die von diesen Dingen ganz verschreckt gewesen sei. Mit einer Fibel über die Apokalypse in der Hand habe er ihr erklärt, was die Zahl 666 wirklich bedeute ...)

Sie sagen, Priester und Nonnen müßten verheiratet sein.

Für sie ist der Papst das Untier, und Priester und Bischöfe tragen die Zahl 666 an der Soutane.

Sie sagen, die katholische Kirche sei eine Religion, die Jan und jedermann aufnimmt.

Sie glauben, nur sie könnten Kranke heilen, Dämonen austreiben und in Zungen reden.

Mit Magnetismus (sic!) machen sie dem Volk etwas vor.

Sie heilen Kranke oder sagen, sie heilten sie. Aber trotzdem sterben die Leute, und bei Behinderten ändert sich auch nichts ...

Sie sind nur auf Geld aus.

Anmerkungen anläßlich dieser Äußerungen

1. Die Auseinandersetzungen zwischen Katholiken und Protestanten haben sich an die Basis verlagert. Die Gemeindeleiter bekommen jetzt das Problem der Protestanten deutlich zu spüren, weil sie in ihnen Rivalen oder Konkurrenten in Sachen Religion erblicken. Gestern war es der Priester, der sich mit dem Pastor auseinanderzusetzen hatte, heute ist es der Gemeindeleiter. Denn sowohl der Pastor als auch der Gemeindeleiter tragen die Verantwortung für eine Glaubensgemeinschaft. Heute fühlen sich die Gemeindeleiter tatsächlich als die Verantwortlichen für ihre Gemeinden, und deshalb sorgt es sie, daß Protestanten versuchen, ihnen ihre Mitglieder abspenstig zu machen. Der Konflikt besagt nicht, daß die Protestanten aggressiver geworden sind, sondern daß sie jetzt auf größeren Widerstand stoßen, weil die katholische Basis inzwischen aufgeklärt ist. Bourdieu würde in dem Ganzen nichts weiter als einen »Kampf um den religiösen Markt« sehen; aber der Theologe muß darüber hinaus auch nach der Qualität der betreffenden Ware fragen.

2. Die konterideologische Strategie. Vieles der missionarischen, um nicht zu sagen: der proselytenmacherischen Methode dieser Protestanten gehört zur Strategie jeder Konterideologie, die darauf abzielt, den Konkurrenten oder Gegner schlechtzumachen, um sich über ihn erheben zu können. Auch Ideologien, Parteien, Regierungen, Firmen, Fußballvereine u. ä. bedienen sich dieser Winkelzüge.

3. Die eigentliche Frage ist theologischer Art. Haben diese Sekten wirklich die Funktion von »Mitteln des Heiles«, von denen das Konzil in seinem Dekret über den Ökumenismus (*Unitatis redintegratio* 3) spricht? Sind sie tatsächlich Wege zu Christus – trotz der Mängel, um die wir wissen? Gilt vielleicht auch für sie, was Paulus über die Judenchristen sagt: »Einige verkündigen Christus zwar aus Neid und Streitsucht ... Aber was liegt daran? Auf jede Weise, ob in unlauterer oder lauterer Absicht, wird Christus verkündigt ...« (Phil 1,15–18).

Sollte diese Art von Protestantismus ein Mittel sein, dessen Gott sich bedient, um sein verstreutes und in die Irre gegangenes Volk zu trösten, zusammenzuführen, zu ermutigen und zu retten – wie Schafe ohne ausreichende Zahl an Hirten (vgl. Mt 9,36)? Sollten die Protestanten im Weinberg des Herrn Arbeitskollegen oder Rivalen von uns oder – noch schlimmer – unsere Gegner sein? Sammeln sie mit uns, oder verstreuen sie, was wir sammeln?

Vielleicht trifft sogar beides zu, wenn auch je nach Fall in unterschiedlichen Proportionen.

Andererseits kann nicht bestritten werden, daß – theologisch gesehen – der Christus dieser Protestanten nicht der Befreier der menschlichen Daseinslage im umfassenden Sinn ist. Er ist der Christus des Paulus, aber nicht der Jesus der Synoptiker: der arme Jesus, der Arbeiter, der Freund der Unterdrückten, der Prophet, welcher die Unterdrücker anprangert und die Schwachen verteidigt, von den Großen verfolgt und von den Führern der damaligen Zeit hingerichtet wird. Diese Art von protestantischem Glauben ist Auferstehung ohne Inkarnation.

Unter diesem Gesichtspunkt ist es besser, über Christus zu schweigen, als ihn in verfälschter Weise zu predigen (vgl. 1 Kor 11,13; 2 Kor 2,17; 4,2). Doch schließlich (und das sei zugunsten der Protestanten gesagt) ist es besser, einen Teilchristus zu predigen als überhaupt keinen.

Die Armen erkämpfen sich das Leben, leben tun sie es nicht

Heute nachmittag kamen weitere zehn Gemeindeleiter hinzu, alles Männer. Bei den einen hatte es unterwegs Unfälle gegeben, während die anderen erst noch in der Stadt Einkäufe machen mußten, damit die Familien die Woche über etwas zu essen hatten.

Alle sind noch jung an Jahren: 20, 30 oder 35 Jahre. Die Mehrzahl ist verheiratet und hat Kinder, einige sogar eine ganze Reihe, wie Seu Evaristo, der mit seinen gut dreißig Jahren elf Kinder hat.

Schwester Ana Maria teilt dem Plenum mit, einige Leute seien nach Hause gegangen, weil sie sich geschämt hätten, nichts an Essen zum Kurs mitgebracht zu haben, wie es sonst üblich ist. Sie beruhigt die Versammlung, so etwas dürfe auf keinen Fall jemanden dazu veranlassen, sich zurückzuziehen oder sich zu schämen. Alle sollten bleiben und in Ruhe essen! Wenn jemand etwas mitbringen könne, gut; und wenn jemand nichts mitbringen könne, auch gut. Ich sehe, daß man zustimmend mit dem Kopf nickt.

Beeindruckend, wie sich die zehn Männer vor dem Plenum in einer Reihe aufstellen und wie sich einer nach dem anderen vorstellt. »Das ist aber ein Macho-Christentum, bärtig und kräftig«, flüstert mir Isaías ins Ohr. Ja, ein Christentum, das seine Kraft als Sauerteig in der Geschichte und reinigendes Feuer in der Gesellschaft wiedergefunden hat.

Sie sind schon ein bewegender Anblick, diese Männer: abgemagert, von Hitze, Schweiß und Naturschlägen geplagt, mit Falten im Gesicht von all dem Angehen gegen ein feindliches Leben (das

Leben müssen sie sich erkämpfen, leben tun sie es nicht; ein Kampf ist es und keine Lust; ein ständiges Erobern und kein Geschenk), mit ihrem freien und zugleich auch etwas beklommenen Lächeln, wenn man ihre fehlenden Zähne sieht und sie sich, wenn sie lachen, die Hand vor den Mund halten, um die Lücken zu verstecken.

Wer vermag diese Männer, die sich aufopfern, unerkannt im Busch kämpfen und auf der Kehrseite von Geschichte und Welt leben, gebührend zu ehren? Mit ihrer Arbeit wie mit den Nahrungsmitteln, die sie produzieren und von denen viele leben, die nichts davon wissen oder aber es nicht anerkennen wollen, tragen sie ihr Teil Menschheit auf den Schultern.

Aber Gott hat ihnen Ehre erwiesen, indem er einer von ihnen wurde – der Retter der Welt.

Wenn der Mensch unter dem Tier rangiert

Édison, den ich dieser Tage auf dem Landgut »Santa Clara« getraut habe, nimmt mich während des Kaffeetrinkens beiseite und erzählt folgendes:

»Auf dem Landgut, auf dem ich arbeite, ritt ein Arbeiter auf einem noch nicht eingerittenen Pferd. Das Tier legte sich mit einem anderen Pferd an, warf den Mann zu Boden, trat auf ihn und verletzte ihn erheblich. Dieses andere Tier versetzte dem noch nicht eingerittenen ein paar heftige Tritte, brach ihm die Kruppe und warf es um.

Da kommt der Besitzer mit den anderen Arbeitern. Alle kümmern sich um das verletzte Pferd, den armen Kerl aber lassen sie in seiner Ecke liegen. Ein Arbeiter sagt sogar: ›Ist doch klar: So ein Pferd ist mehrere Millionen wert, ein Arbeiter fast nichts.‹«

Und Édison folgert: »Ist das nicht ein falscher Prophet?«

Ich erwähne den Psalm 72, wo vom Messias gesagt wird: »Das Blut der Gebeugten und Schwachen ist kostbar in seinen Augen.«

Den Mächtigen dagegen gilt das Leben der Kleinen fast nichts.

Dann fallen mir noch verschiedene Stellen aus dem Evangelium ein, an denen Jesus Kritik an den Systemen übt, die das Tier über den Menschen stellen. So etwa:

»Ihr seid mehr wert als viele Spatzen« (Mt 10,31; Lk 12,24: »Wieviel mehr seid ihr wert als die Vögel«).

»Bindet nicht jeder von euch am Sabbat seinen Ochsen oder Esel von der Krippe los …? Diese Tochter Abrahams aber … sollte am

Sabbat nicht ... befreit werden dürfen?« (Lk 13,15–16; vgl. ein ähnliches Gleichnis im Fall eines Wassersüchtigen: Lk 14,5).

In unserer Gesellschaft wäre es schon ein Fortschritt, wenn die Tierschutzgesetze auch auf die Menschen angewandt würden, um ein berühmtes Gerichtsplädoyer von Sobral Pinto in Erinnerung zu rufen.

In der Tat liegt diese Verdrehung in der Konsequenz des Kapitalismus, wenn er gegen das große Gesetz, das Johannes Paul II. in der Enzyklika *Laborem exercens* verkündet hat, Sachen (Tiere) über die Menschen und das Kapital über die Arbeit stellt.

Der Kapitalismus macht aus den Menschen nicht nur Tiere, sondern Sachen.

»Sie sind aus unserer Mitte gekommen, aber sie gehörten nicht zu uns«

Der augenblickliche Vorsitzende der Gewerkschaft in Brasiléia war Gemeindeleiter. Als ich vor drei Jahren den Kursus hier gab, war er auch dabei und zeigte sich sehr dynamisch.

Jetzt bekomme ich zu hören, er habe sich zum »Strohmann« entwickelt und halte es mit der Regierung. Mit den Basisgemeinden hat er keinen Kontakt mehr. Aber ist er denn wenigstens dem Volk konkret und organisch verbunden geblieben? In einer Gesellschaft wie dieser, in der die Kirche die wichtigste, wenn nicht die einzige Institution ist, die die Basis des Volkes bewegt, ist es schwierig, außerhalb des Einflußbereiches der Kirche beim Volk etwas zu erreichen.

Heute morgen traf ich noch einen anderen Mann, der früher Gemeindeleiter war und zu großen Hoffnungen Anlaß gab. Ich fragte ihn, ob er zu dem Kurs komme. Er könne nicht kommen, lautete seine Antwort, weil er im Auftrag der Gewerkschaft nach Rio Branco müsse, um kommenden Freitag eine Demonstration zu organisieren, auf der es um die Ermordung des Fahrers der Gewerkschaft, Jesus Mathias (auf den ich noch zu sprechen komme), gehe. Auch er hat sich von der Arbeit am Evangelium entfernt. Junge Leute von der LIBELU (Liberdade e Luta = Freiheit und Kampf, eine radikale, trotzkistisch inspirierte politische Bewegung) – unter ihnen ehemalige Seminaristen – haben ihn beeinflußt.

Rückentwicklungen von Kirchenleuten ... aus denen es die Konsequenzen zu ziehen gilt. Die Kirche müßte sich mehr um dieses Problem kümmern. Angesprochen wurde es schon mehr als einmal.

Unter dem Gesichtspunkt der Bibel haben wir einige Gemeindeleiter an die Protestanten verloren, unter dem Aspekt des Kampfes für Gerechtigkeit einige an das System und einige wenige an radikale Gruppen.

Doch derartige Dinge hat es schon immer gegeben, von Anfang an: »Wenn sie zu uns gehört hätten, wären sie bei uns geblieben« (1 Joh 2,19).

In religiösen Dingen ist die Erfahrung unumgänglich

Es ist wirklich so: Man darf an Erfahrung nicht sparen. Auch und gerade, wenn es um Fragen geht wie die der Protestanten.

Bücher mögen hier helfen. Hinterfragen auch. Was jedoch entscheidender ist, ist die lebendige, persönliche und direkte Kenntnis dieser Art von Protestantismus. Ohne das läßt sich die Frage weder sachgerecht erwägen noch abwägen. Sonst bleibt alles angelesen und abstrakt (von der lebendigen Wirklichkeit abgehoben) und kommt an die Sache nicht heran. Darüber hinaus muß die Erfahrung persönlich sein. Die Erfahrung anderer nur sammeln und bedenken, damit ist es nicht getan. Schon die mittelalterlichen Meister wußten: Erfahrung als solche läßt sich nicht vermitteln. Zu hören, daß jemand diese oder jene Erfahrung gemacht hat, ist eine Sache; sie selbst zu machen ist etwas anderes. Zwischen der erzählten Erfahrung und der gemachten Erfahrung liegt ein unüberbrückbarer Abgrund.

Gehen mag das noch, wenn man das betreffende Thema unter akademischem Aspekt behandelt. Wenn man es aber von seiner praktisch-pastoralen Seite her angeht, dann ist die Erfahrung, und zwar die gute Erfahrung, unverzichtbar. Nun erfüllt aber von uns vier Teamern keiner diese Bedingung der Erfahrung und ich selbst noch weniger als die anderen drei. Ich anerkenne, daß meine drei Kollegen insofern gut vorbereitet sind, als sie allerhand gelesen haben und informiert sind. Aber was die lebendige und persönliche Erfahrung anbelangt, da herrscht Mangel.

Deshalb können die Antworten, die wir auf die konkreten und ganz realistischen Fragen der Gemeindeleiter (die ja mit den Protestanten Tür an Tür leben und ihnen überall begegnen) geben, niemanden zufriedenstellen, eben weil sie abstrakt, wenn auch rechtgläubig sind.

Ich habe mir noch einmal die »Pastoralen Richtlinien« vorgenommen, die ich anläßlich eines Kurses mit Gemeindeleitern der Pfarrei Sankt Agnes über die Frage der Protestanten im Januar 1982 als Manuskript niedergeschrieben hatte. Übrigens befanden sich die Richtlinien unter den Lesehilfen, die wir mitgebracht hatten. Ich hatte sie Pater Mássimo, Pfarrer von Sankt Agnes, zum Vervielfältigen und Verteilen unter den Gemeindeleitern gegeben. Gott sei Dank war sein pastorales Gespür schärfer als mein ehrgeiziges Ansinnen.

Nicht, als ob dieses unter inhaltlichem Gesichtspunkt falsch gewesen wäre. Richtig war es schon, nur nicht pastoral angebracht. Unangebracht war die Akzentsetzung – und vor allem die Grundrichtung. Meine anspruchsvollen »Richtlinien« gingen von jenen Protestanten aus, die das Zweite Vatikanische Konzil mit seinem ökumenischen Bestreben im Auge hatte. Dieses läßt sich anwenden in Europa, aber nicht in der wenig »ökumenischen« Wirklichkeit unserer Protestanten hier. Denn welchen Wert hat alle Ökumene (Dialog, gemeinsames Gebet, Zusammenarbeit, »providentieller« Wert der »Kirchen« usw. usw.), wenn der Gesprächspartner sie weder als Prinzip noch als Handlungsmodell akzeptiert? Meine falsche Grundposition resultierte aus dem elementaren Fehler, daß ich diese Art von Protestanten nicht aus der Erfahrung kannte.

Jetzt begreife ich, weshalb sich bei dem Kurs mit den Gemeindeleitern von Sankt Agnes diese den einheitlichen Positionen der Teamer taub und ebenso einheitlich widersetzten. Als wir am letzten Tag Rückblick hielten, gab es eine Explosion; eine große, allgemeine Unzufriedenheit wurde sichtbar. Ich erinnere mich, daß eine Frau mit bitterer Ironie in der Stimme knapp und schroff sagte: »Ja, dieser Kurs war eine Hilfe; aber er hat den Gemeindeleitern mehr geholfen, protestantisch zu werden, als sich gegen die Protestanten zu wehren.« Wir Teamer interpretierten das von der hohen Warte unserer überlegenen Vernunft aus einmütig – welch unselige Einmütigkeit! – als »natürlichen Widerstand« und »verständliche Unzufriedenheit«.

Im übrigen bedarf es, selbst wenn man Religion bloß theoretisch verstehen will, der Erfahrung, weil Religion es ihrem Wesen nach eben mehr mit Erfahrungen als mit Ideen zu tun hat. Durkheim hat einmal in einem Vortrag gesagt, Religion könne man – auch unter soziologischem Gesichtspunkt – nur aus ihrem Glauben, das heißt, von innen her, richtig verstehen.

So besteht der philosophische und wissenschaftstheoretische Grundfehler Marxscher Religionskritik darin, daß sie versucht, das spezifische Geheimnis der Religion zu ergründen, indem sie es auf seine gesellschaftlichen und wirtschaftlichen Bedingungen reduziert – und nicht auf seine irreduktible Erfahrung. So meinte Marx bis an den Kern der Religion vorgestoßen zu sein, sobald er nur ihre Schale berührt hatte. Denn – so sein Schluß – die Religion sei wie eine Zwiebel: Sie habe keinen Kern, sondern nur Schalen. Wenn man sie nur genug schäle, entblättere sie sich, löse sich auf und sei schließlich weg ...

Aber wann hat Marx je eine echte religiöse Erfahrung gemacht oder zumindest untersucht? Engels, der in diesem Punkt weniger leichtfertig war, bietet folglich auch eine weniger leichtfertige Religionskritik.

Wenn das aber schon für das theoretische Verstehen der Religion gilt, was ist dann erst von ihrem praktischen Verstehen, wie es die Pastoral ist, zu sagen?

Sagten das nicht auch schon die alten Wissenschaftstheoretiker der Theologie, als sie behaupteten, man müsse erst glauben, um dann zu verstehen?

Bei nahezu allem, insbesondere aber bei den Dingen Gottes, kommt zuerst die Erfahrung und dann erst die Einsicht.

Ein Kursus ist für das Engagement und nicht umgekehrt

Die Schwestern machen darauf aufmerksam, daß bei gut siebzig Gemeindeleitern, die gekommen sind, einige fehlen. Die Gründe sind verschieden; ein paar aber sind es wert, hier erwähnt zu werden.

Einige sind nicht gekommen, weil sie die Traktoren kontrollieren, mit denen bei Assis Brasil eine Straße gebaut wird. Nur unter Druck hatte ihnen der Bürgermeister die Traktoren zugestanden. Damit aber die Arbeit vorangeht und etwas Gutes dabei herauskommt, haben sich die Gemeindeleiter der Gegend abgesprochen und »Volkswachen« gebildet, die die Arbeit der Stadt beaufsichtigen sollen.

Eine andere Gruppe fehlt, weil sie nach Rio Branco gefahren ist, um auf den Gouverneur Druck auszuüben. Die Regierung des Staates soll nämlich die Straße zu ihrem Ort (zu welchem, ist mir entfallen) wieder in Ordnung bringen. Ein Versuch, beim Bürgermeister von hier die Sache einzufädeln, hatte nichts gebracht. Jetzt wenden sie sich an den Regierungspalast in der Hauptstadt des Bundesstaates.

Schwester Ana Maria erwähnt, in dieser Gruppe hätte vor einigen Wochen eigentlich getauft werden sollen. Aber das dortige Koordinationsteam habe gefunden, es sei noch zu früh, weil sich die Gemeinde nicht dem Kampf um die Straße angeschlossen habe. Das Team habe den Aufschub wie folgt begründet: »Um getauft zu werden und Christ zu sein, ist es nicht damit getan, an den Versammlungen der Gemeinde teilzunehmen. Man muß auch an ihren Kämpfen teilnehmen.«

Es war gut, dies die anwesenden Gemeindeleiter wissen zu lassen; und zwar nicht so sehr, um die Fehlenden zu entschuldigen, sondern um sie zu »rechtfertigen«, das heißt: sie für gerecht zu erklären.

So ein Kurs ist für das Glaubensengagement und nicht umgekehrt!

6. Dezember, Dienstag, Brasiléia
Treffen des Volkes mit den Sicherheitsbehörden des Staates

Seitdem wir am Sonntag hier angekommen sind, lastet eine düstere und beunruhigende Atmosphäre auf der Stadt: Am vergangenen Freitag wurde Jesus Mathias, Mitglied der Landarbeiter- und Kleinbauerngewerkschaft von Brasiléia, ermordet. Bereits im Juli 1980 war hier der Gewerkschaftsführer Wilson de Souza Pinheiros umgebracht worden. Der Mord hatte landesweit Anlaß zu Stellungnahmen gegeben.

Allem Anschein nach steht der jüngste Fall mit jenem in Verbindung. Gerüchte und Verdächtigungen gehen um und machen die Luft in der Stadt noch dicker. Es heißt, hinter dem Mörder von Jesus Mathias stehe als Auftraggeber ein Landgutbesitzer und der Tod sei die Rache der Gutsbesitzer der Region für die Ermordung eines von ihnen, des Nilo, durch die Kleinbauern und Landarbeiter, weil diese Nilo für schuldig am Tode Wilsons gehalten hätten. Gerüchte besagen, die Gutsbesitzer hätten eine schwarze Liste mit den Namen der Landarbeiter und Kleinbauern aufgestellt, die mit dem Tod Nilos zu tun hätten und von denen der erste eben Jesus Mathias sei. Andererseits fürchtet man, die Kleinbauern, Land- und Gummiarbeiter würden für die Ermordung des letzteren mit eigenen Händen Rache suchen wie im früheren Fall.

Diese geladene Atmosphäre war der Anlaß dafür, daß sämtliche Sicherheitsbehörden des Staates nach Brasiléia kamen.

Sie beraumten ein Treffen mit der Bevölkerung im Rathaus an. Da aber passierte eines dieser komischen Dinge, die nur in dieser letzten Ecke am Ende Brasiliens geschehen können: Der Schlüssel für das Rathaus ist verlorengegangen. Also wird beschlossen, die Begegnung in die Räumlichkeiten des Sportklubs zu verlegen.

Ein Politiker eröffnet die Sitzung. Zunächst muß der Vorstandstisch gebildet werden. Also bittet er den Minister für Sicherheitsfragen des Staates Acre, den Kommandierenden Oberst des IV. »Bataillons für Bauwesen in Grenzbereichen«, den Kommandierenden Oberst der Militärpolizei des Staates, den Kommissar der Bundespolizei, den Polizeikommissar des Kreises und weitere Würdenträger:

Bürgermeister, Abgeordnete aus Bund, Staat und Kommune und andere mehr.

Als man mich sieht, lädt man auch mich ein. Ich lehne ab, so freundlich es sei. Doch man läßt nicht locker. Ich gebe zu verstehen, ich sei aus persönlichem Antrieb gekommen und nicht als Vertreter der Kirche. Ich danke für die Höflichkeit. Man gibt nach.

Der Minister für Sicherheitsfragen ergreift das Wort: Er sei gekommen, um eine Kampagne zu eröffnen, in der Frieden gestiftet und die Waffen niedergelegt werden sollten.

Die Anwesenden (etwa fünfzig Personen; fast ausschließlich Männer) macht er darauf aufmerksam, alle hätten Verantwortung für die öffentliche Sicherheit und alle sollten mit Aussagen und Anzeigen zum Mord an Jesus Mathias mitwirken; denn – so sagt er – es habe Widerstand seitens der Bevölkerung in diesem Punkt gegeben.

Er zeigt die Plakate der Kampagne: Ein Revolver inmitten von Blutflecken, »Leg die Waffen nieder« steht darüber, und in der Mitte liest man in roten Lettern: »Gewalt zeugt Gewalt«.

»Ein kitschiges Plakat«, denke ich bei mir. Aber das Volk denkt anders. Denn um das Dutzend, das ich mit in den Kurs nahm, stritten sich später die Gemeindeleiter heftig.

Der Minister erklärt das Gesetz über Tragen und Gebrauch von Waffen und eröffnet die Diskussion mit dem Publikum.

Verschiedene Leute melden sich zu Wort. In der Mehrzahl beklagen sie sich über ganz spezielle Verstöße gegen die Gerechtigkeit.

Ein Militär ist offensichtlich in betrunkenem Zustand mit hoher Geschwindigkeit Auto gefahren und hat dabei zwei Kinder aus der Stadt getötet, ohne daß etwas von seiner Bestrafung bekannt geworden wäre (der Vater eines der beiden Opfer spricht selbst). Jemand hat einen Gummiarbeiter, im Bett liegend, in Anwesenheit dreier seiner Kinder ermordet, die Leiche auf den Hof geschleppt und geschändet; dann hat er sich die elfjährige Tochter des Gummiarbeiters geschnappt und sie angesichts der Leiche des Vaters vergewaltigt; aus dem Gefängnis wurde er wenige Monate später auf Intervention irgendeiner Größe hin entlassen ...

Der Minister gibt zu, die wirtschaftlich Mächtigen hätten durchaus Einfluß auf die Rechtsprechung. Er kritisiert die Mängel im Gesetz, durch dessen Lücken alle möglichen Ungerechtigkeiten hindurchkämen. Seine These untermauert er mit weiteren Beispielen aus seiner Erfahrung als Staatsanwalt ...

Nach meiner Meinung entfernt sich die Diskussion vom Kern der

Sache, und ich melde mich zu Wort. Ich beginne, indem ich die Initiative des Ministers und der Behörden lobe, sich dem Volk zu stellen. Auch spreche ich dem Minister meine Anerkennung aus für die pädagogischen Erklärungen zum Waffengebrauch und vergewissere ihn meiner und der Kirche Unterstützung bei der Initiative, Frieden zu stiften. Dann aber werde ich deutlich. Ich gestatte mir zu sagen, die Wurzeln der Gewalt lägen tiefer als im einfachen Tragen von Waffen. Die Gründe seien sozialer Art (die perverse Frage von Grund und Boden), und besonders schlimm sei, daß die Großen, wenn sie Verbrechen begingen, straffrei ausgingen. Ich führe die Erfahrung der Kirche in Sachen Grund und Boden an (CPT); die Kirche sei es leid, zu erleben, daß die Vergehen von Landarbeitern und Kleinbauern sofort bestraft würden, die der Gutsbesitzer aber nie. Zum Schluß betone ich noch, die Bestrafung des jüngsten Mordes an Jesus Mathias könnte dazu beitragen, den Behörden ihre in den Augen des Volkes gegenwärtig angeschlagene Glaubwürdigkeit zurückzugeben.

Der Minister gesteht ein, daß die Straflosigkeit die Kriminalität verschärft, und macht noch einmal darauf aufmerksam, welche Rolle die wirtschaftlich Mächtigen in diesen Fragen spielen. Gerade deshalb appelliere er an die Bevölkerung, ihn zu unterstützen. Meinerseits fand ich die Position des Ministers durchaus offen und richtig: Daß die Justiz von wirtschaftlichen Faktoren abhängig ist, sieht er, sagt es dem Volk klipp und klar und bittet es um Mitarbeit, damit dieser Einfluß neutralisiert werden kann.

Dennoch schien mir seine Haltung nicht in allem konsequent zu sein. Heftig polemisierte er gegen den Klassenkampf sowie gegen alle, die darauf aus seien, die Gesellschaft zu verändern. »Wir leben nun einmal im Kapitalismus«, stellte er unumwunden fest, ohne sich freilich Rechenschaft davon zu geben, daß gerade der Kapitalismus den wirtschaftlich Mächtigen im Bereich der Justiz wie auch auf anderen Feldern dieses Gewicht gibt.

Natürlich galt der Angriff der Kirche. Andererseits anerkannte er, welch großen Einfluß die Kirche auf das Volk hat. Ja, er erwähnte sogar, mich schon von den Messen in der Bischofskirche in Rio Branco her zu kennen.

Nach einigen anderen Beiträgen melde ich mich noch einmal zu Wort und möchte wissen, wie weit die Ermittlungen der Justiz in Sachen des Mordes an Jesus Mathias seien. Etwas unsicher sagt er, die Untersuchungen seitens des örtlichen Polizeikommissars stünden vor dem Abschluß und die Polizei verfolge alle Spuren des Mörders Manoelzinho. Aber das Ganze blieb ziemlich schwammig.

Am Anfang hatte ich den Eindruck gehabt, im Raum habe eine gespannte Atmosphäre geherrscht und alle seien besorgt gewesen. Nach zwei Stunden ziemlich offener Gespräche hatten sich die Wolken aber verzogen.

Zum Ende hin war die Zahl der Anwesenden gestiegen. Sie belief sich nunmehr auf an die hundert. Auch die Vertreter der örtlichen Gewerkschaft waren gekommen, bei der das Opfer – Jesus Mathias – Fahrer gewesen war. Der Vorsitzende stand auf, redete viel und laut, ließ es aber bei verschiedenen nebensächlichen Klagen bewenden. Eine vertane Chance.

Nach der Sitzung besuchte ich den Vater und die junge Frau von Jesus Mathias, um ihnen mein Beileid auszusprechen. Die Frau saß regungslos da, versteinert in ihrem Leiden, als wäre sie der zum Monument gewordene Schmerz selbst.

Da kamen auch die Herren von den Behörden. Wir begrüßten uns und tauschten ein paar durchaus freundliche Worte. Ich unterstrich, es sei wichtig, den Verbrecher zu fassen, um die Behörden in den Augen der Bevölkerung, deren Skepsis gegenüber Justiz und Polizei schon groß genug sei, wieder glaubwürdig erscheinen zu lassen. Ein Oberst gab mir zu verstehen, für den Sicherheitsminister sei das Ganze nicht leicht, obgleich es ihm nicht an gutem Willen fehle. »Das ist eine Bombe«, sagte er mir mit Nachdruck. Ich hatte den Eindruck, er zweifle daran, daß man den Fall werde klären können.

Derselbe Oberst wollte wissen, ob ich der Pfarrer des Ortes sei. Ich antwortete, ein halbes Jahr arbeitete ich in der Kirche in Acre und das andere halbe Jahr sei ich Professor für Theologie an der Päpstlichen Katholischen Universität in Rio de Janeiro. Als ein weiterer Herr hinzukam, stellte er mich als »Professor an der Päpstlichen Katholischen Universität Rio« vor, wobei er wohl sagen wollte: »Haben Sie das gewußt?«

Mein Eindruck ist der, daß, so schwerfällig das Treffen auch gewesen sein mag, es trotzdem nützlich war. Im übrigen meine ich, es sei immer empfehlenswert, ein sachliches Verhältnis zu jeder Behörde zu haben. Achtung ohne Unterwürfigkeit, Nachdruck ohne Anmaßung – das empfahl schon Gregor der Große für den Umgang mit Behörden.

Ein Prophet braucht nicht zu provozieren, auf die Nerven zu gehen oder unhöflich zu sein. Höflich, aber nicht höfisch. Prophetie hat es nicht mit der Kraft der Stimme, sondern mit der Kraft der Wahrheit zu tun. Prophetie ist *satyagraha*, Stärke in Wahrheit.

7. Dezember, Mittwoch: Brasiléia
Offizielles und volkstümliches Christentum

Es ist morgens. Ich komme in die Kirche und knie vor dem Allerheiligsten nieder. Beim Hinausgehen sehe ich am Seitenaltar vor der Statue Unserer Lieben Frau von der Immerwährenden Hilfe eine Frau stehen. Unbeweglich schaut sie die Statue an und bewegt nur leicht die Lippen. Mir fällt die alte Hanna ein, die Mutter Samuels. Beinahe höre ich ihr Gebet: Offenbar richtet sie eine dringliche Bitte an ihre Heilige. Ob sie um Gesundheit für jemanden bittet? Oder um Arbeit?

So haben wir also zwei Formen des Glaubens: eine mehr »ungeschuldete«, die andere mehr »leidenschaftliche«. Die Ausdrucksformen des Christentums hier und dort sind sehr unterschiedlich. In der Tat: Für das unterdrückte Volk bedeutet die Kirche etwas anderes als für einen versorgten Kleriker, der sich um sein Leben keine Sorgen zu machen braucht. Alle Bedeutungsträger sind hier dieselben: dasselbe Glaubensbekenntnis, dieselben Sakramente, dieselben Gebete, dieselben Bilder usf., aber die Bedeutungsinhalte unterscheiden sich beträchtlich. In der einen Spielart denkt der Gläubige an Geist und Transzendenz, in der anderen blickt er auf den Körper und diese Welt.

Was bedeutet das? Daß wir, wenn wir (durch die Bedeutungsträger) einander nahe, zugleich doch (durch die Bedeutungsinhalte) einander fern sind – auch im Bereich der Religion. Wir alle könnten nur gewinnen, wenn wir uns aufeinander zubewegten und unsere betreffenden religiösen Erfahrungen austauschten.

Da die Erfahrungen aber an unterschiedlichen Lebensbedingungen hängen, wird es zu einer Verschmelzung erst kommen, wenn sich auch die Leben miteinander verschmelzen. Das heißt: wenn die Kirche Volk und das Volk Kirche wird. Angefangen hat das schon.

Nie sind mir dieser religiöse Unterschied wie auch die Notwendigkeit, ihn zu überwinden, so bewußt geworden wie heute morgen in der Kirche.

Die schlichte Arbeit des Säens

Gestern waren mehr als neunzig Gemeindeleiter beim Kurs. Ich ließ das Bild auf mich wirken, wie sie in Reihen längs der vier Wände des Bildungszentrums in einer großen Runde da saßen.

Die Schwestern, die hier – insgesamt zu viert – arbeiten, sind äußerst diskret. Manchmal könnte man meinen, sie täten überhaupt nichts. Dem ist aber keineswegs so.

So viele Leute für eine Woche zusammenzubringen setzt immerhin eine enorme Sammlungskraft voraus, eine erhebliche Basisarbeit mit Besuchen, Gesprächen, Überzeugungsvermögen und dergleichen. Dahinter steckt eine geduldige Arbeit des Säens, die wohl das Schwierigste und Bescheidenste, aber auch das Wichtigste ist.

Unsere Gemeindeleiter muten mich an wie ein Getreidefeld, das am Reifen ist. Der Boden für das Feld ist freilich die Arbeit der Schwestern, in deren Händen die Pfarrei liegt. Gesät wurde hier oft genug in Leiden, immer aber in Hoffnung. »Denn der Pflüger wie der Drescher sollen ihre Arbeit in der Erwartung tun, ihren Teil zu erhalten« (1 Kor 9,10).

Ein Besucher oder Berater, der von außerhalb kommt und dieses ganze Volk voller Vitalität beisammen sieht, begegnet dem Prozeß bereits in einer fortgeschrittenen Phase. Wenn er nicht auch die vorausgehenden Phasen bedenkt, die ja am härtesten und aufopferungsvollsten sind, könnte er unter Umständen ein vordergründiges und naives Bild von der Arbeit mit den Basisgemeinden bekommen.

Jesus war da beträchtlich realistischer und mithin auch dialektischer: »Einer sät, und ein anderer erntet. Ich habe euch gesandt, zu ernten, wofür ihr nicht gearbeitet habt; andere haben gearbeitet, und ihr erntet die Frucht ihrer Arbeit« (Joh 4,37–38). Das gilt vor allem für die, die bloß einmal in die Gemeinde hineinschauen: Bischöfe, Theologen, Techniker, Berater, Besucher aller Art usw.

Doch jeder hat seinen Platz und seine Stunde, und Gott steht allen bei: »Ich habe gepflanzt, Apollos hat begossen, Gott aber ließ wachsen« (1 Kor 3,6).

Der Kampf mit den Gemeinden

Sechs weitere Gemeindeleiter sind gekommen. Alle tüchtige Leute. Bei der Vorstellung benutzen sie alle die gleichen Wendungen: »Seit drei Jahren *kämpfe* ich auf diesem Weg«; »Ich bin glücklich, für das Evangelium *arbeiten* zu können«; »Bei meinem *Kampf* mit der Gemeinde kenne ich keine Müdigkeit« usw.

Und es ist wirklich so: Unter den materiellen und gesellschaftlichen Bedingungen, in denen die Menschen leben, eine Gruppe voranzubringen ist tatsächlich ein harter Kampf und eine schwere Arbeit: Die Entfernungen sind riesig, die Zerstreuung ist groß, und die technischen (Heftchen, Bücher usw.) wie kulturellen Möglichkeiten (Bildungsstand, Informationen usf.) sind prekär.

In der Gruppe der Neuankömmlinge ist ein junger Mann, der – siebenundzwanzig Jahre alt – nicht nur viel jünger, sondern auch gut aussieht. Er lächelt gern, kann sich gut ausdrücken und spielt Gitarre. Er sagt: »Niemand wird mir glauben, weil's nicht danach aussieht; aber ich bin verheiratet und hab' sechs Kinder.« Einige junge Mädchen geben spontane Bemerkungen und Seufzer von sich, was die Runde durchaus nicht überhört, so daß Lachen und heitere Kommentare die ganze Versammlung erfüllen.

Eine andere Gemeindeleiterin, klein von Gestalt und dunkelhäutig, stellt sich als verheiratet und Mutter von fünf Kindern vor: »Obwohl ich krank bin, kämpfe ich doch mit meiner Gruppe, so gut es geht.«

Angesichts so vielen Opfermutes bei diesem Volk fühlt man sich zwangsläufig angerührt. Im übrigen steckt in dieser ganzen Basisarbeit ein großes Quantum verborgenen Heldenmutes, den nur der Vater kennt, »der auch das Verborgene sieht« (Mt 6,4).

Von den eigenen Kämpfen zu reden ermutigt die Leute mehr als alles andere; jeder findet beim anderen Trost und Kraft weiterzumachen. Sie sind wirklich, was Johannes eingangs seiner Offenbarung sagt: Brüder und Mitgenossen in der Trübsal und im Reich und in der Geduld (vgl. Offb 1,9).

Das beratende Team als »kollektiver Intellektueller«

Obwohl sich jeder von uns Teamern ehrlich um die Arbeit müht, finde ich die Integration zwischen uns nicht gut. Einige von uns waren sogar plötzlich weg und haben einen kleinen Ausflug nach Bolivien auf die andere Seite des Flusses gemacht. Natürlich haben die Leute das mitbekommen.

Sandra, die zum ersten Mal mit zum beratenden Team gehört, ist eine unverhältnismäßig große Arbeitslast aufgebürdet worden. Von der Vorbereitung an hätten wir mehr zusammenarbeiten müssen. So haben auch die Neulinge mehr vom Ganzen, und es läßt sich vermeiden, daß ihnen Aufgaben gestellt werden, die mitunter ihre Kräfte übersteigen und sie an den Rand von Zusammenbruch und Trauma bringen.

Das konnte hier ohne Schwierigkeit vermieden werden dank der Flexibilität Sandras wie auch der Rastlosigkeit der beiden anderen Kollegen.

Die Toten beerdigen und die Lebenden befreien

Eine Gemeindeleiterin bittet die Leute um eine Unterstützung, damit »der alte Chaves, einer unserer Brüder«, beerdigt werden kann. Gebraucht werden 1000 Cruzeiros (sic!), gesammelt werden 4300 Cruzeiros.

Das Volk empfindet keinen Widerspruch zwischen der Beerdigung der Toten und seiner Arbeit für die Befreiung. Kleinbürgerlicher Geist hingegen wohl, weil er abstrakt denkt.

Christen geht es nicht nur darum, die Armen zu befreien, sondern auch darum, die Toten zu beerdigen. Sie feiern die Hoffnung der Lebenden wie auch die Erinnerung an die Toten, damit sie auferstehen!

Das Volk als Romanze

Irgendwann kommt der Augenblick, in dem das Volk aufhört, das zu sein, was es für Leute, die in ihrem Verhältnis zu ihm noch nicht reif genug sind, vielleicht ist: Fetisch oder Idol.

Das romantische Bild vom Volk ist entweder reine Theorie oder bloße Projektion der ersten Liebe. Später zeigt sich das Volk in seiner ganzen Statur und mit all seinen Widersprüchen.

Diese Erfahrung hat auch Mose gemacht: Mit diesem ganzen Volk ist mir eine Last auferlegt worden (vgl. Num 11,10–15). Manchmal zeigt einem das Volk nur seine Fehler, und wer mit ihm zu arbeiten hat, verliert den Mut. Genau wie Israel, das ja ein Volk von ehemaligen Sklaven war und sich auf dem vierzigjährigen Marsch durch die Wüste von der Entfremdung befreien mußte (so die These des Deuteronomiums).

Die Größe des Mose bestand aber gerade darin, daß er das Volk nie im Stich ließ. Selbst als er zwischen Jahwe und dem Volk stand, entschied er sich dafür, an der Seite des Volkes zu bleiben. Lieber wollte er mit dem Volk sterben als mit Gott, aber ohne das Volk leben (vgl. Ex 32,32).

Nur der theologale Glaube und die theologale Liebe sind imstande, dieses Paradox zu verstehen.

Und wie soll man sich gegenüber diesen Protestanten nun verhalten?

Noch nie habe ich so ein »glitschiges« Thema mit dem Volk diskutiert wie das der Protestanten. Das Ganze ist, als wollte man mit der bloßen Hand Fische fangen. Die Sache ist um so schwieriger, als unsere hiesigen Protestanten – wie der Protestantismus insgesamt – den

Eindruck eines Supermarktes machen, in dem es die verschiedensten Lehren, Riten und Gebräuche gibt.

Außerdem hat jeder Gemeindeleiter seine Fragen und möchte von seiner Erfahrung erzählen. Ohne Zweifel beschäftigt die Frage der Protestanten alle sehr, und alle stehen irgendwie unter seinem verführerischen Einfluß.

Das Interesse und die Neugierde des Volkes sind groß. Tagelang könnten sie einem zuhören, wenn man über den Protestantismus spricht, vor allem wohl, weil es um Religion geht. Religion interessiert das Volk immer – und noch mehr die Gemeindeleiter.

Um das undankbare Thema abzuschließen, ergriff ich die Initiative und nannte drei kleine Regeln, die sich aus der Diskussion ergeben hatten und die die Gemeindeleiter in ihrem Umgang mit den Protestanten orientieren sollten:

1. immer höflich sein, auch gegenüber den Protestanten;
2. unerschütterlich und gelassen am eigenen Glauben festhalten;
3. nach Möglichkeit mit fanatischen Protestanten nicht über Religion diskutieren.

Zugegeben: Das Ergebnis ist nicht gerade brillant. Aber zu mehr als zu diesen schlichten und praktischen Regeln langte es nicht.

Trotzdem sind sie offensichtlich angekommen. »Gerade das brauchten wir«, kommentierte jemand erleichtert.

Gutes katholisches Gespür: eine gespielte Szene

Zum Thema des Gebetes am Schluß des Tages hatte die beauftragte Gruppe von Gemeindeleitern das Thema gewählt: die falschen Propheten. Damit wollten sie das Thema »Protestanten« mit dem Thema »Propheten«, das jetzt beginnen sollte, verbinden.

Das Gebet beginnt mit einer gespielten Szene. Wiederum fällt mir auf, wie leicht sich das Volk durch dieses Mittel ausdrückt. Im Mittelpunkt steht ein Kranker, den zu heilen ein Protestant sich anschickt. Aber der Kranke bekommt einen Rückfall. Da tritt der »Beauftragte für die Kranken« einer Kirchlichen Basisgemeinde auf den Plan. Dieser betet über den Kranken, ermutigt ihn im Glauben und schickt ihn zum Arzt, der ihn tatsächlich heilt. Damit endet das Spiel.

Die Szene zeigt, daß das katholische Volk offener für die Rationalität und insofern auch praktischer als die hiesigen Protestanten ist. Von einem spiritualistischen Purismus nach dem Motto »Allein Jesus heilt« oder ähnlichem will es nichts wissen.

Im übrigen war das schon immer die »katholische Dialektik«: dies ja, mehr aber noch das! Allerdings hat die »Ökonomie des Negativen« auch ihre Kehrseite: sie führt leicht zu Kompromissen ...

Begleiterscheinungen

Ich beobachte, daß sich bei solchen Treffen oder am Rande davon häufig jene Begleiterscheinungen einstellen, bei denen es nicht ohne Gefühl abgeht. Beziehungen bauen sich auf, die den Hang zur Ausschließlichkeit haben, besonders zwischen jungen Männern und jungen Mädchen.

Die Pastoral ist kein Raum, in dem solche Dinge keinen Platz hätten. Im Gegenteil. Man muß die Tatsache zur Kenntnis nehmen – ohne Dramatik wie auch ohne Naivität. Die Szene in Lukas 7, in der Jesus der Frau begegnet, ist in diesem Sinn ein erhellendes Beispiel.

8. Dezember, Donnerstag: Brasiléia

Die Methode des Volkes: Wie lernen die Menschen?

Heute haben sich noch einmal sechs Gemeindeleiter vorgestellt. Einer von ihnen sagt, er habe sich verspätet, weil »es Fälle gibt, die über das Gesetz gehen«. Sein kleiner Enkel sei angefahren worden und gestorben. Solche Fälle sind in der Welt der Armen mit ihrer ständigen Tragik nicht gerade selten.

Eine junge Frau erzählt, sie sei »an der Stelle« einer anderen Gemeindeleiterin gekommen, die verhindert sei. Das heißt: Sie ist gekommen, um anstelle der anderen zu lernen. Und das ist nicht der einzige Fall. Ich vergegenwärtige mir, daß man in so einem Kurs nicht nur die allgemeinen hier vorgetragenen Ideen zu lernen hat, sondern auch die Lieder, Spiele, szenischen Darstellungen und Gebete. Diese Menschen lernen vor allem mit den Augen und noch mehr mit den Händen und mit dem Körper, indem sie etwas tun.

Während Isaías seinen Vortrag hält, gehe ich durch die Reihen der Leute. Dabei beobachte ich, wie schwer sich diese Menschen tun, aufzuschreiben, nicht so sehr, was der Referent sagt, sondern was er an die Tafel schreibt. Das Ganze ist fast nur ein Abschreiben, ein Buchstaben-für-Buchstaben-Abmalen, was da an der Tafel steht. Einschließlich der Skizzen und Schemata. Und ohne sichtbare Logik. Wie sie sich nachher darin zurechtfinden, weiß ich nicht. Möglicherweise sind die einzelnen, hingemalten Wörter für sie so etwas wie die kleinen Zeichen, die sie im Busch hinterlassen, um sich nicht zu verlaufen: ein abgebrochener Zweig, ein Schnitt an einem Stamm, ein Ast auf dem Boden.

Die Frage, die sich stellt, ist, ob wir dadurch, daß wir diese Armen zum Mitschreiben veranlassen, sie nicht einer Art kulturellen Massakers unterwerfen. Wäre es nicht besser gewesen, Fibeln mitzubringen, in denen das alles schon steht, was hier gesagt wird? Und gerade deshalb, weil es sich hier ja weniger um Bildung als um Information (Protestanten und Propheten) handelt.

Eine andere gute Möglichkeit wären Plakate, Graphiken oder Zeichnungen gewesen. Das Volk nimmt mehr mit den Augen als mit den Ohren auf, wie jedermann übrigens.

Wie sehr sind wir doch Sklaven unserer Gewohnheiten und kulturellen Medien, besonders der Schriftlichkeit und des Begriffs! Wo bleiben da Metapher, Beispiel, Sprichwort, Tatsache usw.? Wo die Sprache Jesu von Nazaret, der den Menschen Gleichnisse vortrug, um dem Verständnis des Volkes entgegenzukommen (vgl. Mk 4,33)? Wörter haben wir genug, Ideen gar zuviel! Das kann einen wohl zum Sehen, aber nicht zum Fühlen und Leben bringen! Verdammt noch mal!

Carlos Brandão[25] – habe ich gehört – untersucht die popularen Formen, in denen das Volk lernt und sein Wissen sozialisiert. Und das ist es, was wir brauchen! Die »populare Methode«, nach der hier gesucht wird, ist an erster Stelle die, die sich das Volk selbst geschaffen hat und gebraucht.

Wir sind zu professoral!

Ich verfolge, wie wir, das Beraterteam, unsere Vorträge halten. Der Teamer gebärdet sich häufig mehr nach Art eines Lehrers als eines Propheten oder Weisen. Lehrt mehr, als daß er beeindruckt. Erklärt mehr, als daß er erwärmt. Informiert mehr, als daß er bewegt. Rührt mehr ans Hirn als ans Herz.

Der Teamer redet laut und wirft sich ins Zeug, um einen Begriff zu erklären, ein Faktum zu vermitteln oder eine Idee verständlich zu machen. Um die Aufmerksamkeit des Volkes wachzuhalten, übt er mit Stimme, Geste, Tafelanschrieb, Blick usw. gar einen gewissen äußeren Zwang auf die Teilnehmer aus.

Bei Jesus war das anders. Ich denke, wenn er zum Volk sprach, schrie er nicht (Mt 12,19) und brauchte auch keine anderen technischen Hilfsmittel. Trotzdem hing ihm das Volk an den Lippen. Seine Worte gelangten bis ins Innerste der Menschen, bis in ihre Seele, bis in Gefühl und Herz; dort blieben sie haften, in die Tiefe gesenkt wie ein Samenkorn in die Erde. Hier begannen sie dann ihr Werk, wie im

Gleichnis vom Samenkorn, das von selbst wächst, beschrieben wird (Mk 4). Damals brauchte sich das Volk nichts aufzuschreiben. Der Eindruck, den die Worte hinterließen, galt ebenso viel wie das gedruckte Wort heute. Damals war das Gedächtnis des Herzens das Heft oder die Tafel.

Carlos Mesters greift diesen Stil wieder auf. Wer den Karmelitenpater gesehen und gehört hat, weiß, daß er mehr nach Art eines Weisen als nach Art eines Professors spricht. Seine Worte erinnern mehr an wohltuenden Regen als an das Gehabe eines Mannes, der dem Volk Lehren einhämmern will. Die Verkündigung des Propheten und der Rat des Weisen sind etwas völlig anderes als die Vorlesung des Professors.

Jede Art von Sprache hat ihre Zeit und ihren Ort. Theologie und Katechese gehören eher zur Gattung des Professoralen (Lehrhaften oder Lehramtshaften). Hier geht es um Lehren und Lernen. Die Homilie dagegen gehört in ein anderes Genre: in die Gattung des Prophetischen oder Weisheitlichen und seltener des Professoralen. Manchmal jedoch werden die Gattungen umgekehrt.

Nur so viel weiß ich: Daß unsere Kurse zu lehrhaft sind und damit mehr den Intellekt und das Gehirn ansprechen, als daß sie weisheitlich und prophetisch wären.

Der Lehrer und der Professor sagen, was sie wissen. Der Weise und der Prophet sagen, was sie zu sagen haben.

Prophet – ein anderes Wort für Gemeindeleiter

Zu dem Thema »Wie heute Prophet sein?« stellten die Gruppen drei spielerische Szenen und drei Plakate vor. Gute Arbeit, was sie da boten.

Was deutlich wurde, ist, daß »Prophet« für das Volk grundsätzlich *Mut* und *Ermutigung* bedeutet. Und das ist auch für den Gemeindeleiter keine Funktion am Rande, sondern die zentrale Aufgabe. »Prophet, das ist ein anderes Wort für Gemeindeleiter«, sagte jemand. Und er erzählte: »Ein Protestant griff mich an und sagte, das Wort ›Gemeindeleiter‹ stehe nicht in der Bibel. Ich war sehr erschüttert, muß ich wohl sagen. Aber jetzt weiß ich, daß es wohl darin steht, nur unter einem anderen Begriff: Prophet!«

Eine Jury, die die Leute selbst ausgewählt hatten, hatte jede einzelne Darbietung zu beurteilen. In der Reihenfolge der Placierung erhielt dann jede Gruppe eine kleine Urkunde.

Die Gruppe, die Unsere Liebe Frau von Aparecida[26] auf einem

Plakat als Königin der Propheten dargestellt hatte, kam auf den dritten Platz. Weniger wegen der Zeichnung, die ziemlich summarisch war, als vielmehr dessentwegen, was das Bild darstellte. Der gute Platz galt mehr der Mutter Jesu als der Gruppe der »Künstler«. So denke ich zumindest.

Auf jeden Fall bildet sich unter dem Volk ein neues Bild von Maria heraus: Es ist näher am Evangelium und betont deutlicher das Thema »Befreiung«.

Operation: Die Parzellensiedler organisieren

Im Auftrag der CPT sind aus Plácido de Castro zwei Laienmitarbeiter gekommen: Isaías und Gérson. Sie sollen den hiesigen Parzellensiedlern dabei behilflich sein, sich zu organisieren. Aufgrund ihrer Arbeit am Siedlungsprojekt »PAD Pedro Peixoto« in Plácido de Castro haben sie eine Menge Erfahrung mit dieser Art von Leuten.

Auch die Gemeindeleiter von hier berichten, soweit sie davon wissen, von der Situation der Neuankömmlinge aus Südbrasilien. Noch einmal düstere Flecken auf dem ohnehin dunklen Bild, das ich ja auch mit eigenen Augen gesehen habe.

Es geht schlicht darum, daß brutal gehungert wird. Das ist das große Problem, niemand kann es bestreiten. Der Gemeindeleiter berichtet, er habe Familien gesehen, die weinend in einer Ecke der Hütte saßen, weil sie nichts zu essen hatten.

Ein anderer beobachtete, daß nicht weniger als fünfzehn Männer zum Mittagessen gerade zwei Päckchen Kekse und zwei Dosen Sardinen hatten.

Wieder ein anderer erzählt von »Leuten, die von all dem Hungerschieben Knoten in den Eingeweiden hatten«. Und ganz beeindruckt beschließt er seinen Bericht mit dem Satz: »Die Eingeweide der Leute waren schon ganz zusammengepappt, weil sie so lange nichts mehr zu essen bekommen hatten ...«

Ein vierter oder fünfter meinte, er habe gesehen, wie einer dieser »Gegeißelten« mitten bei den Rodungsarbeiten vor Hunger ohnmächtig geworden sei. Etwas dramatisierend – denke ich –, fügt er hinzu: »Die schlagen zweimal mit der Axt gegen einen Stamm und fallen um ... Wenn sie wieder aufstehen und wieder anfangen, halten sie's nicht aus ...«

Ein Gemeindeleiter betont: »Die werden für die härtesten und schwierigsten Arbeiten ausgebeutet, wie Maisfelder sauber machen und die Maisstrünke ausreißen. Das bringt einen ins Schwitzen wie in der Hölle. Und was sie dabei verdienen, reicht nicht mal zum Essen. Und die Familie?«

Alle jedoch bestätigen, daß diese Menschen aus dem Süden trotz alldem und trotz all der Schwierigkeiten die Hoffnung nicht aufgeben. Einige Gemeindeleiter sind der Ansicht, die Parzellensiedler täuschten sich eben darin. »Die Illusion macht die Bewußtseinsarbeit so schwierig«, meinen sie. Indes ist auch eine andere Einschätzung zu hören: »Wenn der Hunger groß ist, ist die Hoffnung noch größer!« Ich selbst frage mich, ob diese Hoffnung wirklich bloß eine Illusion ist. Und wenn sie es wäre, hat nicht auch die Illusion eine Funktion im Leben?

Auf die Frage von Isaías, was man denn schon für die Parzellensiedler getan habe, waren Äußerungen zu hören wie:

Unsere Leute haben ein Stück gerodetes Land abgegeben, damit sie was anbauen können;

wir haben sie besucht und mit ihnen gesprochen;

die Gemeinden haben Feste vorbereitet, etwa am Franziskustag, und der Reinerlös war für die Siedler;

man hat versucht, sie zu Evangelisierungsgruppen usw. einzuladen.

Offenbar wollte Isaías aber mehr. Und er haute rein: »Wie? Seid ihr denn keine Propheten hier? Seid ihr denn keine Ansager des Evangeliums und Ankläger von Ungerechtigkeit, wie ihr das in diesen Tagen gelernt habt? Was habt ihr denn noch mehr getan?«

Nach meinem Empfinden hatte Isaías den Bogen überspannt. Die Reaktion kam denn auch sofort. Die Gemeindeleiter fühlten sich wie mit Nadeln getroffen und reagierten heftig: »Alle haben wir guten Willen hier. Aber was können wir denn noch mehr tun? Wir haben euch doch nicht kommen lassen, um uns ein paar schöne Tage zu machen ...!«

Und so war der Ball wieder bei den beiden Gastreferenten von der CPT. Diese gehen von ihrer Erfahrung aus, wenn es darum geht, auch hier eine Arbeit mit den Parzellensiedlern in die Wege zu leiten. Diesmal ist Gérson an der Reihe. Isaías muß sich erst von dem Gegenangriff erholen.

Also erzählt Gérson, daß sie in Plácido de Castro mit dem Verteilen von Lebensmitteln begonnen hätten. Bald jedoch hätten sie erkannt, daß es damit nicht getan sei. So hätten sie also mit den Siedlern Kommissionen gebildet, die auf das INCRA und andere Regierungsstellen Druck ausüben sollen. Da endlich sei gekommen, was kommen mußte: Lebensmittel, Straßen und anderes mehr.

Isaías steigt ein und korrigiert, sie hätten die Parzellensiedler Gruppen bilden lassen, die sich regelmäßig treffen. Die CPT begleite sie und gebe ihnen immer wieder eine Spritze mit ermutigenden Anregungen. »Sie dürfen sich nie alleingelassen vorkommen«, empfiehlt er.

Daraufhin kam die Runde zu der einmütigen Erkenntnis, man solle eine kleine Kommission bilden, die einen Gesamtplan für diese Arbeit zu formulieren habe. Alle Gemeindeleiter, die in dem Siedlungsgebiet wohnten, müßten da angesprochen werden, während sich die anderen bereithalten sollten, umfassendere Vorhaben zu unterstützen. Am folgenden Morgen sollte der Plan vorgestellt werden.

Gérson und Isaías werden die Parzellensiedler in der kommenden Woche zum ersten Mal besuchen. Die örtlichen Gemeindeleiter werden sie dabei begleiten, damit die Arbeit der Gruppenbildung in Gang kommt.

Die Diskussion war gut und hat etwas gebracht. Gott möge seinem Volk in den verschiedenen ägyptischen Situationen der Geschichte immer zur Seite stehen.

Eine mitreißende Gemeinschaftsbeichte

Zur Vorbereitung auf Weihnachten hatten wir am späten Nachmittag eine Gemeinschaftsbeichte vorgesehen. Die Feier begann, als der Tag zu Ende ging. Wir standen alle draußen vor der Kirche, gleichsam um zu zeigen, daß uns die Sünde von der Gemeinschaft mit dem göttlichen Leben – dargestellt hier durch die Kirche aus Stein – ausschließt und daß die Vergebung uns wieder in sie eingliedert.

Als Lesung hörten wir Lukas 3,1–14: die Predigt Johannes' des Täufers. Zur Gewissenserforschung setzten wir uns dann alle auf die Eingangsstufen der Kirche. Tiefes Schweigen ringsum. Leute, die auf der Straße vorbeigingen, blieben einen Augenblick stehen und betrachteten die Menschengruppe, die da im Gebet versunken saß. Dann schlugen sie das Kreuzzeichen und gingen weiter.

Ein wenig später erhoben wir uns und gingen – noch immer schweigend – in die Kirche hinein. Dort legten wir uns lang ausgestreckt in den Kirchenschiffen auf den Boden. Reue, Demut und Buße sollten damit zum Ausdruck gebracht werden. Minutenlange beeindrukkende Stille in der dunklen Kirche. Als darauf das Licht angezündet wurde, stand die ganze Versammlung auf und bat mit emporgestreckten Händen und lauten Rufen den Vater um Erbarmen. »Vergib deinem Volk«, sangen wir dreimal.

Dann trat die Gruppe jeweils zu zweit an den Priester heran. Dieser legte jedem die Hände auf und sprach ihn los, indem er ihm ein Kreuzzeichen auf die Stirn machte.

Am Ende sangen wir das Vaterunser und verließen dann in Prozession die Kirche. »Unsre Rechte werden kommen«, heißt ein Lied, das Körper und Geist mitreißt und das wir dabei sangen. Singend und teils auch tanzend zogen wir bis vor das Bildungszentrum, wo mit einer Reihe von Hochrufen und Klatschsalven die Bußfeier beendet wurde.

Strahlender Glanz lag auf den Gesichtern aller Teilnehmer. »Und die Gnade einzigartiger Tage wird alltäglich werden«, sagte so schön Mounier. So erlebten wir in der Tat eine Vorwegnahme der voll und endgültig versöhnten Welt.

Das evangeliumsgemäße Leben auf Gummiarbeiterart

Manchmal rührt einen der evangelische Geist dieser Gemeindeleiter schon an! In einigen, denke ich, trifft man auf eine große Heiligkeit: Sie sind die Güte selbst, für jede menschliche Not haben sie ein offenes Ohr, sind von einer grenzenlosen Hochherzigkeit und opfern sich auf, ohne ein Wort zu sagen.

Allein hierherzukommen ist schon ein Kampf. Einige haben tagelange Fußmärsche durch den Busch und auf den Straßen hinter sich. Eine Woche lang lassen sie die Familie allein, und zwar nahezu immer in schwierigen Verhältnissen. Eine Woche lang nicht arbeiten wirft den Finanzhaushalt der Familie leicht aus dem Gleichgewicht. Denn die Leute leben praktisch von der Hand in den Mund, größere Rücklagen haben sie nicht.

So gibt es denn auch Gemeindeleiter, die ihre Angehörigen mitbringen, insbesondere die kleinen Kinder. Einige haben gar die ganze Familie dabei. Die Schwester mußte darum bitten, keinen Mißbrauch damit zu treiben.

Als wir heute über mögliche Hilfsmaßnahmen für die Parzellensiedler sprachen, trat deutlich zutage, welch hochherzige Hilfsbereitschaft diese Gemeindeleiter haben. Einige wollten ihnen einen Teil ihrer Reis- und Bohnenpflanzungen überlassen, die sie dann für sich selbst ernten könnten.

Seu Almerindo, gebürtig aus Minas Gerais, stellte den Südstaatlern seine Macaxeirapflanzung zur Verfügung. Ja, mehr noch: sie könnten auch einen Teil seines Reisfeldes für sich abernten. Ein zweiter Barnabas (vgl. Apg 4,36–37)!

Evaristo, ein junger Familienvater mit elf Kindern, dem es wahrlich nicht gut geht, findet noch die Zeit, wöchentlich die Parzellensiedler zu besuchen, sich mit ihnen zu unterhalten, für sie dazusein, Freundschaft anzubieten, kurz: sie zu ermutigen.

In der Pause verriet er mir: »Von den dreizehn Personen meiner Familie lagen vorige Woche zehn krank im Bett. Nur drei waren gesund. Es bestand sogar die Gefahr, daß ich zu dem Kurs nicht kommen konnte. Aber mit Gottes Macht und mit der Kraft meines Willens ist es wieder besser geworden. Und Gott sei Dank bin ich jetzt da.«

Evaristo ist ein Schatz. Er hat Köpfchen und ein ziemlich scharfes, kritisches Bewußtsein. Dazu ist er eine glasklare Seele, die, obwohl sie das Böse in der Welt kennt, sich nicht vom leichtesten Anflug von Bitterkeit vergiften läßt. Eine solche Kostbarkeit gibt es nur selten. So lebt er aus dem lautersten Geist des Evangeliums, verbindet Frieden mit Gerechtigkeit, Milde mit Gewitztheit, Vergebung mit Mannhaftigkeit.

So dachte ich bei mir: Wenn ein Mensch wie dieser die Möglichkeit gehabt hätte, etwas zu lernen, würde er manchen Doktor ringsum hinter sich lassen. »Wie viele ermordete Mozarts!« rief Saint-Exupéry voll Bitterkeit aus, als er einmal ein schönes Kind sah, das man hatte verkommen lassen und das keine Zukunft hatte.

Diese Menschen sind heilig, ohne daß sie es wissen; sie leben gemäß dem Evangelium, ohne sich dessen bewußt zu sein. Aber gehört nicht gerade das zur wahren Heiligkeit? »Deine linke Hand soll nicht wissen, was deine Rechte tut!« (Mt 6,3).

Als wir heute die Gemeindeleiter fragten, was sie tun müßten, um Propheten zu werden, gaben sie zwei, drei scheinbar banale Sätze zur Antwort. Trotzdem führen viele von ihnen ein Leben, das als ganzes prophetisch ist: kraft des Einsatzes und des Mutes, die sie entwickeln, um ihre Brüder und Schwestern in der Einheit, im Kampf und in der Hoffnung auf eine neue Welt zu stützen.

Vigil für Frieden und Gerechtigkeit

Es war der Gedanke aufgekommen, anläßlich des Mordes an Jesus Mathias eine öffentliche Feier zu halten: eine Vigil. Anfangs war die Idee, sie unter das Zeichen der Gerechtigkeit zu stellen – mit dem Anliegen, den Himmel öffentlich um Gerechtigkeit in der Sache des Todes des genannten Landarbeiters anzuflehen. Man hatte vor, möglichst viel Volk auf die Beine zu bringen, um zu bekunden, daß die Gemeinschaft der Kirche in dieser Sache wie in anderen möglichen Fällen, die in der Luft hingen, hellwach ist.

Später kam zum Gedanken der Gerechtigkeit der des Friedens hinzu. Man wollte der Forderung nach Gerechtigkeit ein evangelisches Gegengewicht entgegensetzen, weil sie sonst in der Gefahr gestanden hätte, in Revanchismus und Rache abzurutschen.

Wir begannen mit der Wortliturgie. Der Zelebrans (der ich selbst war) kam in die Kirche mit der brennenden großen Osterkerze, während das Volk sang: »Volk, das du unterwegs bist und Befreiung erhoffst, erhebe die Augen zum Himmel, zum Herrn, der Vergebung schenkt.«

Als Lesungen wurden vorgetragen Genesis 4: Kain und Abel, und Matthäus 5: die Seligpreisungen. Neben dem Altar stand, prächtig geschmückt, die Statue der Unbefleckten Empfängnis, denn heute war ja ihr Fest.

Bei der Homilie ging ich von den Lesungen aus. Ich selbst war inspiriert von der Atmosphäre der Beunruhigung, aber auch des Mutes, die herrschte. Das galt um so mehr, als der Strom ausgefallen war und die Kirche lediglich von Kerzenschein erleuchtet wurde, so daß im dunklen Raum der Kirche helle Brennpunkte entstanden, die aus der Dunkelheit die Gesichter der Gottesdienstbesucher hervortreten ließen.

Ich betonte, Jesus habe von Sanftmut und Frieden, aber auch von Hunger und Durst nach Gerechtigkeit und von der Verfolgung um der Gerechtigkeit willen gesprochen. Die Seligpreisungen seien unteilbar.

Sodann zogen wir in Prozession durch die Stadt. Damit sollte öffentlich bezeugt werden, daß wir für Frieden, aber – damit untrennbar verbunden – auch für Gerechtigkeit sind. Seine mitgebrachten Kerzen zündete das ganze Volk am Licht der Osterkerze an. Getragen vom Zelebrans, ging die Osterkerze voran. Auch die Statue der Unbefleckten Empfängnis ging mitten unter der Menge mit.

Während der ganzen Prozession herrschten absolutes Schweigen und größte Andacht. Nur dreimal wurde die Stille unterbrochen, damit wir das Vaterunser beteten. Das erste Vaterunser sprachen wir in der Nähe des Gewerkschaftsgebäudes. Wir opferten es auf für Jesus Mathias und Wilson, und ich bat darum, auch Nilo einschließen zu dürfen, den Landgutbesitzer, der von Landarbeitern umgebracht worden war. Ich war der Ansicht, als Christen müßten wir einen Universalismus zeigen, für den uns die Unterdrücker kein Beispiel geben.

Das zweite Vaterunser beteten wir vor der Polizeistation. Wir baten darum, daß die Behörden Kraft und Mut hätten, Gerechtigkeit walten zu lassen und an der Seite des Volkes zu stehen. Als wir uns dem Gebäude näherten, erhoben sich die Leute, die auf der Veranda saßen, ehrerbietig, und wir nannten das Anliegen und stimmten das Vaterunser an. Dann setzte sich der Zug wieder in Bewegung, wie bereits zuvor in Schweigen.

Ein Stück weiter, in der Nähe der Familie des Vaters und des Bruders von Jesus Mathias, beteten wir für die Familie des Getöteten. Das war das letzte Vaterunser.

Als wir in die Straße einbogen, die direkt auf die Kirche zuläuft, beendeten wir das Schweigen und sangen:

»Unsere Freude ist zu wissen, daß
das ganze Volk einst frei sein wird.
Jesus Christus ist der Herr der Welt.
Unsere Hoffnung soll Wirklichkeit werden.«

Erwähnen muß ich, daß alle mit ihrem kraftvollen Singen zu verstehen geben wollten, wie erleichtert sie waren, den Weg durch die Stadt heil und ohne Schaden hinter sich gebracht zu haben ... Denn obwohl oder gerade weil unsere Prozession ausgesprochen religiös war, steckten doch starke politische Elemente in ihr – auch aus der großen Politik, und zwar um so mehr, als der momentane psychosoziale Kontext von einer unbestimmten Unruhe geprägt war.

Als wir in die Kirche einzogen, war der Strom wieder da (Stromausfälle – besonders bei Gelegenheiten wie dieser – machen mich immer mißtrauisch ...). Die Feier ging mit einer begeistert mitvollzogenen Messe weiter. Die Leute sangen mit, daß es eine Freude war.

Beim Friedensgruß stieg ich vom Altar hinunter und umarmte, mitten im Gang, den Vater von Jesus Mathias innig und lange. Dann ging ich zu seiner Frau, die ja jetzt Witwe war und mit einem Baby auf dem Arm weinend hinten in der Kirche stand, um sie zu grüßen. Als ich sie – wie die *Addolorata*, die schmerzensreiche Mutter – so dastehen sah, schnürte es mir das Herz zu. Ohne zu wissen, was ich ihr hätte sagen sollen, umarmte ich sie. Ich glaube, »Empfangen Sie den Frieden Jesu« kam mir über die Lippen.

Nach Abschluß der Messe blieb ein Gefühl tiefen Friedens und großer Hoffnung bei allen zurück. Das war an den Gesichtern abzulesen.

Als wir die Prozession vorbereiteten, hatten wir ein wenig Angst vor den Auswirkungen. Dann aber zeigte sie einen sehr positiven Effekt. Die Gemeindeleiter fühlten sich ermutigt, sich von den Ungerechtigkeiten nicht schrecken zu lassen, und die Kirche demonstrierte, daß sie auf der Hut ist, was auch immer kommen mag.

9. Dezember, Freitag: Brasiléia
Die Basisgemeinden erzeugen Mut zum Martyrium

Feier des Versprechens – das war das Morgengebet heute, am letzten Tage des Kurses.

Im Mittelpunkt der Feier standen folgende Gesten: In der Mitte des Raumes brannte eine Kerze; von den Gemeindeleitern trat, wer wollte, in die Mitte, faßte mit der Hand an die Kerze und legte sein Versprechen ab.

Viele kamen in die Mitte. Ja, so viele wollten ihr Versprechen ablegen, daß wir es in einem bestimmten Augenblick für besser hielten, das Ganze gemeinschaftlich zu tun: Alle streckten die rechte Hand in Richtung der Kerze aus, hielten mit der linken Hand das Evangelienbuch und sprachen zusammen das Glaubensbekenntnis.

Das persönliche Versprechen eines Gemeindeleiters ist in mir haften geblieben. Entschlossen hielt er die Kerze vor sich hin, schaute fest in die brennende Flamme und sagte mit lauter Stimme: »Ich will weiter für die Gemeinde arbeiten – zur Befreiung meines Volkes. Dazu verpflichte ich mich bis zum Tode, so wahr mir Gott mit seiner Kraft helfe.«

Das ist eine neue Art von Christen – Menschen, die selbst zum Martyrium bereit sind. Eine Kirche, die Menschen diesen Zuschnitts hervorzubringen vermag: Männer und Frauen, die bereit sind, wie Jesus ihr Leben für die Brüder und Schwestern zu geben, das ist eine wirklich evangeliumsgemäße Kirche.

Neue Ämter für neue Amtsträger

Der Kurs geht seinem Ende zu. Im Kreis der Gemeindeleiter gibt es nach meiner Wahrnehmung durchaus Leute, die mit einer größeren, auch offiziell anerkannten pastoralen Verantwortung betraut werden könnten.

Ohne Zweifel ist der Priestermangel unübersehbar. Ordensfrauen übernehmen hier die Funktion des Pfarrers. Aber auch Schwestern gibt es zuwenig. Warum sollte man nicht daran denken, aus den Reihen dieser Leute Gemeindeleiter zu Amtsträgern, zu Beauftragten für Taufe, Trauung und – wer weiß – eines Tages auch für das Herrenmahl auszubilden?

Die Großkirche und ihre Spitze sehen das nicht. Und sie sehen es nicht, weil sie das Problem nicht spüren. Und sie spüren das Problem nicht, weil sie weder an noch mit der Basis leben.

Was ist da zu tun? Von unten müssen wir mit neuen, ernsthaften und verantwortlichen Experimenten beginnen. Das kommt dann der ganzen Kirche zugute.

Dabei geht es nicht bloß darum, innerhalb der etablierten Modelle einen »einheimischen Klerus« heranzubilden, sondern darum, »einheimische Modelle« zu schaffen, aus denen sich dann eine neue Gestalt des Priesters sowie neue Amtsträger entwickeln können.

In diesem Punkt aber sind wir meilenweit zurück. Die Pastoral hat die dogmatischen Möglichkeiten, die die Theologie der Ämter eröffnet, noch lange nicht ausgeschöpft. Die kirchliche Disziplin ist mit der Lehre und der Zeit noch lange nicht im Gleichschritt.

Da sind zum Beispiel Zeli, eine junge Frau, und Luís. Die beiden leiten gemeinsam diese Veranstaltung mit mehr als achtzig Personen. Dabei zeigen sie viel Geschick und haben großen Einfluß auf alle. Sie sprechen klar, offen und sicher. Alle hören auf sie, schätzen und akzeptieren sie.

Warum sollte man ihnen da nicht für ihr Amt eine größere kirchliche Anerkennung zuteil werden lassen, damit ihre Praxis sicherer und stabiler wird?

Wer hat das Sagen in Brasilien?

Für den nächsten Kurs wurden seitens der Gemeindeleiter verschiedene Themen vorgeschlagen:

1. Familie und Kindererziehung;
2. Wie läßt sich das Volk organisieren?
3. Die vier Evangelien;
4. Wer hat das Sagen in Brasilien?

Das letzte Thema wurde deshalb vorgeschlagen, weil im nächsten Jahr (1984) in Brasilien Präsidentschaftswahlen stattfinden würden.

Bei der Abstimmung kam heraus, Hauptthema solle sein: »Wer hat das Sagen in Brasilien?«, damit verbunden: »Wie läßt sich das Volk organisieren?«. Nebenthema: »Familie und Kindererziehung«. Unser Volk verbindet immer gern das eine mit dem anderen, damit alle zufrieden sind ...

Was will denn das Volk wirklich?

Diese Art der Befragung nach dem Muster: »Welches Thema wollt ihr auf dem nächsten Kurs?« ist gefährlich oder zumindest doppeldeutig. Denn Bewußtsein *der* Klasse ist eine Sache, und Bewußtsein *von* Klasse ist eine andere Sache, wie Adam Schaff unterscheidet. Bewußtsein *der* Klasse ist ihr empirisches, konkretes, aktuelles Bewußtsein; man findet es heraus mit Hilfe von Erhebungen, und es benennt im statistischen Mittelwert, was die betreffende Klasse ausdrücklich will.

Dagegen ist das Bewußtsein *von* Klasse das Bewußtsein, das der wirklichen Lage und den realen Interessen einer Klasse *entspricht*.

Beispiel: Fußball. Fußball gehört mit Sicherheit in das psychosoziale Interessenpaket der Favelabewohner von Rio de Janeiro. Aber *entspricht* er auch ihren sozioökonomischen und politischen Interessen? Ohne Zweifel *interessieren sie sich* für Fußball, *ist* Fußball damit aber auch Teil *ihres Interesses?*

Zwar steckt in dem Begriff »reale«, »wahre« oder »objektive« Interessen des Volkes auch viel Manipulation, und oft genug dient er nur als Maske für die Interessen einer Gruppe: einer Partei, des Militärs, der Wirtschaft usf.

Wollte man andererseits die offenkundigen Interessen des Volkes als seine wahren Interessen ausgeben, würde man sich mancherlei Zweideutigkeiten aussetzen.

Was tun? Unter *pädagogischem* Gesichtspunkt, scheint mir, gilt es *immer*, von den offenkundigen, ausdrücklichen und subjektiven Interessen des Volkes *auszugehen*. In dieser Phase braucht man eine Theorie, die die Politik und den Weg bestimmt, die aber stets mit den Interessierten diskutiert und erarbeitet werden muß. Übrigens: Will der Marxismus nicht gerade das sein (ich sage nicht, daß er es ist)?

Tatsache ist, daß die wahren Interessen des Volkes zu einem Teil im Bewußtsein des Volkes und zu einem anderen Teil außerhalb seiner und/oder ihm voraus liegen. Die Wahrheit der wahren Interessen des Volkes besteht in der Dialektik zwischen dem, was das Volk will, und dem, was es um seiner selbst willen eigentlich wollen oder tun »müßte«. Das aber geschieht eher im Prozeß der Geschichte als im Kopf.

Die Bibel, die vom »Schrei des Volkes« spricht, trifft die Sache genau. Denn Schrei ist kein Diskurs. Der Schrei will wahrgenommen und gedeutet werden, wie der Arzt den Schmerzensschrei des Patienten zu interpretieren hat.

Leonardo hat einmal die »Theologie der Befreiung« als »Schrei des Volkes, der im Diskurs artikuliert ist«, definiert.

Der Kurs geht im Bewußtsein der Verbundenheit zu Ende

Ich sitze im Bus und bin auf dem Rückweg nach Rio Branco. Auf der Hälfte des Weges haben wir im Busbahnhof von Araxá eine halbe Stunde angehalten. Es ist halb vier Uhr nachmittags.

Wie ist der Kurs zu Ende gegangen? Der letzte Morgen galt heute ausschließlich praktischen Dingen. Das Material, das die Gemeindeleiter in den nächsten Monaten brauchen werden, wurde ausgeteilt: das Nachrichtenblatt ›Nós, irmãos‹ (Wir, Brüder und Schwestern), die Texte für die Weihnachtsnovene, Kalender für das kommende Jahr (der Kalender der CPT und – was auf keinen Fall fehlen darf – die heißbegehrte ›Folinha do Sagrado Coração de Jesus‹ – der Kleine Kalender des Heiligen Herzens Jesu), Liederblätter usw. Alles hat gut geklappt.

Am späten Vormittag sah das Bildungszentrum fast wie eine Markthalle aus: Leute kamen und gingen, steckten ein oder bestellten Zeitschriften (›Família Cristã‹ – Christliche Familie; Nachrichtenblatt der CPT; ›Nós, irmãos‹ usw.), vereinbarten die nächste Versammlung oder planten die Heimfahrt usw.

Vor dem Mittagessen sprachen wir ein kurzes Dankgebet. Bei der Gelegenheit entschuldigte ich mich dafür, daß ich einige Male nervös geworden war, und gab zu verstehen, wie sehr ich alle Anwesenden: Gemeindeleiter, Koordinatoren, Katecheten, Beauftragte für die Kranken und alle anderen, wegen ihrer großartigen Arbeit und ihres starken Zeugnisses im Glauben und in der Aufopferung schätzte und bewunderte.

Als goldenen Abschluß sangen wir das »Kurslied«: »Unsre Rechte werden kommen; und wenn sie nicht kommen, verliert ganz Brasilien dabei.« Die ganze Gruppe fing an, sich im Rhythmus zu wiegen, kam in die Mitte des Raumes und tanzte unbekümmert. So war die Szene ein festliches und mitreißendes Zeichen.

Als wir uns verabschiedeten, hatten viele Tränen in den Augen. Und das ist gut zu verstehen. Die Mehrzahl dieser Menschen lebt nahezu das ganze Jahr isoliert, hat einen sehr eingeschränkten Begegnungsraum und führt – sowohl unter »natürlichem« als auch unter gesellschaftlichem Gesichtspunkt – ein äußerst hartes Leben. Wenn sie dann ein paar Tage zusammen sind, gemeinsam lernen, beten, diskutieren, singen und auch fröhlich sind, bauen sich derart dichte und warme Beziehungen auf, daß die Trennung und die Rückkehr in das harte Leben von zuvor wirklich schmerzlich und herzzerreißend sind.

Der Glaube ist ja nicht nur Erfahrung des Vaters und Kampf für das Reich Gottes, er ist auch Freundschaft und menschliche Zuwendung. Das Evangelium, das von allem befreit, befreit und erlöst auch das Herz!

Wirklich, der Kurs ging zu Ende, als ob jemand in einen Blumenkranz ein hübsches Band geflochten hätte.

XI
Eine Kirche im Aufbau

Im Folgenden möchte ich einige Arbeiten schildern, die mich während meines Aufenthaltes in Rio Branco, dem Sitz der örtlichen Kirche, beschäftigt haben. Dabei handelt es sich um sehr unterschiedliche, aber nicht minder lebendige Tätigkeiten, die mich gerade deshalb an eine Baustelle denken lassen. Daher die Überschrift über diesem Teil: »Eine Kirche im Aufbau«.

19. September, Montag
Erstkommunion in einer Kolonie

Zur Pfarrei der Bischofskirche gehört ein riesiges Gebiet mit Kolonien rings um Rio Branco. Vorgestern, am Samstag, haben wir einige von ihnen besucht. Wir waren ein Team von vier Leuten: zwei Novizinnen der Josefinenschwestern, Leontina und Léia, und zwei Priester, Frei Bruno und ich.

Marizal heißt die erste Kolonie, in der wir hielten. Von Rio Branco bis dort sind es etwa 25 Kilometer. Wir fanden ein schlichtes Gemeindezentrum vor; der Boden besteht aus gestampfter Erde, und die Wände sind alle vier offen; gleichwohl ist es sehr gepflegt. Für die Erstkommunion, die dort am späten Vormittag gefeiert werden sollte, hatte man es prächtig geschmückt. Fähnchen und Girlanden flatterten im Wind, dessen Wehen in der fürchterlichen Hitze des Tages ein bißchen Erleichterung brachte. Ringsum sah man liebevoll gepflanzte Blumen.

Cosma, die Gemeindeleiterin und Katechetin, empfing uns ausgesprochen freundlich. Das etwas dunkelhäutige, bescheidene, aber lebhafte junge Mädchen inspiriert wirklich das ganze Leben der örtlichen Gemeinde. Diskret, aber aktiv, wie sie ist, hatte sie alles vorbereiten lassen: den Schmuck des Zentrums, Wasser zum Trinken und ein paar Kleinigkeiten für das leibliche Wohl der Kinder.

Nach und nach trafen die Kinder ein und setzten sich auf die Bänke. 33 Kinder aus drei Gemeinden: Marizal, Candóia und Panquecas. Als alle da waren, sangen sie für uns ein Willkommenslied, das jemand aus der Gemeinde komponiert hatte. Kreativität, wie sie überall anzutreffen ist.

In Gegenwart aller prüfte Cosma dann die Kinder, die zur Erstkommunion gehen sollten. Damit wollte sie zeigen, wie ernsthaft sie vorbereitet worden waren. Dazu benutzte sie einen kleinen Katechismus mit Fragen und Antworten, der im Vozes-Verlag erschienen ist. Das Büchlein gehört zu jenen Katechismen, die mit einfachen, klaren und prägnanten Formeln arbeiten – was ja unbestritten positiv ist –, die aber ausgeprägt lehrhaft, wenig existentiell und überhaupt nicht sozial sind. Ich war überrascht zu sehen, daß diese Art von Katechismus noch gebraucht wird. Aber die Kinder machten keinen schlechten Eindruck, keineswegs. Sie hatten es gelernt, von diesen geschliffenen Formeln her zu denken.

Als Cosma fragte, was das Sakrament der Weihe (Ordem) sei, wußte keiner die Antwort. Schließlich wagte sich eines der Kinder vor: »Das ist so, als wenn Papa, Mama oder die Lehrerin uns Kindern einen Befehl (ordem) erteilt.« Cosma war zufrieden damit, wenigstens augenscheinlich. Da aber meinte ich eingreifen zu müssen: »Jawohl, auch hier geht es um einen Befehl – ordem –, aber um einen ganz besonderen Befehl, um den Befehl Jesu Christi, der jemandem den Auftrag gibt, Hirt des Volkes zu werden; und das ist der Priester.« So war die Situation gerettet …

Die Beichten waren sehr gut. Gemeinsam bereiteten sich die Kinder vor. Dann hörten die beiden Priester die Beichte jedes einzelnen Kindes. Ich saß auf einem Baumstumpf am Rande des nahen Waldes und Frei Bruno unter einem Strohdach.

Kurz vor Mittag folgte die feierliche Messe. Die Kinder waren schon alle geschmückt, einige Mädchen sogar mit Girlanden und Blumen in den Händen, die Jungen mit einem Band um den Hals oder am Arm, wie es dem Volk gefällt. Die Feier war fröhlich, belebt von Liedern und Leuten. Nach der Messe der übliche Trubel, jeder wollte ein Photo von den Kindern, besonders mit dem Priester.

Derartige Ereignisse sind Marksteine für diese Menschen. Das ganze Leben lang denken sie daran. Erstkommunion feiern ist eine Form, seine Würde und seinen Wert zu behaupten. Der Glaube vermenschlicht, indem er vergöttlicht.

Was ist ein Gefirmter? Man schaue sich den Gemeindeleiter an!

Nach dem Mittagessen bei Cosma brachen wir zu einer anderen Gemeinde auf, zu der am Kilometerstein 18. Dort trafen wir zwanzig junge Leute an, die am folgenden Tag, am Sonntag, gefirmt werden sollten.

Der Gemeindeleiter war Raimundo Nem. Ich war beeindruckt von seinem Unternehmungsgeist und seiner Kraft. An ihm konnte ich beobachten, was Autorität ist, die nicht unterdrückt: eine Autorität, die in Wohlwollen, Hochherzigkeit und zugleich auch hohem evangelischem Anspruch besteht. Unübersehbar, welche Hochachtung das Volk vor seinem Gemeindeleiter hat und wie es mitmacht.

Raimundo sang viel. Die Heranwachsenden hatte er gut auf die Beichte vorbereitet. Sie verlief sehr gut. Die einzelnen Beichten waren schlicht und sehr konkret. Offensichtlich gibt es dort junge Leute von einer geistigen Integrität und Reinheit, wie man das gar nicht vermutet hätte. So hatte ich die Beichte zum Beispiel einem jungen Mädchen abzunehmen, das eine solche Lebenstransparenz zeigte, daß mir Zweifel an ihrer Aufrichtigkeit kamen. Also bat ich sie, sich besser vorzubereiten und dann wiederzukommen. Aber sie kam nicht wieder. Während der Pause unterhielt ich mich mit der Katechistin und anderen jungen Leuten und mußte erkennen, daß ich mich getäuscht hatte. Die Katechistin resümierte: »Ihr Leben ist nichts als Arbeit zu Hause bei der Mutter.«

Raimundo bat mich, der Gruppe ein paar inhaltliche Worte zu sagen. Also sprach ich von der Firmung. Was ist ein Gefirmter, ein Gesalbter? Ein Gefirmter ist ein Mensch, den Gott gestärkt hat und der voll des Heiligen Geistes ist, damit er eine Sendung erfüllen kann. Als lebendiges Zeichen brauchte ich nur auf Raimundo Nem zu verweisen – einen Mann, der voll evangelischen Tatendrangs ist und kein Opfer im Dienst am Volk und an seiner Befreiung scheut.

Warum in der Ferne suchen, was so nahe ist? Ethische Beispiele sind verständlicher als abstrakte Formeln. Menschen des Geistes und des Heiligen Geistes gibt es mitten unter uns!

Das Leben ist randvoll von Sinn

Am Spätnachmittag machten wir noch in der Gemeinde Cruz Milagrosa (Wundertätiges Kreuz) halt. Der Name rührt vom Grab eines armen Gummiarbeiters her, den der Gummiunternehmer gezwungen hatte, Lasten zu schleppen, die seine Kräfte überstiegen, so daß er darunter zusammenbrach. Das Volk verehrt diesen Mann als heilig und kommt zu seinem Grab, um Gelübde zu machen und zu erfüllen. So kanonisieren einfache Menschen ihre Heiligen. Arme und von den Großen dieser Welt Unterdrückte und Ermordete sind alle heilig. Im Hintergrund steht das Theodizeeproblem: Wie wird der Unschuldige rehabilitiert?

In Cruz Milagrosa wollten ein paar Heranwachsende, die am folgenden Tage gefirmt werden sollten, zur Beichte gehen.

Die Leitung der Gemeinde liegt in der Hand einer kleinen, aber gut zusammenarbeitenden Gruppe: Es sind Eva, eine junge Frau, Seu Schons, ein Zuwanderer aus Rio Grande do Sul, und Barbudo. Es erfreut einen immer wieder, überall Leute zu treffen, die sich für ihre Kirche einsetzen. Zwar haben diese Menschen ihre Schwächen, verfügen nur über geringe Erfahrung und sind wie Schößlinge, die gerade erst aus der Erde hervorkommen, oder wie Setzlinge, die man soeben erst verpflanzt hat. Aber wir haben es hier mit einer Kirche zu tun, die dabei ist, entschieden Wurzeln zu schlagen, und die Sorgfalt, Hochachtung und Feingefühl erfordert, um deren Wichtigkeit jeder Gärtner weiß.

Am Abend kehrten wir nach Hause zurück. Hinter uns lag ein randvoller Tag; und die Nacht sollte nicht minder bewegt werden, wie ich im folgenden Absatz schildern will. Als wir im Auto heimfuhren, waren wir vier alle froh, und unsere Seelen waren voller Zufriedenheit. Wir unterhielten uns darüber, was wir am Tag erlebt hatten, und sangen. Es ist schön, für etwas zu leben, was größer ist als das Leben! Zu leben für die Befreiung und das größere Leben von Männern und Frauen! Kann es ein edleres, reineres und größeres Leben geben? Wer so den Menschen dient, spürt Freude und Glück ohnegleichen. Der Sinn des Lebens ist das Leben des Sinnes.

Eine Nachtwanderung mit Jugendlichen

Zu Hause angekommen, duschte ich und ging zur Kirche der Unbefleckten Empfängnis im zweiten Bezirk. Dort sollte um sieben Uhr eine Nachtwanderung mit Jugendlichen starten – zur Erinnerung an die Gründung des Ordens der Diener Mariens (Serviten) vor 750 Jahren. Seit 1920 betreut dieser Orden die Kirche von Rio Branco.

An der Kirche hatten sich lärmend und unternehmungslustig vielleicht zweihundert junge Leute versammelt. Sie baten mich, den Marschbefehl zu geben. Ich redete zwanzig Minuten bis eine halbe Stunde. Dabei hob ich das Ideal und das Lebensprojekt der sieben Ordensgründer hervor. Diese waren reiche Kaufleute in Florenz gewesen, die sich ihrer Güter entledigt und sich dem Dienst an den Marginalisierten hingegeben hatten. Nachdem sie sich arm gemacht hatten, zogen sie an den Rand der Stadt, um dort das Evangelium zu leben. Schließlich brachen sie mit dem Unrechtssystem und siedelten zum Monte Senario über, 18 Kilometer von Florenz entfernt. Dort entfaltete sich eine breite Evangelisierungsbewegung, aus der sich der Orden der Diener Mariens entwickelte. Das Ideal, um das es ihnen ging – unterstrich ich –, ist aber kein Monopol einer Gruppe, sondern gehört allen Christen. Gefolgsleute und Nachfolger der Sieben sind nämlich nicht nur die Servitengemeinschaften, sondern auch die Basisgemeinden und die Gruppen von jungen Menschen, die mit ihrem Lebensprojekt ebenso dem Mammon den Kampf angesagt haben, die den Armen dienen und Jesus auf dem Wege der Geschichte folgen wollen. Das sei der Sinn unseres Marsches.

Tatsächlich wurde die Nachtwanderung mit den Jugendlichen ein voller Erfolg. Innerhalb und außerhalb der Stadt legten wir mehr als zwanzig Kilometer zurück. An verschiedenen Stellen hielten wir an. Jedesmal empfing uns die örtliche Gemeinde mit Liedern, kleinen Theaterstücken und etwas zu essen und zu trinken.

Aber der Marsch hatte nicht nur einen religiösen, sondern auch einen festlichen, brüderlichen und sogar politischen Charakter. Lieder wurden gesungen, Gedichte vorgetragen, Hoch- und Anklagerufe skandiert und Ungerechtigkeiten des Systems angeprangert. Man unterhielt sich freundschaftlich, und es fehlten auch nicht Augenblicke religiösen Schweigens. So verbrachten wir die ganze Nacht.

Mit etwa 150 Jugendlichen kamen wir an der Bischofskirche an, wo um sechs Uhr die Messe gefeiert werden sollte. Dom Moacyr empfing die todmüden Gestalten; diese hatten dennoch die Kraft, bei der Festmesse, die vom Radio übertragen wurde, zusammen mit dem versammelten Volk kräftig mitzusingen und mitzubeten. Um sieben Uhr konnten sie dann endlich nach Hause gehen. Damit hatte die Wandervigil praktisch zwölf Stunden gedauert.

Für die Jugendlichen war die Nacht ein unvergeßliches Erlebnis. Sie hat nicht nur gezeigt, daß die Kirche die Kraft hat, junge Menschen auf die Beine zu bringen, sondern auch, daß diese imstande sind, sich für neue und anspruchsvolle Ziele einzusetzen. Ausfälle gab es nur ganz wenige. Dabei hatten die Organisatoren für den Marsch nicht mehr als fünfzig Teilnehmer erwartet.

Aber für mich war die Arbeit, die am Samstagmorgen begonnen hatte, noch nicht zu Ende. Denn ich mußte für die Jugendlichen, die gefirmt werden sollten, noch einen Vortrag über die Gaben des Geistes halten. Ich nahm Gal 5,22–23: »Die Frucht des Geistes ... ist Liebe, Freude, Friede usf.« Obwohl ich hundemüde war, hatte ich so richtig »meinen Tag«: Die Ideen kamen mir wie selten. Nur der Heilige Geist persönlich wäre besser gewesen ...

28. September, Mittwoch: Rio Branco
Gespräch mit Raimundo Nem,
Pastoralträger aus dem einfachen Volk

Raimundo Nem ist zu einem Arztbesuch in Rio Branco. Er wohnt bei uns im Haus. Ich nutze die Gelegenheit zu einem Plausch mit ihm. Als Gemeindeleiter ist er mir schon oft über den Weg gelaufen. Seit jeher halte ich ihn für einen Kämpfer vor dem Herrn, den das Volk für das Reich Gottes hervorgebracht hat.

Aus dem Gespräch mit ihm habe ich folgende Sätze festgehalten.

»Mein Anführer im Kampf war Pater João Rocha. Ich hab' als Aushilfskatechist angefangen. Das war 1975 in der Kolonie Custódio Freire, die etwa 17 Kilometer von Rio Branco entfernt liegt.

Zwei Trainingskurse für Katechisten und Gemeindeleiter habe ich gemacht, und so bin ich in die Pastoralbewegungen hineingekommen. 1977 wählte mich die Pfarrversammlung von St. Agnes zum Dritten Koordinator des Gebietes dort. Dann wurde ich der Zweite und hatte zwei Gemeinden zu leiten. Schließlich wurde ich zum Allgemeinen Koordinator der gesamten Region gewählt, in der ich wohnte – Cruz Milagrosa –, weil dort nämlich die Gemeinden ziemlich kaputt waren. Dieses Gebiet gehört jetzt zur Bischofskirche.

In diesem Jahr (1983) arbeite ich mit einem anderen Koordinator zusammen, mit Zé Maria. Ich konzentriere meine Arbeit mehr in Richtung Carão. Zwölf Gemeinden habe ich zu koordinieren: Cruz Milagrosa, Brasilíndio (Kilometerstein 12), São José (Kilometerstein 18), Mário Lobão, São Jorge, Candóia, Marizal, Panquecas, Vertente, Quartéis, Alto São José und Vaza-Barril.

Alle zwei Monate muß ich zu den Gemeinden hin. Dazu benutze ich die Wochenenden. Jedesmal suche ich zwei oder drei Gemeinden auf.

Samstags oder sonntags bin ich nur selten zu Hause. Nur wenn ich krank bin oder wenn in der Familie etwas Ernsthaftes anliegt.

Wenn die Gemeindeleiter ein Problem haben, kommen sie zu mir nach Hause. Das kann ein Streitfall sein oder Intrigen, Auseinandersetzungen mit den Kindern oder mit der Schule, Rechtsprobleme, daß jemand von seinem Stück Land vertrieben wurde, oder sonst etwas. Dann gebe ich einen Rat. Oder bringe den Fall zum Verteidigungszentrum in Rio Branco. Wenn ich mit der Geschichte nicht fertig werde, bringe ich sie zur Kirche, zum Pfarrer oder zum Bischof.

In die Arbeit der Gewerkschaft mische ich mich nicht ein, weil ich keine Zeit dazu habe. Aber ich sag' den Leuten, sie sollten da mitmachen und kämpfen.

Auch Hilfsarbeiter von den Landgütern kommen zu mir. Aber nur wenn's Ärger gibt. Ich rate ihnen, sich zu organisieren, in die Gewerkschaft zu gehen und für ihre Rechte zu kämpfen. Auch wenn sie nicht zur Gemeinde gehören, kommen sie zu mir. Ich sage ihnen direkt, den Gutsbesitzern sollten sie nicht trauen, besonders wenn es um Entschädigungsfragen geht. Denn Gutsbesitzer, das wissen Sie ja selbst, wie das in dieser Gegend ist ...

Großgrundbesitzer wollen mit mir nichts zu tun haben. Ihre Arbeiter lassen sie nicht zu Versammlungen mit mir kommen. Die Hilfsarbeiter auf den Landgütern machen am wenigsten mit. Die Besitzer gestatten es ihnen nicht.

Zur Zeit der Politik hat sich ein Gutsbesitzer, der ein Bekannter von mir ist, immer wieder an mich herangemacht, um mich rumzukriegen. Er unterstützte den Kandidaten des PMDB (Partido do Movimento Democrático Brasileiro = Partei der Demokratischen Bewegung Brasiliens), der dann auch zum Gouverneur gewählt wurde. Aber ich habe mich auf sein Spiel nicht eingelassen.

Die Gemeindeleiter sehen es gerne, daß ich sie aufsuche. Wenn es jemand mal nicht so genau nimmt, paßt ihm mein Besuch natürlich nicht so ganz. Dann führe ich die Propheten als Beispiel an. Ich versuche den Gemeindeleitern Mut zu machen und weise darauf hin, wie wichtig die Treffen sind. Leider fehlen sie bei den Treffen auf Gemeindeebene, die ein- oder zweimal im Monat stattfinden, nicht selten. Da gibt's nämlich das Problem der Fahrtkosten, die Leute haben kein Geld. Von Carão nach Rio Branco kostet die Fahrt hin und zurück tausend Cruzeiros. Außerdem müssen sie hier bei einem Verwandten oder Bekannten übernachten. Ich selbst brauche bis zu zweitausend Cruzeiros an einem Wochenende.

Wenn ich in eine Gemeinde komme, ist die Freude immer groß. Und sofort haben sie ein Problem für mich. Aber ich achte sehr darauf, nie als erster zu reden. Die sollen anfangen! Wenn sich dann eine gute Gelegenheit ergibt, sage ich, was ich meine. Ich baue mich nicht gern als den Ersten auf. Zuerst sollen die sagen, was sie meinen.

Wenn aber mal ein Priester mitkommt, sind alle Ideen aus ihrem Kopf verschwunden. Sosehr sie sich auch mühen, es fällt ihnen nichts ein. Die Leute sind eben nicht an so etwas gewöhnt. Davon sind sie ganz durcheinander. Sie haben das ja selbst am Kilometerstein 18 erlebt. Mir geht's ja genauso, wenn ich mal im Radio sprechen soll. Dann kriege ich kaum ein Wort raus. Man ist halt noch nicht ganz daran gewöhnt.

Ich singe sehr gern. Das belebt die Gemeinde sehr. Wenn wir uns mit der Bibel befassen, singen wir erst am Schluß. Die Arbeit an der Bibel darf ja nicht unterbrochen werden. Ich erkläre das Wort Gottes und übersetze es in Gebet. Am Schluß, ja, am Schluß singen wir, und das macht allen Spaß.

Die Männer machen überall weniger mit als die Frauen. Sie haben immer Entschuldigungen. Sie sehen es lieber, wenn die Frauen gehen. Selbst spielen sie Fußball oder bleiben zu Hause. Oder sie gehen zum Fischen oder auf die Jagd.

Vorigen Sonntag habe ich alle Männer zusammengeholt, die Fußball spielen wollten. Das Evangelium war die Geschichte vom heiligen Lazarus (sic!). Ich erklärte, wie es zur Aufteilung zwischen Arm und Reich kommt. Dabei griff ich auf die Lektion zurück, die Dom Moacyr am Morgen in der Predigt im Radio gegeben hatte. Der Bischof hatte gesagt, der Reiche sei in die Hölle gekommen, nicht weil er reich war, sondern weil er ein egoistischer Reicher war. Lazarus wurde belohnt, weil er ein schlichter, demütiger Armer war.

Während der ganzen Versammlung waren sie aufmerksam dabei, und dabei dauerte die Versammlung mehr als eine Stunde. Ich erklärte ihnen, daß man vor so einem Spiel erst den Geist einstimmen muß, damit die Neigung zur Gewalt eingedämmt wird und alles in Frieden ausgeht.

Zur Messe kommen die Männer, zu den Versammlungen kaum. Manchmal sind an Männern bei den Versammlungen nur der alte Simeão und ich. Dabei hat der alte Simeão immer etwas Wesentliches zu sagen.

Die Gruppe spricht wenig. Gerade zwei oder drei sagen was. Die Leute tun sich schwer, den Mund aufzumachen und herauszulassen, was sie denken. Sie hören lieber zu. Wir warten immer darauf, daß sie was sagen. Wer regelmäßig teilnimmt, tut sich leichter und übernimmt auch eher diese oder jene Arbeit in der Gemeinde. Die Leute erwarten einfach, daß der Gemeindeleiter mehr redet.

Manche Leute beklagen sich sogar darüber, daß der Gemeindeleiter die Gruppe auffordert, das Evangelium zu erklären. ›Wieso wir? Wir wollen doch was lernen‹, sagen sie dann.

Ich frage immer: ›Was will uns Jesus Christus mit diesem Wort sagen?‹ Aber die Leute wollen, daß ich die Erklärung gebe. Was bleibt mir anderes übrig, als daß ich die Stelle erkläre, damit wir uns dann darüber unterhalten.

Es gibt aber auch Fälle, in denen jemand etwas anderes oder beinahe das Gegenteil von dem sagt, was im Evangelium steht. Um ihn nicht zu entmutigen, muß man dann eben sehen, wie man's hinkriegt.

In der Gemeinde von Pedro Eurico hat eine Frau mal etwas einigermaßen Falsches gesagt. Der Gemeindeleiter wollte sie korrigieren und sagte: ›Nein, das ist nicht der Sinn‹, usw. Das war ein ziemlicher Tadel für die Frau. Zwei Tage später war sie bei den Protestanten. Das war ein böser Schlag für die Gemeinde.

Aber als ich Gemeindeleiter war, war das auch der einzige Fall, daß jemand zum Protestantismus übergetreten ist. Ich habe selbst einen Bruder, der in der ›Versammlung Gottes‹ Diakon ist. Aber irgendwann hat man ihn rausgeschmissen, weil er versucht hatte, etwas über die Pastoren herauszufinden ... und es dann noch bei einer Zusammenkunft öffentlich gesagt hat. Die Pastoren haben ihn in die Irrenanstalt gebracht. Zweimal haben sie ihn dort eingeliefert. Jetzt arbeitet er mit den Gemeindeleitern zusammen. Er ist Lehrer in der Schule, und die Leute mögen ihn sehr.

Als ich kam, war alle Welt protestantisch oder gerade dabei, protestantisch zu werden. Jetzt sind nur noch wenige bei den Protestanten. Der Pastor mußte sogar seine Kolonie verkaufen und ist weggezogen.

In dem ganzen Gebiet gibt es nur einen Protestanten. Sein Sohn kommt zu unseren Versammlungen, aber er hat sich noch nicht entschieden. Er leitet die Jugendgruppe und kommt immer zur Gemeinde. Wenn die Leute anfangen, das Glaubensbekenntnis zu sprechen, steht er auf und geht.

Die Gemeinde hält ihre Versammlungen und hat auch noch die Katechese. Zwei kleine Kindergruppen gibt es, aber die Katechistinnen sind sehr schwach. Wenn sie das Material bekommen, sind sie obenauf. Dann aber legen sie es weg und fassen es nie mehr an. Sie bilden sich nicht weiter und kümmern sich um nichts. Vielleicht ist das eine Art Faulheit. Deshalb macht den Kindern ihr Katechismusunterricht keinen Spaß. Mit Kindern im Hinterland ist das nun einmal so: Wenn sich jemand nicht wirklich für die Sache einsetzt, dann nehmen sie sie auch nicht ernst.

Zusammen mit Priestern mache ich auch ›Entpflichtungen‹ außerhalb meines Gebietes. Dann bin ich vier, fünf und sogar zehn Tage außer Hauses, längs der Flüsse oder im Busch. Manchmal ist auch kein Priester dabei, dann müssen wir Laien alles alleine machen.

Wenn wir irgendwo ankommen, stellen wir uns vor, und das Gespräch beginnt. Wenn ein Priester dabei ist, ist die Aufmerksamkeit größer. Das ist die alte Sache, daß das Volk nicht an das Volk glaubt.

Was zu tun ist, teilen wir zwischen uns und der Gemeinde auf. Die Dinge verteilen, das ist die Grundlage unserer Arbeit. Wenn wir dann auseinandergehen, lautet die Frage immer: ›Wann kommt ihr denn wieder?‹

Bei den ›Entpflichtungen‹ trifft man Bekannte, die man zehn oder zwanzig Jahre nicht gesehen hat. Dann ist die Freude groß.

Wenn ein Priester mit ist, haben die Leute immer etwas Besonderes zum Essen anzubieten und kümmern sich sofort um eine Fahrgelegenheit. Bei allem gibt's dann etwas Besonderes. Uns, den Gemeindeleitern gegenüber haben sie Respekt, aber das ist doch etwas anderes.

Als ich jung war, bis fünfunddreißig, tauchte ich bei jeder Feierei auf. Jetzt kümmere ich mich um die Dinge Gottes. Eine Frau, die ich bei der letzten ›Entpflichtung‹ traf, sagte zu einer anderen Frau: ›Wie? Dieser Mann, der früher kein Fest ausgelassen hat, setzt sich jetzt für die Sache des Evangeliums ein?‹

In der Tat lebte ich früher außerhalb des Gesetzes Gottes. Ich habe sogar mal meine Familie verlassen und eine andere Frau gehabt. Aber meine erste Frau, meine richtige Frau, hat die Situation gemeistert. Dann trat Gott an mich heran und brachte mich auf den richtigen Weg. Seitdem habe ich keinen geistigen Zusammenbruch mehr gehabt.

Unsere Arbeit in der Kolonie reicht gerade, daß wir zu essen haben. Darüber hinaus reicht's zu nichts mehr. Wenn jemand krank wird, ist's vorbei, dann wird's schwierig. Dann muß man sehen, wie's weitergeht. Wir arbeiten nur für den Unterhalt und leben von der Hand in den Mund. Nie bleibt mal etwas übrig, daß man sich zum Beispiel mal 'ne Kuh kaufen könnte.

Die Gemeinde und auch die Kirche unterstützen mich. Mit Waren und auch mit Geld. Gott sei Dank.

Als ich voriges Jahr schwer krank war, dachte ich, Gott würde mich aus diesem Leben nehmen und mich aus der Mission des Evangeliums herausholen. Ich wäre zufrieden gegangen. Nur, daß mir meine Familie Sorgen machte, weil sie nicht mit Gott in Harmonie ist. Ich habe sechs Kinder, das jüngste ist sechs und der Älteste zweiundzwanzig. Die beiden ältesten Söhne haben mit dem Evangelium nicht viel im Sinn. Auf dem Feld arbeiten sie nur, wenn ich dabei bin. Wenn ich weg bin und nicht klipp und klar sage, was sie zu tun haben, leben sie in den Tag hinein. Jeden Tag bete ich darum, daß Gott ihnen den Weg zur Gemeinde zeigt. Ich vertraue darauf, daß mein Gebet eines Tages erhört wird.

Lediglich die siebzehnjährige Tochter zieht mit. Sie gibt Katechismusunterricht. Fleißig ist sie und folgsam – und hat einen guten Charakter. Sie ist jetzt in einer Familie hier in der Stadt beschäftigt.

Die größeren Jungen dagegen wollen von der Gemeinde nicht viel wissen. Ich sage ihnen: ›Was für ein Beispiel kann ich schon dem Volk geben, wenn ihr nicht mit mir an einem Strick zieht?‹ Mein Sohn wollte gefirmt werden, kam aber nicht regelmäßig zu den Versammlungen. Da konnte er nicht gefirmt werden.

Ruhe will ich mit ihnen haben, ohne ahnungslos zu sein. Aber bei der Arbeit am Evangelium legen sie mir nichts in den Weg. Mitunter kommen sie zur Versammlung, bis zum Ende aber bleiben sie nie, sondern sind immer schon vorher weg.

Das tut mir weh. Meine größte Freude ist es, viele Leute in der Gemeinde zu sehen, die das Wort Gottes hören und im Glauben über ihr Leben sprechen.

Meine Frau ist nervös. Wenn die Dinge nicht so laufen, wie sie laufen sollten, bricht sie in Panik aus. Dann sage ich ihr: ›Frau, auch im Leiden müssen wir Geduld haben. Gott will nämlich sehen, ob wir nur Gutes wollen oder ob wir uns auch schicken, wenn es am Materiellen fehlt.‹«

Das also habe ich von dem Gespräch mit dem streitbaren Kämpfer für das Reich Gottes in dieser Welt festhalten können. Seine Worte sind klar und im Tiegel von Kampf und Leid erprobt und geläutert, aber sie sind ebenso voll des Geistes. So bietet er ein neues Modell des Christen, das da im Entstehen ist: fest verwurzelt in Volk, Welt und Geschichte und ebenso tief eingetaucht in das Geheimnis, ins Evangelium und in Gott.

1. Oktober, Samstag
Eine neue Massenpastoral tut not

Gewöhnlich fahre ich von unserer Kommunität zur Bischofskirche mit dem Rad. Das sind zehn Minuten guter körperlicher und auch geistiger Betätigung. Während der Zeit denke ich über die Homilie nach, die ich in der Messe halten werde, oder über Dinge, die mit der Pastoral oder dem Volk zu tun haben.

Auf dem Weg heute abend zur Sonntagsmesse um sieben Uhr fällt mir auf, daß ich niemandem begegne, den ich kenne, und auch niemand scheint mich zu kennen.

In der Tat: Unsere Gruppen und Gemeinden sind winzige Ölflekken auf dem riesigen Meer. Andererseits müssen wir zugeben, daß wir keine organisierte Massenpastoral haben.

Ich frage mich, wie diese Menge vom Evangelium erreicht werden kann. Möglicherweise durch die übliche Pfarrpastoral: Totenmessen zum siebten oder dreißigsten Tag, Taufen, Trauungen, Prozessionen, Novenen usw. Bei diesen Gelegenheiten, besonders anläßlich einer Kindstaufe oder einer Trauung, verspüren die Menschen das Bedürfnis, sich an die Gemeinden zu wenden. Mitunter nimmt dieses Bedürfnis die Form des Gesetzes oder der unerläßlichen Bedingung an. Dann nehmen sie die Prüfung der Teilnahme an den Gruppen nur deshalb auf sich, weil sie ihre Kinder getauft sehen wollen, und nicht, weil sie das Leben der kirchlichen Gemeinschaft als einen inneren Wert ansähen. Die Mehrheit sagt dann »Ciao« oder »Bis demnächst mal!«

Tatsächlich hat die Kirche das Volk nicht in der Hand, wie manchmal angenommen wird. Die Basisarbeit der Kirche erreicht vielleicht fünf Prozent der Bevölkerung. Zwar ist die Kraft der Kirche, Menschen zusammenzuführen und zu mobilisieren, enorm. Eine andere Sache aber ist es, dieses Bemühen zu entfalten und zu aktualisieren, damit die ganze Volksmasse durchdrungen werden kann.

Wir brauchen eine Massenpastoral. Aber eine neue Massenpastoral muß es sein, die anders ist als die traditionelle: eine Massenpastoral, die die Menge Volk werden läßt – Volk im Sinne eines historischen und kirchlichen Subjektes.

2. Oktober, Sonntag
Eine Kirche, die Mutter wird

Die Pastoral des geistlichen Berufes entwickelt sich in unserer Kirche eindeutig positiv. Es gibt bereits ein halbes Dutzend Theologen, männliche und weibliche Novizen, junge Ordensleute beiderlei Geschlechts sowie zwei Gruppen von jungen »Berufenen«, das heißt von jungen Männern und jungen Mädchen, die ein intensives religiöses Leben führen. Insgesamt sind das an die fünfzig junge Leute.

Die gesamte Berufspastoral wird gemeinsam gestaltet, so daß sich die jungen Menschen allmählich der Lebensart zuwenden können, die ihnen am besten zusagt.

Eine Kirche aber, die ihre Priester, Ordensfrauen und sonstigen Amtsträger hervorbringt, ist eine lebendige und mündige Kirche – eine Kirche, die Mutter wird.

Das ist nur natürlich: Basisgemeinden, aus denen gute Christen hervorgehen, müssen auch Priester, Ordensfrauen und sonstige

Amtsträger hervorbringen. Das ist ein Zeichen für die evangelische und kirchliche Fruchtbarkeit der Kirchlichen Basisgemeinden.

Heute war ich zu einem Treffen mit einer Gruppe von »Berufenen« in der Kolonie Souza Araújo, etwa zwanzig Kilometer von Rio Branco. Vielleicht zwanzig Leute waren es. Ich hielt einen Vortrag über Sünde. In einer allgemeinen Einleitung sprach ich über den biblischen Sündenbegriff (Bruch des Bundes, »Herz« als Quelle der Sünde usf.). Dann führte ich zwei Punkte aus, die im Bewußtsein der Kirche heute hervorgehoben werden. Sünde als Bruch mit der »Grundentscheidung« und die Frage der »sozialen Sünde«. Beides sind äußerst inhaltsreiche Perspektiven, die allerdings noch nicht zu der notwendigen theologischen und pastoralen Klarheit gefunden haben.

Was die »soziale Sünde« anbelangt, scheint mir, daß es über die objektive und geschichtliche Solidarität in der »Sünde der Welt« hinaus noch die Selbstverantwortung (oder die subjektive Verantwortung) für sie gibt. Nach meiner Ansicht lassen sich bei der Selbstverantwortung drei Stufen unterscheiden: 1. direkte und persönliche Beteiligung an der »sozialen Sünde« (ungerechte Gesetze, unbillige Mechanismen, tyrannische Regierungen usw.); 2. Duldung oder indirekte Zusammenarbeit und 3. Unterlassung, das heißt: man läßt die Dinge laufen – Nichteinmischung also.

6. Oktober, Donnerstag
Gemeinschaftsbeichte auf der Grundlage eines Pentalogs

Um sieben Uhr abends hatte ich heute in der Bischofskirche eine Gemeinschaftsbeichte zu leiten. Solche Gemeinschaftsbeichten finden hier an jedem ersten Donnerstag des Monats statt. Die Kirche war zu zwei Dritteln voll.

Ich stellte die Beichte unter das Thema der Grundentscheidung im Leben. Diese Option lasse sich zusammenfassen in einem lebendigen Glauben, in der Nachfolge Christi, im Tun des Willens des Vaters und im Suchen des Reiches Gottes mitsamt seiner Gerechtigkeit. Buße bestehe darin, zu diesem zentralen Kern des Christseins bzw. des Evangeliums zurückzukehren. Darstellen wollte ich das Ganze mit dem berühmten Satz von Augustinus: *Amores duo fecerunt civitates duas* – zwei Lieben schufen zwei Reiche: die Eigenliebe, die bis zur Gottesverachtung geht, und die Liebe zu Gott, die bis zur Selbsthingabe geht.

Sodann schlüsselte ich dieses grundlegende Lebensprojekt anhand der Zehn Gebote auf. Jedoch faßte ich – und zwar ausschließlich im

Blick auf die örtliche Pastoral – den Dekalog, die Zehn Gebote, zu fünf Geboten, zu einer Art »Pentalog«, zusammen. Auf der Grundlage dieser »Fünf Worte« hielten wir die Gewissenserforschung:

1. *Liebe zu Gott:* Beteiligung am Leben der Gemeinde (Versammlungen, Aktivitäten usw.), Hören oder Lesen des Wortes Gottes, persönliches Gebet usw.

2. *Achtung vor dem Leben:* Gewalt, Intrigen, üble Nachrede usw.

3. *Persönliche Selbstkontrolle:* Trunksucht, Spielen, Drogen, Rauchen, Feierei usw.

4. *Ehrfurcht vor dem Körper:* Keuschheit, Verhältnis Mann – Frau.

5. *Kampf für Gerechtigkeit:* Achtung vor den Rechten der anderen, vor allem der Arbeiter; Hände in den Schoß legen, aus Bequemlichkeit oder Angst, wenn es gilt, für eine bessere Welt zu kämpfen.

Bei unserem Volk sind dies in der Tat die häufigsten Sünden. Um aber nicht einer heuchlerischen Kasuistik zu verfallen, ist es wichtig, dies alles unter dem großen Regenbogen der Gottes- und Nächstenliebe zu sehen, wie Jesus, Paulus, Johannes und das gesamte Neue Testament es tun. Das heißt: Wir müssen alle unsere *Taten* vor dem Hintergrund dieser Grund*haltung*, dieser Grundentscheidung sehen, die darin besteht, »vor dem Herrn zu wandeln«, »mit Gott zu leben«, kurz: »Jesus Christus nachzufolgen« oder »sein Leben aus dem Geist zu gestalten«.

7. Oktober, Freitag
TFP und LBV

Der Bischof und das Presbyterium hatten mich am vergangenen Montag gebeten, einen kurzen Text zu entwerfen, mit dem das Volk aufgeklärt werden sollte – zum einen über die Sendungen der »Legião da Boa Vontade« (LBV – Legion des Guten Willens) im örtlichen Fernsehen wie zum anderen auch über die heftige Kampagne, die die Bewegung »Tradição, Família e Propriedade« (TFP – Tradition, Familie und [Privat-]Eigentum) auf unseren Straßen und Plätzen gegen die Kirchlichen Basisgemeinden führt.

Also sammelte ich die Informationen, die ich erreichen konnte, und redigierte ein entsprechendes Blatt. Der Bischof und einige Priester lasen, korrigierten und billigten den Text. Morgen (Samstag) und übermorgen (Sonntag) soll er bei den Messen verteilt werden. Denn das Volk erwartete eine Aufklärung über diese beiden

Bewegungen, nachdem sich ihnen einige Leute bereits angeschlossen hatten.

In der Note heißt es, beide Bewegungen seien weder mit dem christlichen Glauben noch mit der Lehre der Kirche vereinbar. Insbesondere widersetzten sie sich jedem Bemühen um soziale Veränderungen, das heißt um Gerechtigkeit in der Gesellschaft. So sei es nicht zu verwundern, daß die herrschenden Klassen unserer Gesellschaft sie unterstützten, obwohl sich beide als politisch neutral ausgäben.

9. Oktober, Sonntag
Treffen von Ehepaaren

Heute nachmittag war ich auf einer Versammlung von Ehepaaren, das von der Pfarrei St. Agnes organisiert war und in der Gemeinde Baixa da Colina stattfand.

Das Treffen begann um zwei Uhr, in einer höllischen Hitze. Man mußte schon eine heldenhafte Entschlußkraft haben, um zu so einer Zeit zu einer Versammlung zu gehen.

Die Gemeindeleiterin, Dona Joana, empfing uns mit der ihr eigenen Freude und Freundlichkeit. Dona Joana lebt nur für das Volk. Nachdem ihr Mann sie verlassen und sich eine andere Frau genommen hat, wohnt sie allein mit einer Tochter, die ebenfalls von ihrem Mann getrennt ist. Doch bei beiden bildet das Evangelium das Grundprojekt, den Zusammenhalt und die Einheit des Lebens.

Die Runde war ziemlich groß. Ehe und Familie sind vitale Fragen und interessieren allgemein. Insgesamt waren vielleicht vierzig Ehepaare gekommen.

Man stellte sich der Reihe nach vor. Für einige war es das erste Mal, daß sie in der Öffentlichkeit und im gesellschaftlichen Raum auftraten. Familienkreis und Nachbarschaft sind ihr ganzer Lebensraum. Sich vorstellen ist ein öffentlicher Akt, bei dem man in gewisser Weise eine soziale Persönlichkeit wird. So werden diese Menschen in die Geschichte hinein geboren, die ja auch von ihnen mitgestaltet werden will. Geniert und stotternd sagen sie, wer sie sind. Allmählich jedoch fassen sie Fuß, richten sich auch den anderen gegenüber auf und werden zu Trägern der Gesellschaft. So sind sie etwas, können in der Gesellschaft den Mund auftun und leben nicht mehr bloß so mit.

Wenn diese Menschen in den Gruppen ihre ersten Gemeinschaftserfahrungen machen, sprechen sie – an etwas anderes sind sie ja noch nicht gewöhnt – immer im Plauderton: leise, wenig artikuliert, sich in Einzelheiten verlierend, einander ohne Bedenken unterbrechend, gleichzeitig und durcheinander. Erst allmählich lernen sie Disziplin und Formen des Dialogs: hören und sprechen. Der Dialog ist die goldene Mitte zwischen dem informellen Gespräch und der Rede in Politik oder Medien. Er ist der authentische Ausdruck echter sozialer Beziehung.

Es ist gut, daß sich die Ehepaare begegnen können. Treffen dieser Art sind für sie der Ort – der seltene Ort –, an dem sie Ideen austauschen, ihre spezifischen Fragen besprechen und den engen und bedrückenden Raum, den das schwierige Eheleben darstellt, erweitern können. Wo haben sie denn sonst Gelegenheit, konstruktiv Dampf abzulassen? So sind diese Begegnungen Schulen, in denen der eine Schüler und ebenso Lehrer des anderen ist. Das habe ich ihnen gesagt, damit sie sich der Möglichkeit bewußt werden.

Mir fällt auf, wie sehr N. und N. – ein Paar aus der Mittelschicht, das sich ganz der pastoralen Arbeit mit dem einfachen Volk verschrieben hat – das Geschehen beleben. Er, der früher einmal ein hoher Beamter des Staates war, erzählt seine Lebensgeschichte, damit auch andere Ehepaare sich ermutigt fühlen, ihre Erfahrungen auszutauschen, und alle davon lernen können. So erzählt er: Bis er sich zu Christus bekehrt habe, habe er getrunken, eine andere Frau gehabt, das leichte Geschäft der Bestechlichkeit geführt usf., bis Gott ihm begegnet sei und ihn vom falschen Weg heruntergeholt habe.

Weitere Zeugnisse folgen. So wird deutlich, was die großen Probleme der Ehe sind. Man könnte sie in einigen wenigen Punkten zusammenfassen: 1. doppelte Wohnung, 2. Gewalt und Männlichkeitswahn, 3. Laster von Alkohol und Feierei.

Erkennbar wird auch, daß diese Probleme gesellschaftlich bedingt sind: schwierige Lebens- und Arbeitsverhältnisse, fehlende Schulen für die Kinder, aus Gründen des wirtschaftlichen Überlebens zerrissene Familien usf.

Irgendwann wird diskutiert, ob die nur standesamtliche Trauung vernünftig sei. Jemand bringt das Problem auf die mir treffend erscheinende Formel: »Die standesamtliche Trauung ist heilig, die kirchliche von Gott geheiligt.« Ein anderer verbessert: »Die Familie verdient immer Achtung. Aber es geht um den Segen. Durch das Sakrament werden wir der Kirche und dem Himmelreich geweiht.«

Zum Abschluß soll ich etwas sagen. Aber ich kann den Paaren nur Mut zusprechen. Sie sollen so weitermachen. Dann nehme ich das berühmte Hohelied der Liebe in 1 Kor 13, kommentiere es und ermutige die Männer und Frauen zu einer Liebe des Schenkens und Vergebens, wie Gott und Christus lieben.

Gemeinsam unterhalten wir uns über einige Szenen im Familienleben, lachen und erheben uns schließlich zum Gebet. Am Ende verabschieden wir uns.

Ich bin davon überzeugt, daß wir eine Familienpastoral brauchen, freilich in einer neuen Perspektive, in einer Perspektive der Befreiung. Es geht um eine Sicht, die unserer Zeit und der »neuen Form, Kirche zu sein«, so wie die Kirchlichen Basisgemeinden sie darstellen, entspricht. Auch hier tut sich also ein Feld auf, das befreit werden muß und das seinerseits befreiend wirken kann. Befreiung ist entweder ganzheitlich, oder sie ist keine Befreiung.

16. Oktober, Sonntag
Wie steht es mit dem Theologiekurs der örtlichen Kirche?

Heute haben wir, das heißt ein paar Lehrer (sechs) und etliche Studenten unseres Theologiekurses, den ganzen Tag Sitzung gehabt. Nilson, der der Kursleiter ist, hat so eine Sitzung gut im Griff. Er war bereits Gesamtkoordinator der Pastoral der Kirche und hat bei den Wahlen für den PT als Gouverneur kandidiert; allerdings will er in Kürze einen Graduierten-Kurs in Soziologie machen.

Unser Theologiekurs ist inzwischen zwei Jahre alt. Der Verlauf war nicht schlecht, ganz im Gegenteil. Der Lehrgang besteht aus drei Sparten: aus theologischen *Intensivkursen* während der Monate Januar, Februar und Juli (mit explizit theologischen Fächern: Bibel, Christologie usf., und pastoralen Beifächern: Volksreligion, Volksbildung, Elemente von Recht, Geschichte, Theorie der Gesellschaftsanalyse usw.); aus *Studienteams* mit drei bis vier Personen, die während der sogenannten »Interkurse« die Materie noch einmal intensiv durcharbeiten, die Aufgaben oder Arbeiten (in denen das Gelernte mit der eigenen pastoralen Praxis konfrontiert werden soll) erledigen und Lesestoffe diskutieren sollen; und schließlich aus einem *theologischen Abendkurs für das Volk* im Januar. Diesen Kurs geben Studenten, die den dreijährigen Grundzyklus abgeschlossen haben (daran schließt sich ein zweijähriger Vertiefungskurs an, der für Priesteramtskandidaten zwingend ist).

Die Studenten sind zu je einem Drittel etwa Seminaristen, Ordensschwestern und Laien. Hinzu kommen einige Studenten von außerhalb, das heißt von den Nachbarkirchen, die sich an dem Kurs beteiligen.

Diskutiert und erarbeitet wird ein inneres Konzept für den Kurs. Nilson leitet die Gespräche. Wir spüren, daß wir Mindest- oder Elementarstrukturen formulieren müssen, damit der Kurs Kontinuität und Objektivität bekommt. Ohne sie läuft alles Gefahr, sich ständig zu verändern und der Willkür des einen oder anderen anheimzufallen. Trotzdem sind wir uns dessen bewußt, daß die Regelung immer flexibel und offen bleiben muß und sich nie dogmatisch über die Erfahrung und das Leben des Kurses selbst erheben darf.

Am Ende des Tages standen endlich die Grundlinien der Statuten. Erstmals hatte der Theologiekurs »Knochen bekommen« und war institutionalisiert worden.

Auch ein neues Koordinationsteam, das aus Studenten und Professoren besteht, muß gewählt werden. Ana Rosa tritt an die Stelle von Nilson. Wenn die Theologie mit Nilson das erste Mal versucht hat, sich zu entklerikalisieren, dann will sie sich mit Ana Rosa zum ersten Mal ent-männlichen. Das alles ist nur gut.

Weitere Fragen stehen an. Diesmal sind es praktische Dinge: Haushalt, Neueinschreibungen, Bildung der Studienteams für die Interkurse, mögliche Anerkennung des Kurses durch Anbindung an eine anerkannte Fakultät, Problem der Teilnahme von Laien, die wegen der Arbeit nicht kommen können (den Kurs abends halten, wird gefragt), Möglichkeit von Prüfungen, damit der Lerneffekt festgestellt werden kann usf.

Nach meiner Ansicht ist dieser Kurs für unsere Kirche ein wesentlicher Schritt in Richtung auf ihre legitime Selbständigkeit. Er ist die Schule, aus der die verschiedensten Amtsträger hervorgehen werden, die unsere Kirche braucht.

Ich bin überrascht, wie schnell dieser Kurs bei unserer ganzen Kirche angekommen ist, von allen, Bischof, Priestern und Volk, angenommen wurde und Fahrt gewonnen hat. Er ist einfach nicht mehr wegzudenken. In einem Jahr, das das dritte seiner Existenz und das letzte des Grundzyklus sein und nach dem die Geschichte wieder von vorne anfangen wird, denke ich, kann ich im Süden bleiben, ohne daß der Lehrbetrieb darunter leiden wird.

Unser Kurs geht auf eigenen Beinen. Gott sei Dank!

23. Oktober, Sonntag

Die vielen Brasilien in dem einen Brasilien

Heute bin ich von einer Reise in den Staat Santa Catarina zurückgekommen. Ich hatte dort beim Regionaltreffen der CRB zu tun und sollte Vorträge im Philosophischen wie auch im Theologischen Institut von Santa Catarina halten. Ich nutzte die Gelegenheit, um die Hügel von und um Florianópolis zu besuchen. Immer mehr Favelas breiten sich dort aus. Santa Catarina ist immerhin mein Heimatstaat.

Der Unterschied zwischen Santa Catarina und Acre ist durchgehend, und zwar unter dem Gesichtspunkt der Natur wie der Wirtschaft wie der Kultur. Man könnte meinen, das sei nicht das eine Brasilien. Als ich im Auto durch die herrlichen Felder fuhr und die gepflegten Häuschen sah, fragte ich mich: »Soll das das Brasilien der Befreiungstheologen sein?« Santa Catarina schien mir eher ein verpflanztes Europa als ein Stück der »Dritten Welt« zu sein.

Dennoch: Hinter dieser scheinbaren Integration brodeln Widersprüche, die Widersprüche des in unserem ganzen Land herrschenden kapitalistischen Systems. Zwar sind sie hier nicht so scharf und augenfällig wie anderenorts, aber sie sind da. Nur daß sie in einer spezifischen Form da sind; und diese muß aufgedeckt werden. Leider schienen mir die kirchlichen Verantwortlichen, mit denen ich Kontakt hatte, keine sonderlichen Anstrengungen in diesem Sinn zu unternehmen. Ihre Sicht von der Wirklichkeit ist allgemein und abstrakt. Deshalb – hob ich hervor – komme es darauf an, eine spezifisch catarinensische Theologie, Pastoral und Form von Ordensleben zu entwickeln, wenn die Kirche in diesem Staat wirklich zu Hause sein wolle.

Dazu muß man freilich die örtliche Realität sorgfältig analysieren und sich fragen, wie sich dort die Widersprüche des Systems zeigen und welche spezifischen religiösen und pastoralen Herausforderungen die catarinensische Wirklichkeit den Christen, Ordensleuten und Bischöfen dieses Staates stellt.

Tatsächlich, sagte man mir, löse sich unter dem Druck der immer weiter um sich greifenden kapitalistischen Produktionsverhältnisse die vielbesungene Integration der catarinensischen Gesellschaft zusehends auf: Immer mehr Leute verlören ihr Stückchen Land, und in den städtischen Zentren breiteten sich zunehmend die Favelas aus.

Das heißt: Wenn die Widersprüche in der Entwicklung eines Gesellschaftssystems einen bestimmten Grad erreicht haben, tritt ihre theoretische (bzw. analytische) Sichtbarkeit auch auf der Ebene der empirischen Sichtbarkeit hervor. In diesem Augenblick lassen sich die

Ungerechtigkeiten einer Gesellschaft nicht mehr verbergen, sie fallen einfach ins Auge. Was in den großen brasilianischen Stadtagglomerationen wie Rio de Janeiro oder São Paulo und im gesamten Nordosten schon gang und gäbe ist, fängt jetzt auch im Süden, speziell in Santa Catarina, an.

Das sind »Zeichen der Zeit«, die die dortige Kirche zwingen, aufzuwachen und zu »hören, was der Geist den Gemeinden sagt« (Offb 2,11.29 u. ö.).

15. November, Dienstag
Wo sind in Europa die Armen?

Heute hatte ich ein Gespräch mit zwei italienischen Priestern, mit Primo aus Abaetetuba (Staat Pará) und Guido aus der Diözese Lucca. Wir verglichen die Erfahrung der lateinamerikanischen (besonders der brasilianischen) Kirche mit der der europäischen Kirche.

Hauptsächlich ging es bei unserem Gespräch um die Frage des »Volkes« in Europa. Der soziale Raum wird dort dermaßen von den Spitzen her organisiert, daß das Volk – als gesellschaftliche Basis – herausfällt. Und das in der Kirche wie in der Regierung, in den Parteien wie in den Gewerkschaften. Natürlich gibt es auch dort das Volk, und es entwickelt viele Initiativen, nur findet es keine angemessenen politischen Kanäle, sich auszudrücken. Das gilt für die Bewegungen der Entwicklungshilfe und der Solidarität mit der Dritten Welt wie für die Friedens- und Ökologiebewegung.

Guido meint, das Volk sei sehr an Fragen der sozialen Veränderung oder der Länder am Rande des Systems interessiert und setze sich gern dafür ein. Die große Lehre, die er unserer Kirche entnehme, sei die Methode, alles *mit* den Menschen zu tun, damit das Volk Träger seines Schicksals und seiner Geschichte werden kann. Dieser Prozeß, sagt er, sei zwar langwierig, dafür aber sicherer, wenn es darum gehe, eine Welt mit gleichen Chancen für alle zu schaffen.

Die Armen sind in Europa vor allem die drogenabhängigen jungen Menschen und die Rentner, nach wie vor aber auch die Arbeiter – und hier insbesondere die Gastarbeiter. Und dieses ganze Volk hat, wenn es um die Marschrichtung der Gesellschaft geht, nichts zu »melden«. Das Unheil besteht für Europa darin, daß es eine in ihren Institutionen, Apparaten und Spitzen seit Jahrhunderten verhärtete Gesellschaft ist und daß es bei all seinen Widersprüchen zu einem Gleichgewicht gefunden hat, das vor allem mit einer ausbeuterischen und unterdrückerischen Beziehung zur Dritten Welt bezahlt wird.

Die europäische Kirche, die mit dem geltenden System fest verkrustet ist, könnte trotzdem so etwas wie »das schwächste Glied« darstellen, durch das das Volk endlich Zutritt zur Bühne der Geschichte finden könnte. Das jedenfalls meint Guido. Dies freilich sei nur dann möglich, wenn die europäische Kirche den Laien, die ja im wesentlichen das Volk Gottes ausmachen und zahlenmäßig seine erdrückende Mehrheit darstellen, einen größeren Raum eröffne. Allerdings sollten dies keine Laien sein, die die kirchlichen Spitzen kooptiert hätten und die im Dienst an deren klerikalem Projekt ständen, sondern Laien, die selbständige Träger der Kirchlichkeit seien und vornehmlich aus den Randschichten des Volkes stammten.

20. November, Sonntag
Paulus – Apostel par excellence

Den ganzen Morgen war ich bei fünfunddreißig oder vierzig Gemeindeleitern aus der Pfarrei der Unbefleckten Empfängnis, die im Stadtgebiet liegt. Sie hatten einen Einkehrtag über die Frage, was den apostolischen Dienst am Volk beeinträchtigt.

Wenn man in einen solchen Kreis hineinkommt, steht man vor einer kompakten Gruppe von Frauen und Männern, die alle von der Gruppenarbeit geprägt sind. Man hat das Empfinden, von ihren Augen und Gesichtszügen wie von ihrer ganzen Person gehe ein Ausdruck der Kraft und der Autorität aus. Wieviel Zeit und Hingabe muß es gekostet haben, eine Gruppe so zu formen.

Alles sind einfache und arme Leute, sehr bescheiden gekleidet, mit Narben am Körper und billigen Schlappen an den Füßen. Nur selten hat dieses geschundene, aber kämpferische Volk in Sachen Gerechtigkeit je die Erfahrung eines Sieges gemacht. Viel eher sind diese Menschen daran gewöhnt, die Unterlegenen zu sein und aufs Kreuz gelegt zu werden. Dennoch stehen sie immer wieder auf und machen – der geschichtlichen Gegenwart zum Trotz – weiter. Wenn man den Blick über die Gruppe schweifen läßt, sieht man auch nicht einen oder eine aus den privilegierten Klassen der Gesellschaft. So haben wir es also mit einer Kirche von Armen und einer armen Kirche zu tun, in der die Armen Kirche sind und evangelisieren. Unter gesellschaftlichem Gesichtspunkt kann man sie eine »Kirche aus dem Volk« nennen.

Man hatte mich gebeten, bei dem Einkehrtag mitzumachen. Denn über Versammlungen zu organisatorischen Dingen (Programmerstellung und Rückblick) und zur Reflexion über Wort Gottes und Leben hinaus brauchen diese Menschen auch Treffen zur Besinnung. Diese geben dem Herzen Nahrung, stählen den Willen, beleben den Antrieb zur Freiheit, kräftigen die tiefen Motivationen zur eigenen Arbeit und düngen und bewässern die verborgenen Wurzeln des Glaubenslebens und der Agape.

Nur so bekommen wir nicht nur Vorkämpfer, sondern auch überzeugte Christen, die im Geheimnis Christi ihre Wurzeln haben. Ohne diese mystische Verwurzelung laufen pastorale Aktivisten leicht zu den Protestanten, zu irgendeiner ideologischen Bewegung oder Partei über.

Ich nehme die Gestalt des Paulus als Modell für jeden christlichen Apostel. Wir lesen einige der markantesten Stellen aus dem Brief des Apostels, der am deutlichsten autobiographisch ist, aus dem 2. Korintherbrief.

Den Texten entnehme ich sieben Eigenschaften des Paulus, die auch jeden Gemeindeleiter oder kirchlichen Pastoralträger auszeichnen müssen. Besonders die bildlichen Seiten benutze ich:

1. Paulus ist der »Wohlgeruch Christi« (Kap 2);
2. Paulus ist sich dessen bewußt, ein »zerbrechliches Gefäß« zu sein, das den Schatz des Glaubens und des Evangeliums trägt (Kap 4);
3. Paulus fühlt sich von der Liebe Gottes »gedrängt«: Liebe zu Christus und Liebe, wie Christus sie (für die Kleinen usf.) hat (Kap 5);
4. Paulus bleibt in Prüfungen und Verfolgungen treu (Kap 6 und 11);
5. Paulus hat ein Gespür für Gemeinschaft und Zusammenarbeit (Kap 7, 8 und 9);
6. Paulus eifert um die Gemeinde, um sie allein Christus zur Vermählung anbieten zu können (und nicht unserer Person, dem System oder ähnlichem) (Kap 11);
7. Paulus vertraut auf die Macht der Gnade – trotz des »Stachels im Fleisch« und des »Boten des Satans«, der ihn »mit Fäusten schlägt«, das heißt: trotz seiner Schwächen, die ihn sogar demüten (Kap 12).

Ich bin der Ansicht, daß die christliche Ethik weniger nomologisch als *typologisch* ist. Duméry, Ricoeur und etliche Exegeten hatten das bereits gesehen. Mir geht auf, daß man – gerade im Gespräch mit dem Volk – pastoral viel mehr erreicht, wenn man Modelle darstellt, als wenn man Normen, Gesetze oder Regeln einhämmert.

Das hat uns den ganzen Morgen beschäftigt. Angeregt durch meine Ausführungen, griffen die Leute ein und berichteten von ihren Erfahrungen. Zwischendurch sangen wir immer wieder laut ein Lied, das zu dem, was wir gerade besprachen, paßte.

9. Dezember, Freitag

Ein Autorenabend mit dem einfachen Volk

›Mut zu leben‹, so lautet der Titel des Buches, das die Autorin Maria Lúcia Régis heute abend im Gymnasium Meta der Öffentlichkeit vorstellte. Anwesend waren an die hundert Personen, die zum größten Teil aus den Basisgemeinden stammen. Die Regierung wollte mit Fernsehübertragung und allem möglichen die Veranstaltung für sich vereinnahmen; aber Maria Lúcia erkannte die Falle und lehnte ab.

Ich beobachtete die bescheidene Hausfrau, Gemeindeleiterin und Leprakranke, wie sie Autogramme gab. Sicher hielt sie mit der »verfaulten« Hand – wie sich Bacurau ausdrückt, ein anderer Leprakranker, der unter dem Titel ›Am Rande des Lebens‹ vor ein paar Jahren ebenfalls im Vozes-Verlag seine Autobiographie veröffentlicht hatte und der auch anwesend war – den Stift.

»Ihre Hand ist schöner als die vieler Künstler«, sagte ich Bacurau, der neben mir stand, leise ins Ohr. Doch dieser verbesserte mich: »Stärker als die Hand von Boxern.« Und das ist sicher wahr: Die Leprösen befreien sich mit eigener Hand von einer tonnenschweren, tausendjährigen und schwarzen Unterdrückung.

In Schönschrift schrieb Maria Lúcia lange kunstvolle Widmungen. Anders als bei vielen professionellen Schriftstellern, die nur mit Dünkel zum Stift greifen, zwei oder drei formelle oder geistreiche, aber fast immer leere Wörter dahinkritzeln und schließlich eine unleserliche Unterschrift dahinwerfen, als wären sie geheimnisvolle Götter, deren Namen niemand wissen darf, ist an Maria Lúcia nichts von Arroganz oder Geltungsbedürfnis.

Man hatte mich gebeten, das Buch von Maria Lúcia vorzustellen, weil ich mich dafür eingesetzt hatte, daß es veröffentlicht wurde. Ich trug folgende Gedanken vor:

Was bedeutet eine Veröffentlichung aus dem Volk?

»Meine Freunde und Freundinnen! Die Atmosphäre dieses Autorenabends ist fröhlich und trägt die Handschrift des Volkes. Es ist, als ob in der Person Maria Lúcias das Volk sein Buch vorstellte und Autogramme gäbe. Und das ist nicht bloß ein Eindruck.

In dem Buch spiegelt sich nämlich wirklich das Leben des Volkes. Es stellt einen Sprung dar in dem Spiegel, den die Großen mit ihren gekauften Schriftstellern dem Volk vorhalten, damit es sich darin betrachte. Solch ein entstellter und entstellender Spiegel sind die Bücher zahlreicher berühmter Autoren, die vorgeben, vom Volk und für das Volk zu sprechen, nicht aber mit dem Volk sprechen, wie auch die Medien, insbesondere das Fernsehen. Hier sind die Armen nichts als Tölpel, die gerade dazu gut sind, zu arbeiten, den anderen zu dienen und zu sterben.

In diesem Sinn verdient kein Buch mehr als dieses von Maria Lúcia einen wirklich volksnahen Autorenabend. Wenn manche großen Autoren ihre Bücher vorstellen, geht es formell und beklemmend zu. Ihre Bücher sind oft genug wie Imbaúba-Bäume: groß, buschig, aber hohl, spenden kaum Schatten und geben keine Früchte. Das Buch von Maria Lúcia dagegen ist – wie auch sonst Bücher aus dem Volk – wie ein Cumaru-Baum: massiv, voller Saft und von gutem Holz. Äußerlich, im grammatischen Ausdruck und auch in der verlegerischen Gestaltung, mag es bescheiden anmuten, aber sein Inhalt ist wichtig. Das Buch ist ein Liebesbrief in bescheidenem Umschlag, ein kostbares Geschenk in unscheinbarer Verpackung.

Übrigens erinnert die Gattung des Buches von Maria Lúcia sehr an die literarische Form der Bücher des Evangeliums. Es ist dies die Gattung der Klein- oder Volksliteratur. Das Wort Gottes kleidet sich in ein schwaches und sterbliches literarisches Fleisch und nicht in die große Form epischer und ausgeklügelter Poeme wie der Ilias oder der Aeneis. Der absolute Sinn ist in die armen Windeln des sterblichen, schlichten und volksnahen Fleisches gewickelt.

Das Buch von Maria Lúcia liegt auch deshalb dicht bei den Evangelien, weil es in der Gestalt einer einfachen und darüber hinaus noch leprösen Frau das Leben und das Leiden, den Tod und die Auferstehung des Volkes erzählt. Gerade das aber bringen die Medien eben nicht vom Volk; was sie vermitteln, ist nur die Spitze des Eisberges vom Schmerz und von der Hoffnung der Armen, weiter nichts.

Die Mobilität, die das ganze Leben Maria Lúcias prägt, ist die Mobilität des Volkes insgesamt: Man wechselt den Wohnort, die Arbeit, den Gefährten usw. So ist sie nur ein Zeichen für ein Volk, das eingesperrt, ja in seiner eigenen Heimat verbannt ist und in einem ihm fremden Gesellschaftssystem lebt, das es entfremdet.

Doch die Parallelen zwischen dem Buch von Maria Lúcia und den Evangelien erschöpfen sich nicht darin. Eine weitere Ähnlichkeit besteht nämlich darin, daß es von dem Kampf und der Auferstehung des Volkes erzählt. Und dadurch bildet es eine gute Nachricht. Das Buch ist eine positive, strahlende Botschaft von Leben und Sieg.

Damit machen wir das Volk nicht zum Götzen und Maria Lúcia nicht zu einer Heiligen. Wie das Volk Gottes, Israel und die Kirche, hat auch unser Volk seine Sünden. Und auch Maria Lúcia versteckt nicht ihre Fehler und Mängel. Zu all dem stehen wir mutig und ohne Ausflüchte: ›Der Reiche tut Unrecht und prahlt noch damit; der Arme leidet Unrecht und muß um Gnade bitten‹ (Sir 13,3).

Das Buch enthält die Erinnerungen einer unterdrückten Frau, die für Millionen und Abermillionen Unterdrückter steht. Es erzählt von ihrem Schmerz und ihrem Tod, aber mehr noch von ihrem Kampf im Widerstand dagegen, daß man sie an den Rand drängen und zertreten will. Was bedeutet für Unterdrückte das Leben? Für Unterdrückte ist das Leben weder die endlose Erinnerungsshow der Großen: von Politikern, Intellektuellen oder Künstlern, noch das belanglose Abenteuerspiel von olympischen und frivolen Minderheiten. Für die Armen ist das Leben Mut und Krieg, Hoffnung und Auferstehung von den Toten.

Daher das Gespür für das Reale, das einem in dem Buch von Maria Lúcia entgegentritt. Was die Armen reden, sind keine Wörter, sondern Dinge. Ihre Wörter haften an der Wirklichkeit wie Zähne an der Lippe, sind Steine und keine Wolken, und kennen – im Gegensatz zu vielen Intellektuellen – keine Kluft zwischen Sagen und Leben.

Was darüber hinaus an Maria Lúcias Buch auffällt, ist ihre tiefe Menschlichkeit. Ihr Verhältnis zu den Menschen strahlt Zärtlichkeit, Frömmigkeit und Solidarität aus, und ihr Verhältnis zur Geschichte der Menschen steckt voller Kraft und Geist des Ertragens.

Endlich beginnen die Armen, auf eigene Verantwortung und mit eigenem Mund und eigener Hand zu reden und zu schreiben – ohne Vermittler, Vertreter oder Verteidiger, ohne jene ganze Rasse von ›Wohltätern‹, die angeblich *für* die Armen, in Wirklichkeit aber nur *von* den Armen leben. So treten die Kleinen mit ihren eigenen Produktionen in der öffentlichen Kulturszene auf. Sie treten uns als Schöpfer eines Wortes entgegen, das sich dank seiner inneren Kraft durchsetzt. Gewiß wird es immer Leute geben, die – wie es bereits bei Jesus Sirach heißt – sagen werden: ›Redet ein Reicher, dann schweigen alle, sie erheben seine Klugheit bis zu den Wolken. Redet ein Geringer, heißt es: Wer ist denn das? Stolpert er, dann stoßen sie ihn noch‹ (13,23). Aber: Wenn sich die Zunge des Armen löst, wer kann ihr Halt gebieten?

Daß die Armen schreiben können, stellt das bürgerliche Modell des Schriftstellers in Frage und erfordert eine Revolution sowohl in der Erarbeitung als auch in der Veröffentlichung der Werke. Zunächst, was die Erarbeitung angeht: Maria Lúcia hat sich hier bei einem ganzen Heer von Personen bedankt, die ihr geholfen haben, ihr Buch zu schreiben: angefangen bei denen, die ihr Mut gemacht und Themen vorgeschlagen haben, bis hin zu denen, die ihr das Papier zur Verfügung gestellt, die Manuskripte getippt, das Portugiesische verbessert sowie das Buch in Kapitel und Absätze gegliedert haben usw. Jedermann sieht, daß es sich um ein Gemeinschaftswerk handelt.

Sodann, was die Veröffentlichung betrifft: Wenn die Armen Bücher produzieren, warum sollte man dann nicht auch andere Maßstäbe als die gängigen anlegen? Das gilt für ganz konkrete Dinge wie die Gestaltung des Umschlags, das Papier, den Druck selbst (die Schrift muß größer sein), das Layout, den Vertrieb, den Preis usw. Eine Buchproduktion durch und für das Volk setzt offensichtlich eine Revolution in den Strukturen von Verlagswesen und Buchhandel voraus. Doch das wird wohl erst in einer anderen Gesellschaft möglich sein.

Überdies zeichnet noch ein besonderer Zug dieses Buch aus, die Tatsache nämlich, daß seine Verfasserin eine Lepröse ist. Nicht um Mitleid zu wecken, hat sie es geschrieben, sondern um zu zeigen, daß auch Lepröse Kraft und Recht haben. Damit deckt sie auf, daß die Lepra vor allem eine Frage von Kultur und Politik und nicht nur des Gesundheitswesens ist. Das ist auch die Philosophie des MORHAN, der die Schirmherrschaft für dieses Treffen übernommen hat.

Schließlich ist dieses Buch vor allem ein Glaubenszeugnis. Es ist ein Ausdruck dafür, daß das Volk das ›neue Subjekt‹ von Kirche ist. Der Glaube ›riecht‹ hier nach Volk und mithin nach Prophetie und Befreiung. Das ist einer der wichtigsten Punkte des Buches: die Begegnung mit dem Glauben, mit einem Glauben, der Mann und Frau bejaht und Würde für die Gedemütigten bedeutet. In ihrem Buch erzählt Maria Lúcia, daß sie kraft des Glaubens und gestützt von der kirchlichen Gemeinde anfing, den Kopf zu erheben, die Zunge zu bewegen und aus eigenem Antrieb zu reden. Und das ist so, weil der Glaube nicht nur den Christen schafft, sondern auch – indem er den Christen schafft – den Menschen neuschafft. Der Glaube vermenschlicht, indem er heiligt. Er revolutioniert, indem er evangelisiert. Die mittelalterlichen Gelehrten nannten das bei ihren Überlegungen über die therapeutische und humanisierende Funktion der Gnade *gratia sanans*, die wiederherstellende Gnade. Daraus folgt: In der Kirche wird der Lepröse nicht nur erlöst, sondern auch befreit, nicht nur in den Gnadenstand, sondern auch in das menschliche Zusammenleben zurückversetzt.

Abschließend möchte ich Maria Lúcia wünschen, daß sie so weitermacht, und zwar nicht nur als erfolgreiche Autorin, sondern vor allem als Kämpferin, daß sie sich nicht von Eitelkeit anrühren läßt, ein Buch geschrieben zu haben, sondern daß sie den Glauben in sich wach hält, daß das Leben mehr als alle Bücher und das Reich Gottes mit seiner Gerechtigkeit mehr als das Leben gilt.«

Seu Raimundinho – Mystiker aus dem Volk

Nach dem Autorenabend fahre ich, wie immer mit dem Fahrrad, nach Hause. Unterwegs halte ich bei Seu Raimundinho, der an der Bischofskirche Küster und Pförtner ist. In meinem Buch ›Gott und der Mensch in der grünen Hölle‹[27] habe ich bereits von ihm gesprochen und ihn einen »Mystiker aus dem Volk« genannt. Ich möchte wissen, wie es ihm geht, denn er soll an einem Magengeschwür operiert werden.

Raimundinho liegt zu Bett, die Operation hat er aber bereits hinter sich. »Wie geht's?« frage ich ihn. »Blendend!« antwortet er und fährt fort: »Gott ist wirlich gut zu mir.« Dabei schaut er mit seinem festen und schweren Blick, der für Gummiarbeiter charakteristisch ist, aus dem zugleich aber auch die heiligste Zärtlichkeit spricht, auf das Herz-Jesu-Bild, das ihm gegenüber an der Wand hängt. Er wird nicht müde zu wiederholen, wie gut Gott zu ihm sei, daß er das alles gar nicht verdient habe und daß er wieder gesund werde, nur um wieder zur Kirche gehen, immer wieder den Rosenkranz beten und in Ruhe und Frieden die Heilige Schrift lesen zu können.

Er erzählt mir, für die Operation habe er fünf Tage absolut nichts essen dürfen. »Die Krankenpflegerinnen, Schwestern und Ärzte haben mich nicht aus dem Auge gelassen«, sagt er. Dennoch habe er sich an der Aufmerksamkeit aller vorbeimogeln können, mit dem Tropf in der Hand sei er zur Toilette gegangen und habe ein bißchen Wasser getrunken. »Und mir ist nichts passiert«, fügt er schlitzohrig hinzu. Und dann vergleicht er sich mit Jakob: »Mutwillig war der Kerl vielleicht! Trotzdem war er Gottes Liebling. Genau wie ich, und genauso behandelt Gott mich auch«, sagt er und schaut erneut auf das Herz-Jesu-Bild an der Wand.

Was er auf dem Bild sieht, weiß ich nicht. Nur Gott weiß es. Manche Leute haben tausend Fragen zu diesem Bild. Es sei sehr kitschig und zu süßlich, aus ihm spreche keine prophetische Kraft, und was weiß ich sonst noch. Aber das kann Seu Raimundinho nicht erschüttern. Er sieht auf dem Bild, was seine Kritiker nicht sehen. Für ihn redet es lauter als alle Kritiker. Der Grund ist gewiß der, daß es über sich hinausweist und von der Person Christi und seinem grenzenlosen Leiden für die Menschen und die Welt spricht.

10. Dezember, Samstag
Die Hochherzigkeit des Volkes und unsere Großzügigkeit

Heute morgen habe ich im Radio gesprochen. Thema: unsere Arbeit in Brasiléia. Dabei bezog ich mich auf die beiden brennendsten und prophetischsten Dinge im Augenblick, auf die untermenschliche Lage der Parzellensiedler und auf den Mord an Jesus Mathias. Also habe ich erzählt, was wir diskutiert, gesehen und getan haben. Vielleicht – dachte ich – gewinnt mit der Thematisierung im Radio unser Schweigemarsch mit brennenden Kerzen für Frieden und Gerechtigkeit weitere Verbreitung und wirkt sich auch anderenorts und längerfristig aus.

Nach fünfeinhalb Stunden Fahrt gerade aus Brasiléia zurück, wurde ich eingeladen, gleich am nächsten Tag im Radio zu sprechen. Entschieden und böse lehnte ich ab: »Aber das ist doch einfach zuviel.« Dann aber besann ich mich eines besseren, wenn es mich auch ein Stück meiner Seele kostete; denn das Volk Gottes muß uns doch alles wert sein. »Dem Volk muß man alles geben, darf es aber um nichts bitten, nicht einmal um Verständnis«, sagt Siqueira Campos im Blick auf das Vaterland. Wenn das Volk trotz oder gerade wegen seiner Sünden den Tod des Herrn »verdient« hat, was verdient es dann nicht von unserer Seite?

Übrigens hatte ich bei den Gemeindeleitern in Brasiléia solch eine Bereitschaft gespürt, mit der Arbeit bis zum Ende zu gehen, daß ich ganz gerührt war. Texte wie: »Fürchtet euch nicht vor denen, die zwar den Leib töten, euch aber sonst nichts tun können«, und: »Wer sein Leben retten will, wird es verlieren; wer es aber um meinetwillen verliert, wird es retten«, kamen in ihren Gesprächen ständig wieder und belegten, wie tief sie überzeugt und wie fest sie in ihrem Leben entschlossen sind. Worte dieser Art vermitteln ihnen eine unendliche Kraft und strahlen wie leuchtende Sterne in der dunklen Nacht ihrer Unterdrückung.

Ohne Zweifel: Die Armen bekehren uns und machen uns besser.

11. Dezember, Sonntag
Laien als Taufspender

Es gibt in der Prälatur etwa zwanzig Taufspender, die Laien sind. Heute treffen sie sich im Bildungszentrum, um den eigens für die Laientaufspender konzipierten, jetzt aber auch von den Priestern verwendeten Ritus zu überprüfen.

Gekommen sind aber nur zehn. Es goß nämlich in Strömen, und die Straße, die zum Bildungszentrum führt, ist ein einziges Schlammfeld. Alle sind einfache und arbeitsame Leute, ein einziges Ehepaar gehört zur wohlhabenden Schicht. Ich habe den Eindruck, daß alle in der kirchlichen Arbeit gereifte Personen sind. Unter den Anwesenden waren immerhin vier Frauen.

Man muß gesehen haben, wie sie die Taufe spenden. Ihre Aufgabe erfüllen sie mit großer Überzeugung, auch gegenüber bürgerlichen Kreisen, seien sie Politiker, Beamte oder Großgrundbesitzer. So kommen die Großen nicht umhin, auf die Kleinen zu hören, zumindest in der Kirche.

Das geschieht übrigens auch in den Volksreligionen im allgemeinen. Die Kleinen leiten dort die »Arbeiten«, und die »Großen« kommen und holen sich deren »Dienste«. Denn der Zutritt zum Geheimnis hängt nicht davon ab, daß man mehr hat, weiß oder kann, sondern davon, daß man bescheidener, offener und hingebungsvoller ist. Darin aber haben die Armen eine größere Disponibilität.

Am Ende des Tages wurden folgende praktische Anregungen zusammengetragen, die mir wert erscheinen, festgehalten zu werden:

1. Die Ämter, vor allem das des Taufspenders, sollen auf die Kreise und Gemeinden im Landesinneren ausgedehnt werden.
2. In den Ämtern sollen die Frauen mehr Möglichkeiten bekommen, weil sie sich als sehr dynamisch und verantwortungsbewußt in den Basisarbeiten erweisen.
3. Es empfiehlt sich, daß der Taufspender bei den Amtshandlungen ein besonderes Zeichen trägt, um zu zeigen, daß er im Namen Christi und der Kirche handelt. Darüber hinaus verleiht ein solches Zeichen dem Amtsträger ein besonderes psychologisches und gesellschaftliches Gewicht – abgesehen davon, daß es seine sakramentale Funktion verdeutlicht.

So zeigt sich, wie die Laien dank ihrem echten theologischen Gespür und in Funktion der sozialen und kulturellen Bedürfnisse des Milieus selbst die Ämter in der Kirche neuformulieren.

Direktor aus dem Volk in einer Schule für das Volk

Der Taufspender Seu Nicó ist ein Veteran unserer Kirchlichen Basisgemeinden. Er ist so etwas wie ein Vater der Basisgemeinden und Inspirator der Gegend von Palheiral. Vor kurzem sei er zum Direktor der Schule seines Stadtteils gewählt worden, erzählt er mir.

Bei der Wahl des »Verbandes der Eltern und Lehrer« stand er an der dritten und letzten Stelle der Liste. Trotzdem erhielt er von 128 Stimmen 92. Von der ehemaligen Erziehungsministerin des Staates, Iris Célia, die jetzt stellvertretende Senatorin des PDS (Partido Democrático Social = Demokratisch-Soziale Partei) ist, bekam er ein Glückwunschtelegramm.

Seu Nicó erzählt mir, daß die Schule Aúrea Pires, zu deren Direktor er gewählt wurde, das Werk der örtlichen Basisgemeinde ist. Gestützt auf eine Liste mit dreihundert Namen von nicht eingeschulten Kindern, habe man das Erziehungsministerium des Staates um eine Schule gebeten. Daraufhin habe die Regierung das Baumaterial und die Gemeinde die Arbeitskraft gestellt. Innerhalb von neunzig Tagen habe die Schule gestanden.

Im Augenblick wartet Seu Nicó darauf, daß die Behörden ihm die Anerkennung aussprechen. Doch er befürchtet, daß man ihm den Posten verweigert, weil er nur den zweiten Grad der Ersatzschule hat.

Immer dieselbe Geschichte: Man beruft sich auf Papier (des Gesetzes oder Diploms), um den Menschen nicht aufkommen zu lassen.

Regierungsvertreter in die Arbeit mit dem Volk einbeziehen

Während die Gruppe der Taufspender in ihrer Ecke zusammensitzt, halten auch die Leitungsteams der zweiundzwanzig Bewohnervereine ihren Trainingskurs hier im Zentrum.

Beim Mittagessen sitzen wir zusammen, und ich erfahre, worin ihre Arbeit besteht. Das Zentrum zur Verteidigung der Menschenrechte fördert diese Vereine und veranstaltet auch diesen Kurs. Man hat Vertreter der Regierung eingeladen, die den Verantwortlichen für die Vereine erklären sollen, wie die Verwaltung eines Staates funktioniert: Finanzen, Zuständigkeiten usf. So etwas ist sehr gut. Denn dadurch kann man sich gegenseitig bereichern – wie gestern abend auch im Gymnasium Meta. An der Diskussion über die Parzellensiedler aus Südbrasilien beteiligen sich auch zwei Agronomen des INCRA, die für die Ansiedlungsprojekte in der Gegend verantwortlich sind. Das Volk hat ihnen manches zu erzählen, und es kann seinerseits anhören, was sie zu sagen haben. Die beiden geben gute Informationen und erfahren, in welcher konkreten Lage sich das Volk befindet. Beide haben eine gute Einstellung und guten Willen und können, wie sich Leo XIII. in der Enzyklika *Rerum novarum* ausdrückt, als »freiwillige Genossen der Arbeiter« mitkämpfen.

Ohne Zweifel müssen die Arbeit mit dem Volk in autonomen Aktionen und die Arbeit gegenüber der Regierung in der Form von Forderungsaktionen miteinander abgestimmt werden. Dazu aber ist es äußerst wichtig, daß das Volk mit Bündnispartnern im Machtapparat rechnen kann.

Wer aber imstande ist, zu Leuten und Kreisen in der Regierung innere und kritische Beziehungen herzustellen, bei denen es nicht nur um prophetisches Anprangern, sondern auch um die Förderung des Gemeinwohles geht, ist die Kirche.

12. Dezember, Montag
(im Flugzeug auf dem Weg nach Rio de Janeiro)
Mit dem Volk verheiratet

Bei der Messe gestern abend in Volta Seca sah ich Luísa und Antônio wieder – ein Ehepaar, das ich vor zwei Jahren getraut hatte. Ich erinnere mich, daß die Ringe bei der Trauung dem Paar von der Jugend überreicht wurden, wodurch die beiden zum Ausdruck bringen wollten, daß sie auch weiterhin – und zwar mehr als bisher – dem Weg der Gemeinde verpflichtet bleiben wollten, ja, in gewisser Weise mit ihr verheiratet seien.

Und tatsächlich: Luísa und Antônio waren auch weiterhin aktiv in der Kirche, ja, sie gingen sogar auf »Entpflichtungs«-Fahrten längs der Flüsse und in den Busch.

Allerdings mußten sie nach Rondônia umziehen, um dort ihren Lebensunterhalt zu bestreiten. Trotzdem blieben sie der Arbeit der Kirche mit dem Volk in Acre affektiv verbunden. In der Kirche und in der Gesellschaft, wo sie dann wohnten, fanden sie keinen Platz, mit dem Volk zu arbeiten. Deshalb kamen sie schließlich nach Acre zurück. Ausschließlich aus diesem Grund.

»Obwohl wir hier weniger verdienen«, vertraut mir Antônio an, »ist es hier besser, weil wir hier mit der Basis arbeiten können. Und das ist wichtig im Leben, und nicht das große Geld, das man einsteckt und womit man die anderen und sich selbst unglücklich macht.«

Ein Beispiel, daß die Ehe öffnen und frei machen kann für die Arbeit am Evangelium, und zwar auch in seiner politischen Dimension.

Evangelium, Politik und Gefühl

Die Messe, die ich mit der Gemeinde von Volta Seca gefeiert habe, war für dieses Jahr meine letzte Messe in Acre. Normalerweise spiegelt die Liturgie die Vitalität der Gemeinde wider. Aber es gibt auch Fälle, daß die Gemeinde lebendiger und engagierter als ihre Liturgie ist. Das sind eher Ausnahmen. Aber genau das spürte ich gestern abend bei der Messe.

Einige alte Frauen begrüßten mich mit einer reinen und aufrichtigen Zärtlichkeit, deren nur sie, die geschundenen Mütter aus dem Volk, fähig sind. Sie küßten mir die Hände und das Gesicht und fragten mich, wo ich gewesen sei, ob ich länger in ihrer Gemeinde bleiben würde, und anderes mehr.

Auch die Kinder und Jugendlichen sind von entwaffnender Liebenswürdigkeit und Nähe. Die hingebungsvolle Arbeit mit ihnen bringt solche duftenden und vielfarbigen Blüten hervor. In der Tat: Der Kampf an der Seite des Volkes an der Basis wirkt auf das Gemüt zutiefst integrativ. Ohne Zweifel fordert er Opfer, Entsagung und Selbstaufgabe, aber er bewirkt zugleich eine hochgradige Integration des Gefühls. Wie viele Bande der Freundschaft werden bei diesen Arbeiten geknüpft, und wieviel Liebe herrscht bei solchen Treffen, Dialogen und Beziehungen im allgemeinen!

Immer habe ich eine außerordentliche Qualität der befreienden Pastoral darin gesehen, daß sie (im Blick auf die Aktion) Teams von Kollegen und (im Blick auf die Gemeinschaft) Kreise von Brüdern und Schwestern schafft. So führen unsere kirchlichen Gemeinden das Volk nicht nur durch die Arbeit, sondern auch und vor allem durch das Herz, von innen her, zusammen. Das ist die eigentliche und wahre Brüderlichkeit. Die aber können nur der Glaube und die Agape und nicht irgendeine Ideologie oder irgendeine Politik hervorbringen.

Deshalb verlasse ich diese Menschen, in deren Herz eine großartige Zuneigung wurzelt, nur sehr ungern. Man liebt nicht, um glücklich zu werden; man liebt, und dann ist man glücklich. Glück ist keine Sache der Gerechtigkeit, Glück ist Geschenk der Gnade!

Abkürzungen

CEB	Comunidades Eclesiais de Base Kirchliche Basisgemeinden
CIMI	Conselho Indigenista Missionário Indianischer Missionsrat
CNBB	Conferência Nacional dos Bispos do Brasil Nationalkonferenz der Brasilianischen Bischöfe
CPT	Comissão de Pastoral da Terra Kommission für die Pastoral in Sachen Grund und Boden
CRB	Conferência dos Religiosos do Brasil Konferenz der Ordensleute in Brasilien
DCE	Diretório Central dos Estudantes Zentrales Studentendirektorium
INCRA	Instituto Nacional de Colonização e Reforma Agrária Nationalinstitut [-behörde] für Kolonisierung und Bodenreform
LBV	Legião da Boa Vontade Legion des Guten Willens
LIBELU	Liberdade e Luta Freiheit und Kampf
MORHAN	Movimento de Reabilitação dos Hansenianos Bewegung zur Rehabilitation der Leprösen
PDS	Partido Democrático Social Demokratisch-Soziale Partei
PMDB	Partido do Movimento Democrático Brasileiro Partei der Demokratischen Bewegung Brasiliens
PT	Partido dos Trabalhadores Partei der Arbeiter
TFP	Tradição – Família – Propriedade Tradition – Familie – [Privat-]Eigentum

Anmerkungen

1 Erstes Semester: März bis Juli.

2 *Entpflichtung* (desobriga): Nach dem Kirchengebot sind Katholiken *verpflichtet*, »wenigstens einmal, und zwar zur österlichen Zeit«, die Sakramente zu empfangen. In Brasilien laufen traditionellerweise während dieser Zeit in Bruderschaften, Schulen, Vereinen, Betrieben usf. Kampagnen, in denen mit Predigt, Gespräch und Andachten auf den Empfang des Beicht- und Altarssakramentes vorbereitet wird. In ländlichen Gebieten ziehen die Prediger von Dorf zu Dorf. Wo der Mangel an Personal groß ist, können die »Entpflichtungs«-Kampagnen auch außerhalb der Osterzeit stattfinden.

3 Deutsch in: *Horst Goldstein* (Hg.), Tage zwischen Tod und Auferstehung. Geistliches Jahrbuch aus Lateinamerika, Düsseldorf 1984, 42–43.

4 *Interiorisierung:* Im Hintergrund steht der allerorten in Brasilien gängige Begriff »Interior« = Landesinneres = Hinterland.

5 Wuppertal ²1982.

6 *Padre Cícero* = Padre (= Pe.) Cícero Romão Batista: Geboren am 24.3.1844 in Crato (im heutigen nordostbrasilianischen Bundesstaat Ceará); Priesterweihe am 30.11.1870; seit 1872 Pfarrer in Juazeiro do Norte. – 1889 erlebt die Haushältertin Pe. Cíceros, Maria de Araújo, während einer von diesem gefeierten heiligen Messe angeblich ein Blutwunder: Beim Kommunizieren verwandelt sich die Hostie in eine blutige Masse. Angeblich Wiederholungen dieses Vorgangs. Aus dem ganzen Nordosten und Norden des Landes strömen Tausende von Menschen nach Juazeiro. Wallfahrten von Kranken aller Art. Maria de Araújo gilt als die neue Muttergottes, Pe. Cícero als der neue Christus. Konflikt mit dem Ortsbischof Dom Joaquim José Vieira von Fortaleza (zu dem damals kirchenamtlich noch das ganze Gebiet von Ceará gehörte). Pe. Cícero wird suspendiert und zieht sich aus Juazeiro zurück, während die Bevölkerung des Nordostens fanatisch für ihn eintritt. – In den undurchsichtigen politischen Auseinandersetzungen zwischen republikanischen (1889 wird Brasilien Republik) und monarchistischen Truppen, in deren Vorstellung Politisches und Religiös-Apokalyptisches sich verquicken, nimmt Pe. Cícero während seiner Abwesenheit von Juazeiro Partei für die Monarchisten. Nicht durchsichtig ist, ob er im Zusammenhang mit der Schlacht

von Canudos (20000 Tote) in Verbindung mit dem Führer der Monarchisten stand: Antônio Conselheiro, der sich selbst für den Messias hielt und der »Gute Jesus« genannt wurde. – 1898 Reise nach Rom, wo sich Pe. Cícero von dem Ruf, ein falscher Wundertäter zu sein, freisprechen lassen will. – Rückkehr nach Juazeiro, wobei es ihm allerdings bis zu seinem Tode im Jahre 1934 untersagt bleibt, die heilige Messe zu feiern. – Neue Wallfahrten. Ströme von Pilgern und Kranken nach Juazeiro. Morgens und abends hält Pe. Cícero Segnungen für die Kranken. Juazeiro gilt im brasilianischen Nordosten als das Neue Jerusalem. – Erneute Konflikte mit den kirchlichen Oberen. Besonders der Bischof der neugeschaffenen Diözese Crato betrachtet den Fall als eine Art persönlicher Herausforderung. Das einfache Volk steht uneingeschränkt auf seiten Pe. Cíceros. Selbst dürfte er sich immer als einen einfachen und rechtgläubigen Seelsorger der katholischen Kirche inmitten eines unterprivilegierten und leidenden Volkes verstanden haben. – Im Laufe der Jahre mischt sich der »Messias des Hinterlandes«, der »Heilige von Juazeiro«, in die kleine Politik seiner Region wie in die große der Republik ein, vermengt echt Religiöses mit Apokalyptisch-Phantastischem und naive Volksfrömmigkeit mit Antikommunismus. – Nach seinem Tode im Jahre 1934 geht der Mystifizierungsprozeß weiter. Juazeiro mit seiner gewaltigen Kirche zum Gedächtnis an Pe. Cícero wird zum Mekka für Millionen religiös einfältiger Menschen im ganzen Nordosten und Norden Brasiliens. Auch heute noch muß der Einfluß Pe. Cíceros und der Bewegung um ihn als sehr groß eingeschätzt werden.

7 1 Cruzeiro entsprach im August 1983 nach dem offiziellen Kurs etwa 0,004 DM. 1500 Cruzeiros ergeben demnach etwa 6,00 DM.

8 *Menotti del Picchia:* Bekannter brasilianischer Dichter, der 1922 mit seinem Gedicht ›Juca Mulato‹ in São Paulo an der »Woche der Modernen Kunst« teilnahm. Die Woche markiert in Brasilien den Beginn einer eigenständigen, wirklich brasilianischen Dichtung.

9 Im nordöstlichen Bundesstaat Ceará liegt der Wallfahrtsort Canindé, an dem der heilige »Franz von den Wundmalen« verehrt wird.

10 *Alceu Amoroso Lima* (11.12.1893–14.8.1983): Journalist, Literaturkritiker, Professor und Schriftsteller (unter dem Pseudonym Tristão de Athayde). In seiner Jugend löst er sich von der Kirche, wendet sich nach Studien an französischen und deutschen Universitäten einem vagen Theismus, wenn nicht Agnostizismus zu. Am 15. August 1928 kehrt er zum katholischen Glauben zurück und wird Leiter des Zentrums »Dom Vital« in Rio de Janeiro, das ein Brennpunkt für alle katholischen Kräfte in Brasilien wird und sich als solches um die Ausstrahlung eines umfassenden katholischen – intellektuellen und religiösen – Lebens bemüht. Praktisch an allen großen Fragen Brasiliens wie der Zeitgeschichte insgesamt hat Al-

ceu Amoroso Lima gearbeitet. Besonders während der harten Jahre der Militärdiktatur (ab 1964) war er der erneuerten Kirche in Brasilien Ermutigung und Stütze. Bezeichnend ein Satz von ihm: Ich möchte »sterben mit dem Blick in die Zukunft«.

11 Vom 4. bis zum 8. Juli 1983 fand im Wallfahrtsort Canindé – Staat Ceará – das Fünfte Interekklesiale Nationaltreffen der Kirchlichen Basisgemeinden statt. Das Thema der Begegnung lautete: »Kirchliche Basisgemeinde: Vereintes Volk – Samenkorn einer neuen Gesellschaft«. In Anwesenheit von 243 Mitgliedern von Kirchlichen Basisgemeinden aus ganz Brasilien, dreißig Bischöfen und weiteren sechzig Pastoralträgern wurden in Kleingruppen und im Plenum drei Tage lang vielfältige Erfahrungen ausgetauscht. Ein von Mitgliedern der Basisgemeinden verfaßtes und als ›Brief von Canindé‹ bezeichnetes Schlußdokument gibt einen ebenso erschütternden wie hoffnungweckenden Einblick in das Leben dieser Kirchlichen Basisgruppen. Deutsch in: Weltkirche (missio München, Pettenkoferstraße 26–28, D 8000 München 2) 1983, 221 bis 226.

12 Den Artikel von *Leonardo Boff*, der im ›Jornal do Brasil‹ nicht veröffentlicht wurde, brachte dann in deutscher Übersetzung das Schweizer Blatt ›Orientierung‹ (leicht gekürzt) am 15. 9. 1983 unter dem Titel: ›Basisgemeinden: Neue Kirche für neue Gesellschaft‹ (184–187).

13 Vgl. Anm. 7. Demnach entsprechen 30600,00 Cruzeiros rund 120,00 DM.

14 Im Hintergrund dieser Anspielung steht die in den Jahren 1983 und 1984 in der brasilianischen Öffentlichkeit heftig diskutierte Frage, ob nach Ablauf der Amtsperiode von General João Batista Figueiredo als Bundespräsidenten der neue Präsident direkt vom Volk oder indirekt durch ein Wahlmännergremium gewählt werden solle. Gewählt wurde durch das Wahlmännerkollegium am 15. Januar 1985 der fünfundsiebzigjährige Kandidat der bisherigen Oppositionspartei PMDB (Partido do Movimento Democrático Brasileiro = Partei der Demokratischen Bewegung Brasiliens), Tancredo Neves. Tancredo Neves mußte jedoch in der Nacht vor seiner Amtseinführung am 15. März 1985 operiert werden und starb am 21. April 1985. Präsident wurde der zum Vizepräsidenten gewählte José Sarney.

15 Seinen Artikel hat *Gustavo Gutiérrez* noch weiter entfaltet in dem Buch: Beber en su propio pozo. En el itinerario espiritual de un pueblo, Lima ^{2}1983; deutsch: An seiner eigenen Quelle trinken. Der geistliche Weg eines Volkes, München – Mainz 1986.

16 *Puebla:* Stadt in Mexiko, in der vom 27. Januar bis zum 13. Februar 1979 die III. Generalkonferenz des Lateinamerikanischen Episkopats stattfand. »Puebla« meint hier und im ganzen Buch das Schlußdokument dieser Versammlung, das unter dem Titel

›Die Evangelisierung Lateinamerikas in Gegenwart und Zukunft‹ in deutscher Übersetzung vom Sekretariat der Deutschen Bischofskonferenz (Kaiserstraße 163, D 5300 Bonn) herausgegeben wurde.

17 *Clodovis Boff*, Teologia e Prática. Teologia do Político e suas mediações, Petrópolis 1978; deutsch: Theologie und Praxis. Die erkenntnistheoretischen Grundlagen der Theologie der Befreiung, München–Mainz 1983.

18 *Harpagon:* Hauptgestalt in Molières ›Der Geizige‹; sprichwörtlich für Geizhals.

19 Im portugiesischen Original lautet der Titel: *Os padres são sempre com-padres*. Die Formulierung beinhaltet ein Wortspiel, das im Deutschen nicht wiedergegeben werden kann. *Priester* heißt im Umgangsportugiesisch *padre* (vgl. Pater); *Mit-Priester* ist der unzulängliche Versuch, *com-padre* ins Deutsche zu holen. Neben dem gemeinten Inhalt der deutschen Wortkonstruktion »Mit-Priester« heißt *compadre* aber auch und gerade *Gevatter*. Die Vokabel *Gevatter*, die ein Verwandtschaftsverhältnis zwischen männlichem Taufpaten und den Eltern des Täuflings (weiblicher Taufpate: *comadre*) benennt, bezeichnet in Brasilien eine institutionelle und affektive Bindung ersten Ranges.

20 Die heilige Lucia, deren Fest die Kirche am 13. Dezember feiert, wird mancherorts in Brasilien vom einfachen Volk hoch verehrt.

21 *Capixaba* heißt in Brasilien, wer im südöstlichen Küstenstaat Espírito Santo geboren wurde.

22 *Gaúcho/Gaúcha* heißt in Brasilien, wer im Südstaat Rio Grande do Sul geboren wurde.

23 Ein Sack hat in Brasilien immer 60,00 kg.

24 *Plácido de Castro:* Brasilianischer Politiker, der in den politischen Wirren zwischen Brasilien und Bolivien um Acre Ende des vorigen, Anfang dieses Jahrhunderts mit Rückendeckung der brasilianischen Regierung eine breit angelegte Rebellion organisierte und 1903 einen unabhängigen Staat Acre ins Leben rief und ihm präsidierte. Noch im selben Jahr setzte Brasiliens Außenminister *Baron Rio Branco* (daher der Name der Hauptstadt des heutigen brasilianischen Bundesstaates: Rio Branco) den für Brasilien günstigen Schlußpunkt: Im Vertrag von Petrópolis trat Bolivien das Gebiet endgültig an Brasilien ab.

25 *Carlos Brandão:* In Brasilien bekannter Anthropologe, der sich besonders mit Fragen von Volkskultur und -religion beschäftigt.

26 *Aparecida:* Großer brasilianischer Wallfahrtsort im Staat São Paulo.

27 *Clodovis Boff*, Deus e o Homem no Inferno Verde. Quatro Meses de Convivência com as CEBs no Acre, Petrópolis 1981.